河北省普通高等学校本、专科军事课统编必修课教材

河北省普通高等学校军事教学指导委员会审定

普通高等学校
学生军训教程

崔运生　王建华　主编

★ 上篇　军事理论
★ 下篇　军事技能

河北教育出版社

图书在版编目（CIP）数据

普通高等学校学生军训教程 / 崔运生，王建华主编． -- 石家庄：河北教育出版社，2019.7（2021.7修订）
 ISBN 978-7-5545-5331-2

Ⅰ．①普… Ⅱ．①崔… ②王… Ⅲ．①军事训练－高等学校－教材 Ⅳ．① G641.8

中国版本图书馆 CIP 数据核字（2019）第 139791 号

《普通高等学校学生军训教程》编写委员会

主　　任	杜俊显	韩俊兰						
副 主 任	马志雁	张　民	靳学军	王维涛				
委　　员	崔运生	王建华	关永豪	安高柱	张海勇	赵志川	方合林	符万忠	乔　芬
	赵铁栓	张泗考	史红鑫	陈泽明	姜大庆	顾自新	沈　浩	沈　芝	李　丽
主　　编	崔运生	王建华						
副 主 编	王维涛	边宏广	刘占明	郝秀喜	王金明	王亦俊	郝端勇	赵司原	杨文静
	葛宏冰	李兰秀	刘建宏	张大方	杨国庆	高明君	侯伟卓	李彦如	陈永利
	李淑芝	胡一乔	齐洪波	张文平	刘艳增	段鹏飞	王海龙	华　艳	陈恺林
	王红涛	刘剑锋	张明合	刘建英	李建新	吴　超	姜子祎	杨　博	赵　孟
	荣金生	王翠良	王晓轩	李洪宾	刘　印	闫利兵	韩继伟	邢　昊	吴春磊
编　　者	张双龙	张海勇	吕伟峰	张　玥	付　强	李建平	陈柏澎	张宏伟	肖　军
	赵志川	董玉龙	韩振国	任彤彤	唐文玲	张泗考	王　静	冀素兰	武　珊
	孙丽娜	马　杰	彭　涛	周贝贝	刘军凯	王　毅	刘　超	董　超	刘剑锋
	乔晓英	蔡　箴	张学文	李　峰	黄　娜	卢兆强	郝雨晨	顾艳臣	张光伟
	张志刚	霍灿锋	张金凤	杜海然	李　朋	李鹏祥	赵　楠	孙娜娜	祝　捷
	吴宏达	马　超						

书　　名	普通高等学校学生军训教程
出版发行	河北教育出版社（石家庄市联盟路705号）
印　　刷	河北锐文印刷有限公司
开　　本	787×1092 1/16
印　　张	17
字　　数	361 千字
版　　次	2019 年 7 月第 1 版
印　　次	2021 年 7 月第 3 次印刷
书　　号	ISBN 978-7-5545-5331-2
定　　价	38.00 元

版权所有　翻印必究

前　言

学生军训是学生军事训练的简称，依照《中华人民共和国兵役法》规定，普通高等学校对在校学生进行军事理论教学和基本军事技能训练的活动。军事课是普通高等学校学生的必修课。通过军事课教学，使学生了解掌握军事基础知识和基本军事技能，增强国防观念、国家安全意识和忧患危机意识，弘扬爱国主义精神、传承红色基因、提高学生综合国防素质。

本书以习近平强军思想为指引，深入贯彻《国务院办公厅中央军委办公厅关于深化学生军事训练改革的意见》（国办发〔2017〕76号）文件精神，在严格执行《中华人民共和国国防法》《中华人民共和国教育法》《中华人民共和国国防教育法》等相关法律规定的基础上，以教育部、中央军委国防动员部印发的《普通高等学校军事课教学大纲》（教体艺〔2019〕1号）为依据，本书编写组先后经过三次大规模教师意见征集，五次专题研讨，六次集中审稿，并在广泛征求专科、本科、硕士研究生意见的基础上，历时半年多，精心编写了本教程。

本书分为军事理论和军事技能两篇，共9章34节。上篇五章为军事理论教学，下篇四章为军事技能训练，全面覆盖了新《大纲》中的内容。文中标注★为"必讲（必训）"课目，其余为"选讲（选训）"课目。

本书具有如下特点：

第一，军地人员合编。参加编写的军地人员包括参加评审的人员，他们长期工作在军事教学岗位上进行教学研究，有很深的理论造诣和丰富的教学实践经验，保证了教材的政治性、专业性、权威性。

第二，图文并茂，通俗易懂，融入河北元素，突出省统编教程特色。本教程在编写的指导思想、选材原则、编排方法、表达方式等方面，充分考虑当代大学生的年龄特点、知识结构等因素，精选翔实的军事资料，援引古今经典战例，通过军事小百科、红色风景线等栏目，科学编排，集稿成文，使本教材集知识性、趣味性和实用性于一体。

第三，突出军事教程的特征。本书在编写过程中，广泛吸纳世界军事技术和中外军事理论研究成果，充实新军事理论、新装备介绍、国家安全、领土主权和海洋权益热点问题分析等内容，在学术上具有一定的前沿性和前瞻性。

第四，充分融入二维码技术、实现立体阅读。全书设置了多个二维码，涉及视频、动画、文字、图片等内容，增强了教程与学生的互动，为学生带来全方位的立体阅读体验。既顺应新《大纲》要求，又激发学生的学习兴趣，提高学生自主学习效率。

本书在修订过程中，国防大学联合作战学院及河北大学、燕山大学、河北师范大学、河北经贸大学、石家庄铁道大学、河北北方学院、承德医学院、河北中医学院、河北传媒学院、东北大学秦皇岛分校、河北建筑工程学院、唐山师范学院、邢台学院、衡水学院、邯郸学院、河北工程技术学院、冀中职业学院、河北轨道运输职业技术学院、石家庄财经职业学院、保定职业技术学院、唐山工业职业技术学院、石家庄铁路职业技术学院和石家庄人民医学高等专科学校等高校给予了大力支持，在此，对他们表示深深的谢意。

时代的发展革新永无止境，立德树人的育人初心永无止境，教程质量建设的追求永无止境，限于能力和水平，教程在使用过程中，需要不断地改进和提升，诚恳希望各使用院校和广大师生提出高质量意见和建议。

愿本书可以成为军事教师组织军事理论教学和军事技能训练以及大学生获取军事知识的良师益友。

河北省《普通高等学校学生军训教程》编写委员会

2021 年 7 月

目 录

上篇　军事理论

第一章　中国国防 2
　　★第一节　国防概述 3
　　★第二节　国防法规 14
　　★第三节　国防建设 21
　　★第四节　武装力量 27
　　★第五节　国防动员 36

第二章　国家安全 41
　　第一节　国家安全概述 42
　　★第二节　国家安全形势 43
　　★第三节　国际战略形势 62

第三章　军事思想 75
　　第一节　军事思想概述 76
　　第二节　外国军事思想 82
　　★第三节　中国古代军事思想 87
　　★第四节　当代中国军事思想 93

第四章　现代战争 111
　　第一节　战争概述 112
　　★第二节　新军事革命 116
　　第三节　机械化战争 120

★第四节　信息化战争 123

第五章　信息化装备 133
　　第一节　信息化装备概述 134
　★第二节　信息化作战平台 138
　　第三节　综合电子信息系统 152
　　第四节　信息化杀伤武器 156

下篇　军事技能

第六章　共同条令教育与训练 170
　★第一节　共同条令教育 171
　★第二节　分队的队列动作 177
　　第三节　现地教学 181

第七章　射击与战术训练 184
　★第一节　轻武器射击 185
　★第二节　战术 193

第八章　防卫技能与战时防护训练 202
　★第一节　格斗基础 203
　★第二节　战场医疗救护 215
　★第三节　核生化防护 229

第九章　战备基础与应用训练 239
　★第一节　战备规定 240
　★第二节　紧急集合 242
　★第三节　行军拉练 244
　　第四节　野外生存 246
　　第五节　识图用图 250
　　第六节　电磁频谱监测 260

上篇

军事理论

国防和军队建设是全党全军全国各族人民的共同事业。

——习近平

第一章　中国国防

国无防不立，民无兵不安。一个国家、一个民族，最基本、最重要的两件大事无外乎生存与安全、发展与富强。历史一再证明：这两件大事的解决必须依赖于强大而巩固的国防。国防是国家生存和发展的安全保障，是国家和民族生死存亡、兴衰荣辱的关键。只有关心国防、支持国防，才能在新的历史发展机遇期实现中华民族的伟大复兴；只有关心国防、支持国防，才能确保每一名炎黄子孙共享改革开放带来的幸福成果。作为中华民族的一员，关注国防、了解国防、投身国防是我们义不容辞的责任。

★第一节 国防概述

国防是阶级社会的产物，萌芽于部落斗争，随着阶级和国家的产生而产生。历经几千年的世事沧桑，国防已经从一城一池的防卫，变成了含义深刻、内容丰富、范畴广泛的大国防。今天的国防是一个庞大而复杂的系统，是一个与每个公民都有密切关系的社会活动。

一、国防的内涵

扫一扫：国字的来历

国防是国家为防备和抵抗侵略，制止武装颠覆和分裂，保卫国家主权、统一、领土完整、安全和发展利益所进行的军事活动，以及与军事有关的政治、经济、外交、科技、教育等方面的活动。国防是国家生存和发展的安全保障。

从国防的定义可以看出，它包含四个要素：①主体要素，国防的主体是国家；②对象要素，国防的对象是侵略与武装颠覆；③目的要素，国防的目的是保卫国家的主权、统一、领土完整和安全；④手段要素，国防的手段是军事以及与军事有关的政治、经济、外交、科技、文化、教育等方面的活动。也就是说，维护国家安全利益是国防的根本职能，捍卫国家主权、领土完整和防止外来侵略、颠覆是国防的主要任务。

从国防的定义也可以看出，现代国防的内涵在不断扩大，诸如武装力量、国防体制、国防经济、国防外交、国防科学技术、国防工业、国防工程及战场建设、军事交通、国防动员、国防教育、国防法规等都已经纳入国防的范畴。

军事小百科

从"国"字看国防

目前，世界上通用的汉字中的"国"字有两个，一个是中国大陆地区使用的简体字"国"，一个是中国港澳台等地区使用的繁体字"國"。据统计，历史上中国各民族用于表征国家的汉字有40多个，最古老的数"或"。东汉许慎在《说文解字》中讲："或者，邦也。""邦"在古时当"国"讲。这是为什么呢？

因为"或"由"戈""口"和"一"组成，分别代表一个国家的军队、人口和可以控制的土地。其含义就是一个国家由一定数量的居民和一定地幅的土地构成，人口和土地要由军队来守卫。进入农业社会后，随着阶级的分化和人口、财富的增加，各邦之间需要有清晰的地理界限来限制和规范各邦的领地和生产、活动范围，因此古人就在"或"的外面加了一个"囗"，这个大"囗"代表着国家的真实疆域，里面的"或"含义不变。"或"用于畜牧时代，"國"用于农业时代。我们现在使用的"国"是1955年国家文字改革委员会拟定的《汉字简化方案草案》、1956年国务院正式公布的《汉字简化方案》中确定的"国"字。我们祖先在造字的时候，就把国家的生存与人们的防卫行动紧密地联系在一起，说明他们对国防的含义早就有了明晰的认识。

二、国防的类型

扫一扫：
和平共处
五项原则

在现代国家的国防行为中，可以看出一个国家所秉承的国防性质、所坚持的社会制度、所实行的国防政策。反过来，从一个国家的制度、国家的国防政策和国防活动，也可以看出一个国家的国防特质，由此判断一个国家的国防类型。按照当前世界各国的国防政策和表现来划分国防的类型，大致可分为以下四种：

1. 扩张型

扩张型国防是指一些国家奉行霸权主义侵略扩张政策，为了维护本国在世界许多地区的利益，打着自我防卫的幌子，对别国进行侵略、颠覆和渗透，把国防作为侵犯别国主权和领土、干涉他国内政的代名词。不同的历史时期，都曾出现过这样的国家，如古代的罗马帝国，近代的英国，现代则以美国为代表。美军将全球划分为六个战区，设立了十大司令部，在世界各地建立了约400个军事基地，足见其侵略扩张和全球霸权主义的野心。

2. 自卫型

以防止外敌入侵为主要目的的国防。它主要依靠本国力量，广泛争取国际上的同情和支持，以维护本国的安全、周边地区和世界的和平与稳定。这是世界大多数不结盟国家采用的国防类型。

中国是社会主义国家，在对外关系方面一贯奉行"和平共处"五项原则。中国的政治制度和国防政策，以及防御型的军事战略，决定了我们采取自卫型国防。

3. 中立型

为了保障本国的安全，严守和平中立的国防政策，制定总体防御战略和寓兵于民的防御体系，多体现于一些中小发达国家。这种国防类型只有少数国家采用，通常是处于斗争双方的焦点之中，或是处于左右为难、进退维谷境地之中的国家，比较有名的中立型国家有瑞士、瑞典等。

4. 联盟型

由于自身国防力量的不足，以结盟的形式联合一部分国家结成防卫同盟，实现国家的安全稳定。这种联盟型国防根据联盟体内部各成员的关系，又可以划分为一元体联盟和多元体联盟。一元体联盟是指某一大国处于盟主地位，其他国家从属于它，如冷战时期以美国为首的北约和以苏联为首的华约。目前日本、韩国的国防也属于此种类型，都是以美国为盟主建立的国防；多元体联盟是联盟各国基本处于伙伴关系，共同协商防卫大计，如现在的非盟、阿盟等。

三、中国国防历史

中国的国防历史源远流长，先后经历了古代国防、近代国防和新中国国防。在此期间，国防也经历了无数个强盛与衰落的交替，给我们留下了宝贵的国防遗产和深刻的历史教训。

（一）古代国防

中国古代国防始于公元前 21 世纪的夏王朝，止于 1840 年的鸦片战争，共经历了 20 多个王朝的更迭，呈现出若干个名垂青史的辉煌时期和领先世界的国防技术、国防工程、国防装备、国防思想。古代的国防内容十分丰富，主要表现在以下几个方面：

1. 逐步形成了完整的军事思想

中国最早创立了较系统的军事理论，从先秦到清代前期，涌现了许多杰出的军事家，先后有 2000 多部兵书问世，形成了卷帙浩繁的军事类书典和领先世界的军事思想。早期的军事理论多散见于国家的典章法令和其他文献之中。如《易经》的卦辞和爻辞中就有一些反映商、周时期军事谋略思想的内容；春秋以前已有专门的军事文献《军志》《军政》，这是中国古代军事学诞生的重要标志。汉唐时期也有多种兵书出现。到北宋神宗时期，由朝廷对前代兵书进行选编校定，刊行了《武经七书》，汇集了古代中国军事著作的精华。这些著作以其缜密的军事理论、深远的哲学思想、变化无穷的战略战术，成为中国古代军事思想的璀璨瑰宝。

军事小百科

《武经七书》

也称《武学七书》,是中国古代官方校刊颁行的一部著名的兵书选本,也是中国历史上的第一部军事教科书。北宋元丰三年(1080年)四月,为适应军事教学和训练的需要,宋神宗诏命国子监司业朱服、武学博士何去非等人"校定《孙子》《吴子》《六韬》《司马法》《三略》《尉缭子》《李卫公问对》等书,镂版行之"。起初并不是一部书,也不称"武经",而是到南宋时才被正式以《武经七书》称之,并且逐渐被看作是一部书。自宋以后历代统治者和名将、学者将其视为武学经典。

2. 逐步构建起了科学的军制

军制就是军事制度,包括武装力量体制、军事领导体制和兵役制度等,是国防力量的主要组成部分。在武装力量体制上,中国古代一般区分为中央军、地方军和边防军。秦统一全国后,设立了专门管理军事的机构,最高军事长官是太尉。隋朝对国家机构进行了改革,专门设立了主管军事的部门——兵部。在军事领导体制上,各朝代的做法虽然不尽一致,但皇权至上,军队的调拨使用大权始终掌握在皇帝手中。在兵役制度上,随着各个历史时期的政治、经济、人口状况和军事需要而发展变化。如在秦汉时期实行的征兵制、隋唐的府兵制、宋朝的募兵制、明朝的卫所兵役制、清初的举族皆兵制、世袭制等。军制的确立,解决了兵员结构、来源、数量、职能,以及后备兵员储备、训练、均衡国民负担等一系列问题,提供了制度规范,明确了职责分工,营造了合理环境。

3. 边海防建设成就显著

城池是中国古代国防建设中时间最早和数量最多的军事防御工程。中国历代王朝无论是边塞重镇,或是中央政府所在地,均各自成为一个完备的御敌系统。古代城池的构筑,在长期的历史进程中,形成了一个以城市为中心,以城墙为主体,突出兵器装备和军士配置的点线结合、综合配置的坚固防御体系。长城是城池建设的延续和发展,始建于春秋战国时期,后经各朝代多次修建连接,至明代形成了西起嘉峪关东至山海关的万里长城。她以其浩繁的工程、巍峨的身姿和不屈的精神、爱好和平的内涵,而成为中华民族的精神象征和世界军事工程的奇迹。南宋时期建立了相对完善的海防体系,设置了专职海防机构沿海制置司;至明朝已经建立了基于卫所制的、可以驰骋四海的庞大水军,剿平了嚣张的倭寇,打败了号称"海上马车夫"的荷兰。清朝又在长山列岛、舟山群岛、福州、厦门、烟台、大连等沿海地区修建了炮台要塞式的海岸防御体系,在虎门、温州、吴淞口、大沽口等地修建了海口要塞，在江阴、江宁（今南京）等地修建了江防要塞。

4. 阵法研究成果丰硕

中国古代的军事研究人员，十分重视阵法的创新。阵法是一种战斗队形的配置，是为了利于指挥和协同在战场上短兵接战的士卒的行动。孙膑集先人之大成，将春秋以前的古阵总结为方阵、圆阵、疏阵、数阵、锥形阵、雁形阵、钩形阵、玄襄阵、水阵、火阵等十阵。三国时期诸葛亮为对付曹魏的步骑兵联合部队，根据蜀国作战地域多山地、缺乏马匹的特点，研究并排练了"八阵图"。唐朝的李靖则是在诸葛八阵的基础上，编练六花阵（图1-1）。由于宋朝经常遭受北方游牧民族的威胁，而自身骑兵薄弱，为了在平原上以步兵抗衡游牧民族的骑兵，因此非常重视阵法的研究。《武经总要》记载，宋军常用的阵型主要有常阵、平戎万全阵和本朝八阵。明朝时，为对付倭寇的侵袭，戚继光发明了一种小集中大分散的鸳鸯阵，由大阵变小阵，由密集变为疏散，这是阵形的一种创新。火器的广泛使用，使军队的作战指挥增加了火力与冷兵器之间的协同和不同兵种之间的协同。中国的古代阵法开始向近代的战法转变。

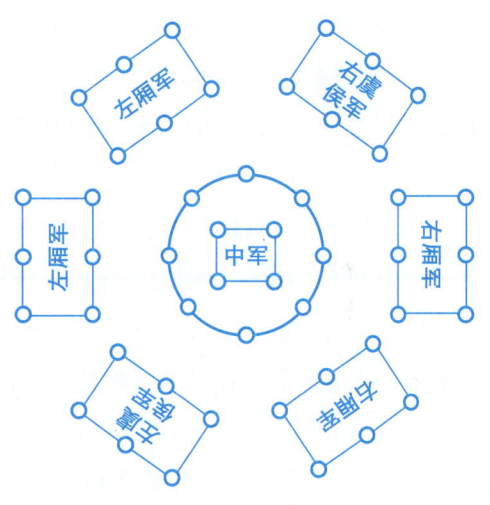

图 1-1 六花阵示意图

（二）近代国防

扫一扫：
近代屈辱史

中国近代国防充满着衰败和屈辱。1840 年英国人凭借坚船利炮打开了清王朝紧锁的国门，清政府为了维持自己腐朽的统治，开始奉行消极防御的国防政策。列强通过一系列不平等条约瓜分了中国，使得中华大地内忧外患，从此进入了有国无防的境地。

1. 清朝后期的国防

（1）清朝后期被动的军制改革

清朝后期常备军由八旗兵和汉人绿营军组成。无论是八旗兵还是绿营兵，都没有看到西方军事技术变革下的军制变化。长期的太平环境，使八旗兵、绿营兵失去了战斗力，在面对西洋先进军队时不堪一击，鸦片战争的失败即是佐证。太平天国运动爆发后，勇营军逐步取代了八旗和绿营军。甲午战败后，清朝仿效西方军制进行改革，开始编练新军。

新军在组织体制、编制、训练等方面，都逐步向近代化发展，缩短了与西方国家的差距。但这并没有改变大清国防孱弱、军队腐败的本质，最终导致了国破家亡。

（2）清朝后期衰败的边海防建设

清朝初期非常重视边海防建设，从道光皇帝开始，朝政却只求虚名、日益腐败，导致边海防建设和管理日趋弱化，表现为边兵日渐减少，士卒很少操练，将帅不研军事，防务日渐废弛。虽然两次鸦片战争使大清认识到必须振兴边海防，并通过向外国购买船炮、设厂造舰，成立全国海军领导机构——海军衙门，建立新式海防炮台等行动，掀起了一场旨在加强边海防卫的自强活动，取得了一些近代化建设的进步和成绩。但落后的官僚体制，使边海防的防御情势不断弱化，为西方军队的进攻埋下了伏笔。从19世纪中叶以后，中国东北、西北、东部沿海的领土，有150余万平方千米被分割，香港、澳门、台湾和澎湖岛、山东半岛、辽东半岛被侵占。

（3）清朝后期的屈辱战争和危害

由于清朝政治腐败，国力空虚，国防每况愈下，导致在西方列强的侵略面前，遭受了一次又一次的失败，签订了一个又一个的不平等条约。其中规模和影响较大的战争分别是：1840年英国殖民主义者以清王朝禁烟为由对中国发动的第一次鸦片战争，标志着中国的领土主权遭到破坏，开始沦为半殖民地半封建社会；1856年至1860年第二次鸦片战争，标志着中国领土主权进一步遭到破坏，半殖民地程度加深；1894年日本发动甲午战争，标志着中国半殖民地化和民族危机持续加深；1900年八国联军侵华战争，标志着中国已完全沦为半殖民地半封建社会。

清朝成为摆件的榴弹炮和火枪

1793年英国派遣马戛尔尼使华，带来了天球仪、地球仪、榴弹炮、铜炮、自来火枪和望远镜等科学仪器及武器装备。清朝皇帝及其大臣们竟然视其为邪物，选其"好看"之物摆在宫中，其他悉数送入库房。愚钝的清朝官员和将帅们，竟然对这些送上门来的东西毫无反应，更谈不上学习和利用了。直到1860年英军在抢掠圆明园时才发现当年馈赠给乾隆的枪械零件俱全，步枪子弹和炮弹依然堆放在库房内，这着实让英国人感到吃惊和庆幸。

2. 民国时期的国防

辛亥革命虽然推翻了清朝的统治，建立了中华民国，但并没有改变中华民族被欺侮的命运。西方列强为维护其在华利益,纷纷扶植各派军阀为自己的代理人,加紧对中国的掠夺。各派军阀争权夺利,混战不已,中国依然处于有边不固、有海无防的境况。

(1)军阀混战和中华民族的觉醒

袁世凯称帝,张勋复辟,各派军阀以西方列强为靠山,割据称雄,混战不休。直、皖、奉三大派军阀先后窃据中央政权,贿选国会议员和总统,出卖国家和民族利益。"二十一条"的签订和"巴黎和会"是中国外交的失败,充分暴露出北洋政府的腐败无能,使中国面临被帝国主义进一步瓜分的命运,从而激起了爱国民众同仇敌忾、共御外侮的决心和勇气。以"五四运动"为标志(图1-2),中国反帝反封建的资产阶级民主革命发展到新阶段,中国工人阶级开始以独立的姿态登上了政治的舞台。1921年7月,中国共产党成立,把中国人民的救亡图存斗争推向新阶段。

图1-2 五四运动

(2)日本的侵略及中国抗日战争

1931年日本帝国主义悍然发动了九一八事变,开始了对中华民族的侵略战争。国民党政府的不抵抗政策,导致东北大片国土迅速沦丧。1937年7月7日,日本发动七七事变,标志着日本帝国主义蓄谋已久的全面侵华战争开始。抗日战争,是在中国共产党倡导的、以国共合作为基础的抗日民族统一战线旗帜下,由中国各族人民和海外侨胞广泛参加的一场全民族抗战。中国人民经过长达14年艰苦卓绝的斗争,取得了中国人民抗日战争的伟大胜利,宣告了世界反法西斯战争的完全胜利。

抗日战争胜利后,蒋介石悍然发动内战,妄图消灭中国共产党及其所领导的军队。经过3年解放战争,中国共产党领导人民终于推翻了国民党的反动统治,建立了新中国,从此结束了100多年来中华民族有国无防、有军不强、人民备受屈辱的历史。

(三)新中国国防

1949年10月1日,中华人民共和国成立,结束了帝国主义、封建主义和官僚资本主义在中国的统治,中国人民从此开启了当家做主的新纪元,同时使中国国防的性质发生了根本的变化。这个时候,我们才算有了真正的国防。新中国国防大体上经历了以下五个阶段:

1. 第一阶段：从 1949 年到 1953 年

这个时期中国的国防是边建设、边维护新中国的独立、边巩固新生的人民民主政权的时期。人民解放军在中国共产党的领导下，在广大民兵和人民群众的积极配合、支持下，完成了除台湾地区外的统一祖国的伟大事业；剿灭了大批土匪，保卫了革命胜利果实；进行抗美援朝斗争，取得了在现代条件下，以劣势装备战胜优势装备敌人的新经验。随着条件的改善，我军完成了由单一陆军向诸军兵种全面建设的过渡。建立各类军事院校，为国防建设培养了大批专业军事人才。

2. 第二阶段：从 1953 年到 1965 年

这一阶段是中国国防现代化建设突飞猛进的重要时期。1953 年 12 月召开的全国军事系统党的高级干部会议，确定了中国国防建设的主要任务：防御帝国主义侵略，保卫社会主义建设，保卫亚洲和世界的和平。这期间，中国的国防科研和国防工业有了较大的发展，常规武器基本上实现了国产化。

3. 第三阶段：从 1966 年到 1976 年

"文化大革命"中，中国的国防建设受到了很大冲击，但由于中国的安全环境异常紧张，我们的国防建设始终都没有放松。在北面，苏联在我国三北边境、蒙古国边境和苏联境内陈兵百万；在东面和南面，国民党叫嚣"反攻大陆"，美国不断进行武装挑衅；中印关系也处于历史的低点。为了保卫国家的安全，我们在国防上提出了"立足于早打、大打、打核战争"的战略方针。

4. 第四阶段：从 1977 年到 1989 年

这一时期最重要的成就，就是形成了邓小平新时期军队建设思想。在这一思想的指导下，中国人民解放军发展到了一个崭新的阶段。1978 年 12 月召开的党的十一届三中全会，不仅实现了党的工作重心向经济建设的重大转移，而且实现了国防建设指导思想的战略转变，国防建设步入了快速发展的轨道。首先，调整了国防和军事战略方针，确立了"以阵地战为主，以坚守防御为主，不放过有利条件下的运动战和歼灭战"新的军事战略方针。其次，国防和军队现代化建设成为重点，走"精兵、合成、高效"的国防建设之路。再次，进行对越自卫还击作战，保卫了国家安全。

5. 第五阶段：从 1989 年至今

这一阶段，虽然我国的外部环境相对稳定，但随着世界经济和战略重心加速向亚太地区转移，美国持续推进全球战略，日本积极谋求摆脱战后体制，大幅调整军事安全政策，个别海上邻国在涉及中国领土主权和海洋权益问题上采取挑衅性举动，一些域外国家也极力插手南海事务，一些陆地领土争端依然存在，地区恐怖主义、分裂主义、极端主义活动猖獗，这些都对我国的周边安全稳定带来不利影响。

在新形势下，中国国防安全内涵和外延比历史上任何时候都要丰富，时空领域比历史上任何时候都要宽广，内外因素比历史上任何时候都要复杂。根据战争形态演变和国家安全形势，以习近平为核心的党中央坚持总体国家安全观，提出了明确而科学的"建设与中国国际地位相称，与国家安全和发展利益相适应的巩固国防和强大军队"战略目标和建设任务，将军事斗争准备基点放在打赢信息化局部战争上，突出海上军事斗争准备，有效控制重大危机，妥善应对连锁反应，坚决捍卫国家领土主权、统一和安全。

四、国防历史的启示

（一）经济发展是国防强大的基础

经济是国防的物质基础，国防的强大有赖于经济的发展。早在春秋时期齐国的政治家管仲就提出"富国强兵"的思想，商鞅更直接地指出：国不富，不可以用兵；兵不强，不可以摧敌。这一观点抓住了国防强大的根本所在。中国古代凡是有作为的政治家、军事家，无不强调富国强兵。秦以后的汉、唐、明、清各代前期国防的强盛，都与大力发展经济有直接关系。无数历史事实证明，经济发展是国防强大的基础。

（二）政治开明是国防巩固的根本

政治与国防紧密相关，国家的政治是否开明，制度是否进步，直接关系到国防能否巩固，因此，良好的政治环境是固国强兵的根本。纵观中国数千年的国防史，不难发现，凡是兴盛的时期和朝代，都十分注重修明政治，实行较为开明的治国之策。原本西陲小国的秦国，从商鞅变法开始，修政治，明法度，发展生产，繁荣经济，国防日渐强大，为吞并六国奠定了坚实的基础。大唐初建之时，满目疮痍，百废待兴。正是由于制定并实施了一系列开明的政治制度，使国家很快从隋末的战争废墟中恢复过来，逐渐成为国力昌盛、空前统一的大唐帝国。

（三）国家的统一和民族的团结是国防强大的根基

翻开几千年的国防史，我们会发现这样一个规律：凡是国家统一、民族团结的时期，国防就巩固，就强大；凡是国家分裂、民族矛盾尖锐的时期，国防就虚弱，就颓败。晚清时期，在西方列强的进攻面前，清政府不仅不敢主动迎战，更不敢依靠、支持人民群众进行反抗，反而认为"患不在外而在内""防民甚于防川"。由于清政府害怕人民群众的反侵略斗争，为了维护自己的腐败统治而谄媚列强的需求，对内实行残酷的镇压，对外却是屈膝投降，造成对外作战的屡战屡败，不得不签订丧权辱国的割地赔款条约，最后导致了自己的灭亡。

（四）先进的国防思想是维护国家安全的关键

无论是战火纷飞的春秋战国，还是傲视群雄的盛唐时期，只要国家启用贤达之人，重用上将之才，用先进的国防思想统御国防，不仅能完胜外敌的入侵行动，还能有效震慑敌人的入侵野心。反之，如果君王昏庸、军备废弛，又不重视国防思想研究，虽有优越的国防基础、良好的自然安全环境、先祖积淀的丰厚基业，也无法摆脱领土被掠夺、政权被打垮、人民被涂炭，甚至国家被消灭的历史宿命。

五、现代国防观

随着国防含义的扩展，国防观念的深度和广度也不断拓展，出现了现代国防观。现代国防是对传统国防的继承和发展，是在综合国力的基础上，以军事手段配合政治、经济、科技、外交等手段进行的总体较量。其基本特征主要表现在以下几个方面：

（一）国家利益及其安全维护的整体性

伴随着经济的发展，特别是科技的进步，现代国防的职能正在由维护明确的地缘"硬疆界"，扩展到争取有利于己的"软环境"；由保卫本土不受侵犯，扩展为在全球或地区范围内争取政治、经济和安全秩序的影响力和主导权；由打赢战争扩展到在战争和非战争状态下都能保证国家利益的实现。此外，现代国防强调，国家安全必须依靠整体性防务。一个国家只有经济不断强大、科技不断发展、国防实力不断增强、国防安全意识不断提高，以及与周边国家睦邻友好，才能真正实现长治久安。

（二）国防力量表现的综合性

现代国防是综合国力的体现。国防力量是以综合国力为基础的综合国防力量，有了雄厚的综合国力才有可能建设强大的国防力量。国家的整体实力，是指国家的政治、经济、科技、军事、文化、外交和自然等综合力量的集合。同样，强大的国防实力，也是多种因素相互交织力量的综合。尽管军事力量依然是国防力量的主体，但现代国防力量的构成不再局限于单一的军事力量，而更加突出综合力量建设。

（三）国防手段运用的多元性

由于对国家利益的威胁来自诸多方面，除了兵戎相见的"硬对抗"外，还有各种"软伤害"，诸如：意识形态对抗、文明冲突、信息攻击等。因此，现代国防斗争，不仅可以使用军事手段在战场上进行武力对抗，而且也可以通过政治对话、外交谈判、经济封锁、心理施压、军备控制等非战争手段在更广阔的空间进行激烈的较量。既依靠国家的国防实力，也依靠国家的潜力。在某一时期，某一方面，可以选择使用某一种手段，并以其他手段相配合，但决不能固守一种方式。

（四）国防建设的系统协调性

现代国防建设是一个以科技为龙头，以经济为骨干，通过总体性的战略运筹，谋求综合国防效益的有机统一。现代国防斗争更重视质量优势而不是数量优势，更重视整个系统而不是某些单元的作用。世界各国普遍着眼于从宏观上合理调整部队、准军事组织和后备役部队的比重，军内各军种、兵种的比重以及如何在发展武器装备、改进编制体制、强化军事训练、完善战场建设等方面有利于协调行动，发挥系统的整体效能。整个国家要做到平战结合、寓军于民，在确保国家经济实力不断增长的基础上，加强军事力量，做到综合国力结构合理、协调发展。

（五）国防事业发展的社会性

国防不等于"军防"，而是关系到各个领域和每个公民的事情。随着现代国防内涵的扩展，全面增强防卫能力必然涉及各个领域和各个方面，因而与整个社会构成了密不可分的联系。依靠国家和社会综合力量来建设国防，越来越受到各国重视。新中国的历届政府都十分重视国防建设的全民参与，《中华人民共和国宪法》（以下简称《宪法》）和《中华人民共和国国防法》（以下简称《国防法》）都明确规定："中华人民共和国公民应当依法履行国防义务""保卫祖国、抵抗侵略是每个公民的神圣职责"。

★ 第二节　国防法规

国防法规是指国家为了加强防务，尤其是加强武装力量建设，用法律形式确定并以国家强制手段保证其实施的行为规范的总称。它是调整国防和武装力量建设领域各种社会关系的法律规范，是国家法律体系的重要组成部分，是加强国防和武装力量建设的基本依据，对于保障国防和军队建设的顺利进行，做好军事斗争准备具有十分重要的意义。

一、国防法规体系

目前，中国国防法规从国防建设的实际需要出发，规范的内容十分广泛，已形成完整的国防法规体系。

（一）法规的层次

根据宪法规定和立法权力及立法原则，中国现行的国防法规从纵向结构可划分为以下四个层次：

立法层次	立法机构	典型法律（规）
法　律	全国人民代表大会 全国人大常务委员会	《国防法》《中华人民共和国兵役法》（以下简称《兵役法》）《中华人民共和国国防教育法》（以下简称《国防教育法》）等
法　规	国务院 中央军委	《军人抚恤优待条例》《退伍义务兵安置条例》等，中国人民解放军的《内务条令》《纪律条令》《队列条令》
规　章	国务院有关部委 军委各部门 各军兵种	《应征公民体格条件》《交通战备和科研管理暂行规定》，陆军颁布的《战斗条令》，海军颁布的《舰艇条令》，空军颁布的《飞行条令》等
地方性法规	省、自治区、直辖市 人民代表大会	《关于加强人武部建设意见》《征兵工作若干规定》《国防教育条例》等

（二）法规的门类

根据在国防领域中重点调整对象的领域不同，中国的国防法规划分为 16 个门类：①国防基本法类；②国防组织法类；③兵役法类；④军事管理法类；⑤军事刑法类；⑥军事诉讼法类；⑦国防经济法类；⑧国防科技工业法类；⑨国防动员类；⑩国防教育法类；⑪军人权益保护法类；⑫军事设施保护法类；⑬特别行政区驻军法类；⑭紧急状态法类；⑮战争法类；⑯对外军事关系法类。

（三）主要国防法规

不同门类的国防法规所调整、规范的国防和军事活动领域是不同的。这里重点阐述《中华人民共和国国防法》《中华人民共和国兵役法》《中华人民共和国国防教育法》《中华人民共和国国防动员法》和《中华人民共和国人民防空法》的主要内容。

1.《中华人民共和国国防法》

扫一扫：
兵役法

《国防法》于 1997 年 3 月 14 日由中华人民共和国第八届全国人民代表大会第五次会议审议通过，2020 年 12 月 16 日第十三届全国人民代表大会常务委员会第二十四次会议修订。自 2020 年 1 月 1 日起施行。该法共 12 章 73 条，主要规定了国防活动的基本原则，国家机构的国防职权，武装力量的构成，国防动员和战争状态，公民、组织的国防义务和权利，对外军事关系等。《国防法》是根据宪法而制定的一部综合性的调整和规范中国国防与武装力量建设的基本部门法，《国防法》的制定是新中国成立以来中国国防领域最重要的立法活动。

《国防法》主要内容：①明确国防建设的方针、原则；②规定了党对武装力量和国防活动的领导权及国家机构的国防职权；③确定了中国国防的职能任务。从国防的主体范围上看，不仅包括国家、军队和军人，而且还包括社会组织和普通公民；从国防的职能范围上看，不仅包括防备和抵抗侵略这一首要的国防职能，而且还包括制止分裂、维护国家统一等其他国防职能；④明确了国防建设与经济建设的关系；⑤对国防建设做出前瞻性的规定。规定了国家军事订货制度和军人保险制度，明确了维护海洋权益也属于国防的范围。

2.《中华人民共和国兵役法》

《兵役法》于 1955 年 7 月 30 日经第一届全国人民代表大会第二次会议通过，颁布了中国历史上第一部社会主义类型的兵役法。2011 年 10 月 29 日，第十一届全国人大常委会第二十三次会议对《兵役法》进行了第三次修订。新修订的兵役法共 12 章 74 条，主要内容有：总则，平时征集，士兵的现役和预备役，军官的现役和预备役，军队院校从青年学生中招收的学员，民兵，预备役人员的军事训练，普通高等学校和普通高中学生的军事训练，战时兵员动员，现役军人的待遇和退出现役的安置，法律责任，附则等。《兵役法》是国家关于公民参加军事组织或在军事组织之外承担军事任务，接受训练的法律，是规范中华人民共和国公民履行兵役义务的基本法律依据。

3.《中华人民共和国国防教育法》

《国防教育法》于2001年4月28日由第九届全国人大常委会第二十一次会议通过并实施。该法共6章38条，主要规定了国防教育的方针原则、学校国防教育、社会国防教育、国防教育的保障和法律责任等。2001年8月31日，第九届全国人民代表大会常务委员会第二十三次会议通过了《全国人民代表大会常务委员会关于设立全民国防教育日的决定》，确定每年9月的第三个星期六为全民国防教育日。《国防教育法》是为普及和加强国防教育，发扬爱国主义精神，促进国防建设和社会主义精神文明建设而制定的法律。

4.《中华人民共和国国防动员法》

扫一扫：
国防动员法

《国防动员法》于2010年2月26日由第十一届全国人民代表大会常务委员会第十三次会议通过，自2010年7月1日起施行。该法共14章72条，主要规定了组织领导机构及其职权，国防动员计划，实施预案与潜力统计调查，与国防密切相关的建设项目和重要产品，预备役人员的储备与征召，战略物资储备与调用，军品科研、生产与维修保障，战争灾害的预防与救助，国防勤务，民用资源征用与补偿，宣传教育，国防动员特别措施和相关法律责任等。《国防动员法》为加强国防建设，完善国防动员制度，保障国防动员工作的顺利进行，维护国家的主权、统一、领土完整和安全提供了法律依据。

5.《中华人民共和国人民防空法》

《人民防空法》是国家关于动员和组织人民群众平时开展防空准备和战时实施防空保护的法律，于1996年10月29日由第八届全国人大常委会第二十二次会议通过。该法共9章53条，主要内容包括：人民防空的方针和原则，人民防空实行的优惠政策，人民防空工作的领导和管理体制，人民防空工程建设要求及维护管理，人民防空通信和警报建设与管理，疏散组织方法，人民防空教育，破坏、危害人民防空工程、设施的各类违法犯罪行为的法律责任。《人民防空法》的颁布实施，对于维护国家和民族的安全利益，保护人民生命和财产安全，加强国防法制建设，防范和减轻战争空袭危害，保障社会主义现代化建设顺利进行都有十分重要的意义。

二、公民的国防权利和义务

公民的国防义务是指由宪法和法律规定的公民在国防活动中必须履行的责任，由国家强制力保证其落实。公民的国防权利是指国家从法律和物质上保障公民享有这种权利的可能性。国防是国家生存和发展的安全保障，每一个公民都必须承担相应的国防义务。公民在履行国防义务的同时，也享有相应的国防权利。

（一）公民的国防义务

1. 兵役义务

扫一扫：
我的青春
献给谁

兵役义务是公民最重要的一项国防义务。《兵役法》第三条规定："中华人民共和国公民，不分民族、种族、职业、家庭出身、宗教信仰和教育程度，都有义务依照本法的规定服兵役。"

公民履行兵役义务主要有三种形式：服现役、服预备役和参加学生军事训练。

（1）服现役

现役是公民在军队中所服的兵役，包括：参加中国人民解放军和人民武装警察部队。

（2）服预备役

预备役是公民在军队之外所服的兵役，预备役分为军官预备役和士兵预备役。士兵预备役又分为第一类预备役和第二类预备役。退伍军人和地方与军事专业对口的技术人员经审查合格的服第一类士兵预备役或军官预备役。应征公民当年未被征集服现役的，一律服第二类士兵预备役。

（3）参加学生军事训练（简称学生军训）

《兵役法》规定："普通高等学校的学生在就学期间，必须接受基本军事训练。"这一规定表明，接受军事训练是学生必须履行的兵役义务。学生军训依据2019年1月教育部和中央军委国防动员部联合制定的《普通高等学校军事课教学大纲》组织实施。军事课是普通高等学校学生的必修课程，纳入普通高等学校人才培养体系，列入学校人才培养方案和教学计划。实行学分制管理，课程考核成绩记入学籍档案。军事课考核包括军事理论考试和军事技能训练考核，各计2学分，总计4学分，成绩合格者计入学分，成绩不及格者必须进行补考，补考合格后取得相应学分。

2. 接受国防教育的义务

青年学生是祖国的希望，是国防事业未来的建设者，应明确自己肩负的历史责任，积极参加各种形式的国防教育活动。①认真学习国防理论。通过听课、读书等方式，掌握国防思想、国防历史、国防法规等方面的基本知识，树立科学的国防观，强化国防意识；

②积极参加军事训练、国防体育、国防夏令营等军事实践活动。运用和巩固所学的国防理论知识，掌握一定的军事技能，提高履行国防义务的能力；③经常收听、收看广播电视中有关国防和军事的节目，参观国防教育基地和其他具有国防教育功能的博物馆、纪念馆、科技馆等活动。把国防意识的培养融于文化娱乐活动之中，潜移默化地接受国防教育。

3. 保护国防设施的义务

国防设施是指国家直接用于国防目的的建筑、场地和设备，包括军事、人民防空、国防交通设施和其他用于国防目的的设施。公民在从事经济、文化和其他社会活动时，应当遵守法律的规定自觉保护国防设施。对任何非法进入军事禁区的人，对军事禁区非法进行摄影、摄像、录音、勘察、测量、描绘和记述的人和事，对进行危害国防设施安全和使用效能的活动，对进行影响人民防空工程使用或者降低人民防空工程效能的作业的行为，对影响国防交通工程设施的正常使用和危及国防交通工程设施安全的行为，对破坏、危害国防设施的行为，应当检举、控告或制止。

4. 保守国防秘密的义务

国防秘密是指关系国家安全利益，在一定时间内只限一定范围人员知悉的军事或与军事有关的政治、经济、外交、科技、教育等方面的事项。国防秘密的表现形式主要是秘密信息和秘密载体。国防秘密载体包括密件和密品。密件是载有国防秘密信息的书面材料、胶片、音像带、磁盘、光盘等。密品是属于国防秘密的设备或产品。

保守国防秘密事关国家的安危。公民应当遵守《中华人民共和国保守国家秘密法》以及有关的保密规定，严格保守国防方面的国家秘密。发现国防方面的国家秘密已经泄露或者可能泄露时，应立即采取补救措施并及时报告。

5. 支持国防建设、协助军事活动的义务

中国国防是全民国防，公民应当积极参与和支持国防建设。支持国防建设的形式多种多样，公民所做的一切有利于国防建设的事都是支持国防建设。如为国防教育和其他国防活动提供资金捐助；当修建国防设施需要征用、征购土地和设施器材时给予积极配合；大力宣传军人的英雄事迹，宣传国防的重大意义；开展拥军优属活动，在全社会营造尊重军人、重视国防建设的氛围。

（二）公民的国防权利

1. 提出建议权

人民是国家的主人，公民有权关心国防建设，有权对国防建设提出建议。国防建议

权的行使可采取多种形式。如通过人民代表向全国人民代表大会提出议案，撰写学术文章、咨询报告，给政府或军队有关部门写信、打电话，通过报纸、电视、广播、网络等媒体发表自己对国防建设的意见和建议等。

2. 制止和检举权

制止危害国防利益的行为，是指公民依法采取一定的方式方法使危害国防的行为停止下来，从而维护国防利益。根据行使制止权的时间不同，可分为事前制止和事中制止。根据行使制止权的方式不同，可分为暴力制止和非暴力制止。为了使国家利益免受正在进行的不法侵害而采取暴力手段加以制止，对不法侵害人造成损害的，属于正当防卫，不负刑事责任。

检举危害国防利益的行为，是指危害国防的行为发生后，公民对违法行为进行揭发。行使检举权，可采取司法告发或行政告发的形式。受理检举的机关应该对公民反映的情况认真调查，妥善处理。

国防法规规定公民享有制止和检举权。对及时发现和有效制止、打击侵害国防利益的违法犯罪行为，维护国防利益，加强国防建设都有着重要作用。公民对危害国防利益的行为进行制止或检举，国家给予保护和奖励。

3. 取得补偿权

国家进行国防建设，武装力量开展军事活动，在某些情况下可能对公民的合法权益产生一定的影响。如修建国防设施需要征地和迁移居民，武装力量在军事演习或作战行动中需要依法征用公民的交通工具和其他物资等，由此造成的经济损失，公民可以按国家有关规定取得补偿。

在战时和其他紧急状态下，有些补偿措施是在事后落实的，不应把预先得到补偿作为接受征用的条件。同时要明确，补偿不同于赔偿。赔偿是由违法侵权行为引起的，对实际造成的直接经济损失和间接经济损失要全部偿付，具有制裁性。补偿是由国家机关及其工作人员的合法行为引起的，是国家对公民因国防活动受到损失所采取的补救措施，仅限于直接经济损失，不包括间接经济损失和精神损失，不具有制裁性。

■三、大学生入伍的相关政策规定

扫一扫：
大学生入伍
鼓励政策

普通高等学校大学生入伍主要有两种形式：

（一）作为义务兵应征入伍

作为义务兵应征入伍的大学生主要包括：①在校生（含参加高考已取得高校录取通知书但尚未报到的新生及在校就读的学生）；②毕业生（含应届和往届毕业生）。

1. 基本条件

（1）年龄要求：在校生不超过 22 岁，毕业生不超过 24 岁。

（2）身体条件：普通高等学校大学生应征入伍，身体条件要符合国防部颁布的《应征公民体格检查标准》和有关规定。如身高、体重、视力等都应达到相应的合格标准。

2. 鼓励政策

国家就普通高等学校应届毕业生入伍服义务兵役下发了一系列文件，对应届毕业生入伍服义务兵役的征集工作流程、征集条件和鼓励政策等做出了明确规定。普通高等学校应届毕业生入伍服义务兵役的鼓励政策有：

（1）普通高等学校大学生入伍：①优先征集；②由政府补偿学费或代偿国家助学贷款。

（2）服义务兵役阶段：①优先安排到技术岗位；②优先作为骨干培养。

（3）服义务兵役完成：①退役；②可选为士官；③可报考军校；④本科毕业生可选拔为军官。

（4）定向招生：参加政法院校为基层公检法定向岗位招生时优先录取。

（5）考学升学：①退役后三年内参加硕士研究生考试初试总分加 10 分；②立二等功及以上的免试推荐入读硕士研究生；③设立"退役大学生士兵"专项硕士研究生招生计划；④高职（高专）毕业生免试入读成人本科或经过一定考核（计划单列、专升本考试、单独录取），按一定比例入读普通本科。

（6）就业服务：①退役一年内可视同高校应届毕业生办理就业报到手续，户档随迁；②退役后参加户籍所在地省级毕业生就业指导机构、原毕业高校就业招聘会，享受重点推荐、就业指导等就业服务。

（二）作为士官应征入伍

《兵役法》规定，对于一些学有专长的大学毕业生可以以士官的方式参军。

1. 基本条件

普通高等学校毕业生所学专业符合部队专业需要，未婚，男性年龄不超过 24 周岁（截至当年 7 月 31 日）；政治和体格条件按照征集义务兵的规定执行。招收的普通高等学校毕业生，所在高校和所学专业已经开展职业技能鉴定的，应当取得国家颁发的中级以上职业资格证书。

2. 入伍程序

直招士官按照报名登记、体格检查、政治考核、专业审定、批准入伍、签订协议、交接运输的程序办理；招收士官入伍后进行新兵训练和岗前专业培训后，按照专业对口、招用一致的原则，分配到相应的专业技术士官岗位。

3. 入伍后待遇

直招士官入伍后，在新兵培训和岗前培训期间，按义务兵新兵标准发放津贴；从下达士官命令的当月起，按照相应的士官工资标准发放。在首次授衔确定工资起点标准时，全日制大专和本科学历的比同年度部队选取的士官高定两级工资档次。

★第三节 国防建设

国防建设是国家为构建和完善国防体系，提高国防能力而进行的一系列活动的统称。包括武装力量建设，边防、海防、空防、人防及战场建设，国防科技与国防工业建设，国防动员建设，国防法规建设，国防教育，以及与国防相关的交通运输、信息通信、医疗卫生、能源、水利、气象、航天等方面的建设等。中华人民共和国成立后，国家把国防建设摆在十分重要的位置，取得了举世瞩目的成就，赢得了国际社会的普遍尊重。

一、国防体制

国防体制是国家为组织和实施国防活动而建立的组织体系和相应制度，是国家体制的重要组成部分。它通常受国家政治、经济、军事、外交等方面制度和政策的制约。

国防领导体制是国家领导国防活动的组织体系及相应制度。包括国防领导机构的设置、职能划分、相互关系等。一般设有最高统帅、最高国防决策机构、国家行政机关中管理国防事务的部门、武装力量领导指挥系统等。根据《宪法》和《国防法》，中华人民共和国的国防领导职权的行使机构主要有：

（一）中共中央的国防领导职权

中国的武装力量受中国共产党领导。党的中央军事委员会和国家的中央军事委员会的组成人员和对军队的领导职能完全一致。中央军事委员会实行主席负责制，中央军事委员会主席即为中国武装力量的统帅。

（二）全国人民代表大会及其常务委员会的国防职权

全国人民代表大会选举国家中央军委主席。根据中央军委主席的提名，决定中央军委其他组成人员的人选，决定战争与和平的问题，并行使《宪法》规定的国防方面的其他职权。全国人大常委会在全国人民代表大会闭会期间决定战争状态的宣布，决定全国总动员或者局部动员，并行使《宪法》规定的国防方面的其他职权。

（三）国家主席在国防方面的职权

国家主席根据全国人大及其常委会的决定，宣布战争状态，发布动员令，并行使宪法规定的国防方面的其他职权。

（四）国务院在国防方面的职权

国务院领导和管理国防建设事业。编制国防建设发展规划和计划，制定国防建设方面的方针、政策和行政法规，管理国防经费和国防资产，领导和管理国防科研生产，领导和管理国民经济动员工作和人民武装动员、人民防空、国防交通等方面的有关工作，领导和管理拥军优属和退役军人安置工作，领导国防教育工作，与中央军委共同领导民兵的建设和征兵、预备役工作以及边防、海防、空防的管理工作，并行使法律规定的与国防建设事业有关的其他职权。国务院设有国防部以及其他与国防建设事业有关的部门。

（五）中央军事委员会在国防方面的职权

中央军事委员会简称中央军委或军委，按照《宪法》的规定为中华人民共和国的最高军事决策和指挥机关，领导和统一指挥全国武装力量，决定军事战略和武装力量的作战方针，领导和管理人民解放军的建设，向全国人大或者全国人大常委会提出议案，制定军事法规，发布决定和命令，决定人民解放军的体制和编制，任免、培训、考核和奖惩武装力量成员，批准武器装备体制和发展规划、计划，并行使法律规定的其他职权。

如图1-3所示，中央军委设有15个职能部门。其中军委联合参谋部、军委政治工作部、军委后勤保障部、军委装备发展部、军委训练管理部、军委国防动员部分别是负责全军军事（作战）、政治、后勤、装备、训练和动员工作的业务机关。在中央军委的领导下，还设有负责军队建设的陆、海、空、火箭军和战略支援部队等军事机关，和负责作战指挥的东部战区、南部战区、西部战区、北部战区和中部战区指挥机关。形成了军委管总、军种主建、战区主战的新格局。

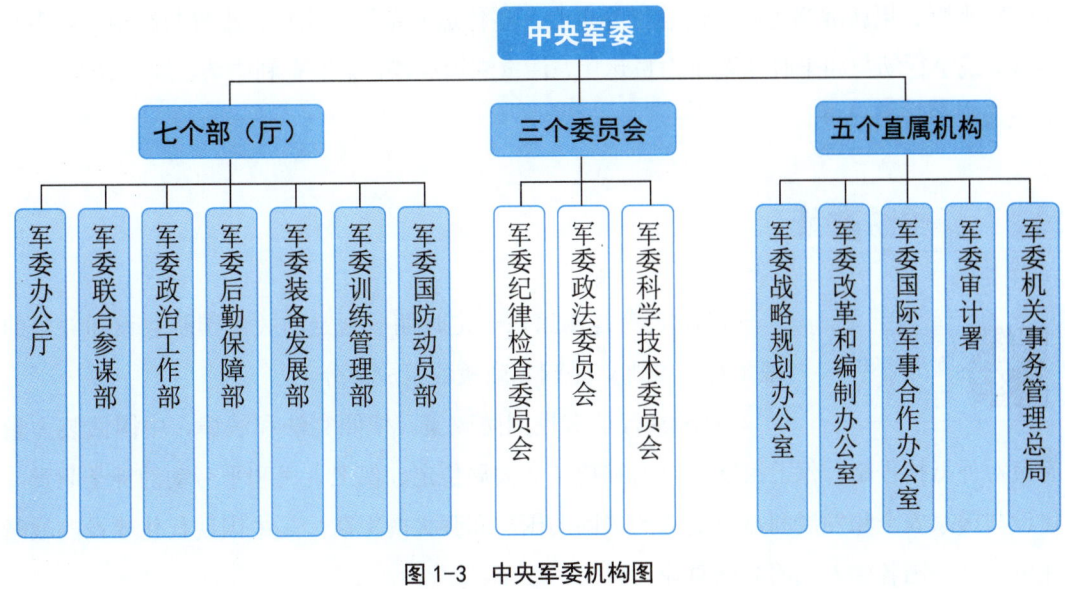

图1-3 中央军委机构图

二、国防战略

　　国防战略是对国防建设和运用综合国力维护国家安全，实现国防目标的总体构想。

　　在国防战略上，我国始终奉行积极防御的战略指导思想，这是中国共产党军事战略思想的基本点，也是在长期革命战争实践中，人民军队形成的一整套战略思想，即坚持防御、自卫、后发制人的原则，坚持"人不犯我、我不犯人，人若犯我、我必犯人"，强调遏制战争与打赢战争相统一，强调战略上防御与战役战斗上进攻相统一。

　　中华人民共和国成立后，1956年彭德怀代表中共中央、中央军委做的《关于保卫祖国的战略方针和国防建设问题》的报告中，提出"积极防御"的战略方针。邓小平根据新的现实环境下军事斗争的实际需要，发展了"积极防御"战略方针的精神。1980年邓小平再次提出："我们未来的反侵略战争，究竟采取什么方针？我赞成就用'积极防御'四个字。""积极防御本身就不只是一个防御，防御中有进攻。"这是用马克思主义的辩证观点揭示了积极防御的本质。在中国革命战争和中华人民共和国成立后巩固国防的长期斗争实践中，积极防御的战略方针始终贯穿着自卫战争、后发制人；对待强敌，持久作战；依靠人民战争，以劣势装备战胜优势装备之敌；立足于复杂困难情况下作战等重要思想。

　　在新形势下，我国的社会制度和国家根本利益以及军事斗争的现实需要，决定我们仍然坚持并不断丰富、发展这一战略思想。根据国家安全和发展战略，适应新的历史时期形势任务要求，坚持实行积极防御军事战略方针，与时俱进加强军事战略指导，进一步拓

23

宽战略视野、更新战略思维、前移指导重心，整体运筹备战与止战、维权与维稳、威慑与实战、战争行动与和平时期军事力量运用，注重深远经略，塑造有利态势，综合管控危机，坚决遏制和打赢战争。

三、国防政策

扫一扫：
邓小平积极
防御思想

国防政策是国家在一定时期所制定的关于国防建设和斗争的基本行动准则，是国家政策的组成部分。

中国奉行防御性国防政策。依照宪法和法律，中国武装力量肩负对外抵抗侵略、保卫祖国，对内维护社会大局稳定、保卫人民和平劳动的神圣职责。建设与国家安全和发展利益相适应的巩固的国防和强大的军队，是中国现代化建设的战略任务，是中国各族人民的共同事业。

两岸统一是中华民族走向伟大复兴的历史必然。海峡两岸中国人有责任共同终结两岸敌对的历史，竭力避免再出现骨肉同胞兵戎相见的局面。两岸应积极面向未来，努力创造条件，通过平等协商，逐步解决历史遗留问题和两岸关系发展进程中的新问题。两岸可以就在国家尚未统一的特殊情况下的政治关系展开务实探讨，可以适时就军事问题进行接触交流，探讨建立军事安全互信机制问题，以利于共同采取进一步稳定台海局势、减轻军事安全顾虑的措施。两岸应在一个中国原则的基础上协商正式结束敌对状态，达成和平协议。

四、国防成就

中华人民共和国成立后，经过70余年的艰苦努力，我国国防建设取得了举世瞩目的成就。

（一）建立了有中国特色的武装力量领导体制

新中国成立后，根据中央人民政府1949年10月19日令，成立中央人民政府人民革命军事委员会，作为全国武装力量的最高统帅机关。1954年9月，第一届全国人民代表大会第一次会议通过的《宪法》规定，中华人民共和国主席统帅全国武装力量，并决定设立国防委员会和国防部，由国家主席担任国防委员会主席。与此同时，取消了中央人民政府人民革命军事委员会，在同月召开的中央政治局会议上，决定在中央政治局和书记处之下成立中共中央军事委员会，领导中国人民解放军和其他武装力量。

1982 年起，第五届全国人民代表大会第五次会议通过的第四部《宪法》规定，设立中华人民共和国中央军事委员会，领导全国武装力量。与此同时，中共中央军事委员会继续存在，其职能和国家中央军事委员会完全相同。这表明中央军委同时有两个名义：一个是中共中央军委，一个是国家的中央军委，从而确立了党和国家高度集中统一行使领导职权的国防领导体制。这种体制，既贯彻了党对军队绝对领导的根本原则，又适应我军已成为国家主要组成成分的实际，进一步完善了国家武装力量的领导体制，体现了党领导军队与国家领导军队的一致性，体现了中国共产党作为唯一的执政党在国家政治生活中的领导地位和作用。

（二）中国人民解放军的革命化、现代化和正规化建设有了突破性进展

中华人民共和国成立时，人民解放军基本上是一支单一的以步兵为主的陆军。炮兵、装甲兵等技术兵种所占比例非常小，且海军、空军仅具雏形。"我们将不但有一个强大的陆军，而且有一个强大的空军和一个强大的海军。"毛泽东的庄严宣告，表达了一个站起来的民族的决心。经过 70 余年的艰苦努力，人民解放军实现了由单一陆军向诸军兵种合成军队的发展，不仅研制和装备了种类比较齐全的常规武器，而且拥有了具有一定威慑力的原子弹、氢弹等尖端武器装备。

改革开放以来，尤其是党的十八大以来，在改革调整体制、编制方面，中国人民解放军打破了长期实行的总部体制、大军区体制，形成了军委管总、战区主战、军种主建的新格局。改变了长期以来陆战型、国土防御型的力量结构和兵力布势，实现了中国人民解放军组织架构和力量体系的整体性、革命性重塑。在教育训练方面，狠抓实战化训练，加快发展新型作战力量，建设一切为了打仗的后勤，发展高新技术武器装备，构建新型人才培养体系和新型军事科研体系，加强国防动员、边海空防、军队外事等工作，推动军民融合深入发展。

（三）形成了门类齐全、综合配套的国防科技工业体系

国防科技是衡量一个国家综合国力的重要标志之一，也是国防现代化建设的一个重要方面。新中国成立以来，在党中央、国务院、中央军委的关怀和领导下，经过 70 余年的建设和发展，我国的国防科技工业从无到有、从小到大、从落后到先进，建立起了包括电子、船舶、兵器、航空、航天和核能等门类齐全、综合配套的科研实验生产体系，取得了一大批具有国内或国际先进水平的科研成果，为我军现代化建设和切实增强我国的综合国力做出了重要贡献。

（四）国防后备力量建设取得了长足的发展

我们党和国家历来十分重视国防后备力量建设。1985年，党中央、国务院、中央军委明确提出"精干的常备军和强大的后备力量相结合，是建设现代化国防的必由之路"这一基本指导方针。

我国国防后备力量建设，经过几代人的努力，形成了一整套制度和优良作风，打下了坚实的基础，各项工作均取得了明显的成绩。①实现了指导思想的战略性转变，走上了相对和平时期稳步发展的轨道；②确立并实行民兵与预备役相结合的制度。初步形成了具有中国特色的国防后备力量体系，并下大气力重点抓基干民兵队伍建设和预备役队伍建设，加强训练、改进装备，使我国后备兵员素质较之过去有明显提高；③注重宏观指导，合理布局，边海防、大中城市和重点地区的民兵工作得到加强；④民兵、预备役部队在参战支前、保卫边疆、发展生产、扶贫帮困、抢险救灾、维护社会治安等方面发挥着重要作用，为国家的改革、发展、稳定做出了巨大的贡献；⑤健全了国防动员机构。以1994年国家国防动员委员会成立为标志，我国国防动员实现由分散管理向统一领导转变，初步构建起具有中国特色的国防动员领导体制机制，保证国家在一旦发生战争的情况下，能很快由平时状态转入战时状态，调动足够的人力、财力、物力应付战争；⑥加强了国防教育，学生军训工作全面展开，发展形势良好。

五、军民融合

军民融合是指把国防建设深深融入经济社会发展体系之中，全面推进经济、科技、教育、人才等各个领域的军民融合。在更广范围、更高层次、更深程度上把经济建设与国防建设结合起来，使经济建设为国防建设提供更加雄厚的物质支撑。国防建设为经济建设提供更加坚强的安全保障。

我国的军民融合发展，是我党领导中国革命长期实践的科学总结，是中国特色富国强军之路的必然选择。在不同历史阶段，以毛泽东、邓小平、江泽民、胡锦涛的党中央领导集体从我国国情出发，结合我国国防建设和国家经济建设的实际，先后提出了"军民兼顾""军民结合""寓军于民""军民融合"的战略方针思想，回答和解决了不同历史时期我国国防建设和国家经济建设中出现的重大理论和现实问题，逐步探索出一条具有中国特色的经济建设和国防建设协调发展之路。

2015年，习近平首次提出把军民融合发展上升为国家战略。2017年1月22日，中共中央政治局会议决定，设立中央军民融合发展委员会，由习近平任主任。机构主要职能是从中央层面对军民融合发展的重大问题进行决策部署和规划协调,统一领导军民融合深度发展。这标志着我国军民融合发展进入了深度融合的发展阶段。军民融合是我们党长期探索经济建设和国防建设协调发展规律的重大成果,是从国家发展和安全全局出发做出的重大决策,是应对复杂安全威胁、赢得国家战略优势的重大举措。

当前,我国逐步建立了中国特色军民融合发展的体系框架,形成了渐趋完整的军民融合发展战略布局,即以"六大体系"融合为支撑、以"八大重点领域"融合为统筹、以"五大新兴领域"融合为突破的军民融合发展总规划。六大体系为军民深度融合发展的基础领域资源共享体系、中国特色先进国防科技工业体系、军民科技协调创新体系、军事人才培养体系、军队保障社会化体系、国防动员体系;八大重点领域为基础领域、产业领域、科技领域、教育资源、社会服务、应急和公共安全、海洋开发和海上维权、维护国家海外利益等;五大新兴领域是海洋、太空、网络空间、生物、新能源等。

军民融合发展既是兴国之举,又是强军之策。我们要强化大局意识,强化改革创新,强化战略规划,强化法治保障。充分发挥我国社会主义制度能够集中力量办大事的政治优势,坚持国家主导和市场运作相统一,坚持富国和强军相统一,坚持统一领导和顶层设计相统一,坚持改革创新和重大项目落实相统一,坚持法治思维和法治方式相统一,在新的起点上开创军民融合发展新局面,为实现中国梦强军梦提供坚强有力支撑。

★第四节 武装力量

武装力量是国家或政治集团的各种武装组织的总称,是国家或政治集团执行对内对外政策的暴力工具。它一般以军队为主体,由军队和其他正规的、非正规的武装组织结合构成。

一、中国武装力量的性质、宗旨与使命

我国《宪法》规定:"中华人民共和国是工人阶级领导的、以工农联盟为基础的人民民主专政的社会主义国家,中华人民共和国的武装力量属于人民。"

"以人民利益为最高利益，全心全意为人民服务"是中国武装力量的宗旨。我国武装力量来自人民，保卫人民，服务人民，是人民民主专政的坚强柱石。

中国人民武装力量在新时代的使命任务是，坚决维护中国共产党的领导和中国特色社会主义制度，坚决维护国家主权、安全、发展利益，坚决维护国家发展的重要战略机遇期，坚决维护地区与世界和平，为实现"两个一百年"奋斗目标、实现中华民族伟大复兴的中国梦提供战略支撑。

二、武装力量构成

中国武装力量由人民解放军现役部队和预备役部队、人民武装警察部队、民兵组成，受中国共产党领导。在国家安全和发展战略全局中具有重要地位和作用。

（一）中国人民解放军

中国人民解放军包括陆军、海军、空军、火箭军、战略支援部队、联勤保障部队等。

1. 陆军

扫一扫：陆军

中国人民解放军陆军始建于1927年8月1日。在整个战争年代，陆军一直是我军的主体，为新中国的成立立下了不朽功勋。新中国成立后，陆军又为保卫祖国安全和维护世界和平立下赫赫新功。2015年12月31日，中国人民解放军陆军领导机构正式成立，标志陆军发展进入一个新的历史阶段。

陆军由步兵(摩托化步兵、机械化步兵、山地化步兵)、装甲兵、炮兵、防空兵、陆军航空兵、工程兵、防化兵、通信兵等兵种及电子对抗兵、侦察兵、测绘兵等专业兵种组成。主要担负陆地作战任务，具有强大火力、突击力和高度机动能力的特点。它既能独立作战，又能与其他军种联合作战。在抗击外来军事入侵、保卫国家领土主权、维护国家和平统一和社会稳定等方面起着重大作用。

按照机动作战、立体攻防的战略要求，陆军积极推进由区域防卫型向全域机动型转变，加快发展陆军航空兵、轻型机械化部队和特种作战部队，加强数字化部队建设，逐步实现部队编成的小型化、模块化、多能化，提高空地一体、远程机动、快速突击和特种作战能力。

第一章 中国国防

军事小百科

陆军机动作战部队现有13个集团军，分别部署在东部战区、南部战区、西部战区、北部战区和中部战区等五个相对独立的作战地域内。

2. 海军

中国人民解放军海军成立于1949年4月23日，是以舰艇部队为主体，主要在海洋执行作战任务的战略性军种。目前，中国海军已成为一支装备精良、技术密集、多兵种合成、初具现代化作战能力的防御力量。

海军主要由水面舰艇部队、潜艇部队、海军航空兵、海军岸防兵、海军陆战队等兵种和各专业勤务部队组成，是海上作战行动的主体力量，担负着保卫国家海上方向安全、领海主权和维护海洋权益的任务。海军具有水面、水下和空中作战能力，既能独立进行海上作战，又能协同陆军、空军和火箭军作战。

按照近海防御的战略要求，海军注重提高近海综合作战力量现代化水平，发展先进潜艇、驱逐舰、护卫舰等装备，完善综合电子信息系统装备体系，提高远海机动作战、远海合作与应对非传统安全威胁能力，增强战略威慑与反击能力。

军事小百科

海军下辖北海、东海和南海3个舰队，舰队下辖舰队航空兵、基地、支队、水警区、航空兵师和陆战旅等部队。2012年9月，第一艘航空母舰"辽宁舰"交接入列。2017年4月，第一艘国产航空母舰下水。中国发展航空母舰，对于建设强大海军和维护海上安全具有深远意义。

图1-4 辽宁舰

3. 空军

中国人民解放军空军成立于1949年11月11日。空军是空中进攻和对空防御的主要力量，是现代战争中首先使用的一支重要力量。在维护国家领土、捍卫国家主权、支援地方经济建设和参加抢险救灾中发挥了重要作用。

29

中国空军由航空兵、地空导弹兵、高射炮兵、雷达兵、空降兵等兵种及其他专业兵部队组成,是空中作战行动的主体力量,具有高速机动、远程作战和猛烈突击能力的特点,既能协同陆军、海军作战,又能独立作战。空军担负着保卫国家领空安全、实施相对独立的空中进攻作战,协同陆海军和火箭军作战,实施空降作战,实施空中威慑、运输以及侦察等任务。

按照攻防兼备的战略要求,空军加强以侦察预警、空中进攻、防空反导、战略投送为重点的作战力量体系建设,发展新一代作战飞机、新型地空导弹和新型雷达等先进武器装备,完善预警、指挥和通信网络,提高战略预警、威慑和远程空中打击能力。

4. 火箭军

扫一扫:
火箭军

中国的火箭军起源于 1966 年 7 月 1 日组建的第二炮兵,受军委直接领导和指挥。它与海军的潜射战略导弹部队、空军的战略轰炸机部队构成了中国"三位一体"的战略核反击力量。2015 年 12 月 31 日,第二炮兵正式组建为火箭军,由原来的战略性独立兵种上升为独立军种,是中国大国地位的战略支撑,是维护国家安全的重要基石。

火箭军由核导弹部队、常规导弹部队、作战保障部队等组成。它既可独立遂行作战任务,也可协同其他军兵种作战,是中国实现积极防御战略方针的重要支柱和坚强后盾。火箭军是中国战略威慑的核心力量,主要担负遏制他国对中国使用核武器、遂行核反击和常规导弹精确打击任务。

按照精干有效的原则,火箭军加快推进信息化转型,依靠科技进步推动武器装备自主创新,利用成熟技术有重点、有选择改进现有装备,提高导弹武器的安全性、可靠性、有效性,完善核常兼备的力量体系,增强快速反应、有效突防、精确打击、综合毁伤和生存防护能力,战略威慑与核反击、常规精确打击能力稳步提升。

5. 战略支援部队

战略支援部队成立于 2015 年 12 月 31 日,是维护国家安全的新型作战力量,是我军新质作战能力的重要增长点。

战略支援部队主要是将情报、技术侦察、电子对抗、网络攻防、心理战等战略性、基础性、支撑性都很强的各类保障力量进行功能整合后组建而成的。成立战略支援部队,有利于优化军事力量结构、提高综合保障能力。

战略支援部队将坚持体系融合、军民融合,加强新型作战力量建设,全面打造成一支对侦察、预警、通信、指挥、控制、导航、数字化海洋、数字化地球建设等方面发挥重要作用的、为各军兵种联合作战行动提供有力战场支持的强大的现代化部队。

6. 联勤保障部队

联勤保障部队成立于 2016 年 9 月 13 日，是实施联勤保障和战略战役支援保障的主体力量，是中国特色现代军事力量体系的重要组成部分。其机构为中央军委联勤保障部队，包括武汉联勤保障基地和无锡、桂林、西宁、沈阳、郑州等五个联勤保障中心。

组建中央军委联勤保障部队，是构建与联合作战指挥体制相适应，以联勤保障部队为主干、军种后勤为补充，统分结合、通专两线的新型保障体制的重要战略举措，标志着具有中国人民解放军特色的现代联勤保障体制的正式建立。

图 1-5 联勤保障部队臂章

联勤保障部队（图 1-5）建设要聚焦能打胜仗，牢固树立战斗队思想，坚持战斗力标准，深化军事斗争后勤准备，加快融入联合作战体系，积极开展实战化训练，提高一体化联合保障能力，确保随时拉得出、上得去、保得好。

（二）中国人民武装警察部队

扫一扫：中国武警

1982 年 6 月 19 日，党中央决定将人民解放军担负的地方内卫任务及其执勤部队，同公安部门原来实行义务兵役制的武装、边防、消防三个警种统一组建成中国人民武装警察部队。1988 年，中央明确武装警察部队是国家武装力量的组成部分，属于国务院编制序列，实行国务院、中央军委统一领导。2018 年 1 月 1 日零时起，武警部队归中央军委建制，不再列国务院序列。

2018 年两会后公布的《深化党和国家机构改革方案》中，对武警所属力量进行了改革部署，公安边防、消防、警卫部队全部退出现役，将武警部队担负民事性质任务的黄金、森林、水电部队整体移交国家相关职能部门，并改编为非现役队伍，海警队伍转隶武警部队，主要维护国家海洋权益。这次武警改革是一场革命性变革，从根本上理清了军、警、民关系。

武警部队新时期主要任务：遂行执勤、处突、反恐怖、海上维权、抢险救援和防卫作战等行动。意味着武警职能任务由陆地向海上、由维稳向维权、由境内向境外、由固定向机动拓展的趋势进一步加快，为国家由大向强发展、崛起保驾护航、抵御各种风险将承担更大责任。

武警部队按照总体国家安全观和"多能一体、有效维稳"的战略要求，将于 2020 年前基本建成多种力量结构体系：即以内卫总队部队为主体，建强稳定属地、稳控全局的执勤安力量；以机动总队为主体，建强全域机动、处突一锤定音、作战攻防兼备的处突防卫

31

力量；以特勤（分）部队为主体，建强快速打击、精确作战、确保制胜的反恐突击力量；以海警部队为主体，建强对我主张管辖海域实施全面有效监管的海上维权力量。

（三）国防后备力量

国防后备力量是指经过动员可以直接为战争所用，战时能迅速转化为直接或间接参战的军事力量。中国的后备力量主要指中国人民解放军预备役部队和民兵。

1. 预备役部队

预备役部队，是以现役军人为骨干、以预备役军官和士兵为基础编组起来的武装组织，是我军后备力量的重要组成部分，是战时实施快速动员的重要形式。预备役部队既区别于现役部队，又不同于民兵组织，是平战结合的一种形式，是战时实施快速动员的重要形式。

预备役部队的基本任务：努力提高军政素质，不断增强现代战争条件下的快速动员和作战能力；切实做好战时动员的各项准备，根据上级命令，随时转为现役部队，执行作战任务；积极参加社会主义现代化建设，必要时可以依照法律规定协助维护社会秩序，在物质文明和精神文明建设中，发挥骨干带头作用。

2. 民兵

民兵是不脱离生产的群众武装组织，是中国武装力量的重要组成部分，是人民解放军的助手和后备力量。民兵分为基干民兵和普通民兵。28岁以下退出现役的士兵和经过军事训练的人员，以及选定参加军事训练的人员编为基干民兵；其余18～35岁符合服兵役条件的男性公民，编为普通民兵。根据需要，吸收女性公民参加基干民兵。

民兵一般不脱离生产，其成员平时各司其业，定期进行必要的军事训练；战时，就地配合军队作战，并做好随时参军的准备。

三、人民军队的发展历程

中国人民解放军诞生于1927年8月1日，是中国共产党缔造和领导的人民军队，是马列主义、毛泽东思想武装起来的，全心全意为人民服务的军队，是为中国人民的解放事业、保卫和参加社会主义革命和社会主义建设事业、维护世界和平、促进共同发展做出巨大贡献的英雄军队。90多年来，人民军队走过了艰难曲折的道路，经历了光辉的战斗历程，写下了灿烂的历史篇章。

（一）土地革命战争时期人民军队的创建成长

1927年8月1日，根据中央决定，在周恩来、朱德、贺龙、叶挺、刘伯承等领导下，发动了南昌起义，打响了反对国民党右派的第一枪，在全党和全国人民面前树立了一面鲜明的武装斗争的旗帜。南昌起义标志着人民军队的诞生，开始了中国共产党独立领导武装斗争的新时期。

1927年9月9日，毛泽东同志在湘赣边界领导发动了秋收起义，10月，毛泽东领导工农革命军到达井冈山，创立了第一个农村革命根据地。1928年4月，朱德、陈毅率领南昌起义军余部和湘南农军编成的工农革命军到达井冈山毛泽东率领的部队会师，两支部队合编为工农革命军第四军。

1929年12月，红四军在福建上杭县古田村召开古田会议。会议强调红军必须置于党的绝对领导之下，必须用无产阶级思想建设红军。古田会议决议是我军建设的伟大纲领，为革命军队的发展指明了方向。

到1933年，全国工农红军发展到约30万人，建立了中国工农红军第一、第二、第四方面军等部队。自1930年11月至1933年3月，中央苏区红军粉碎了国民党四次"围剿"。其他苏区也粉碎了国民党军多次大规模的"围剿"。后来，由于受"左"倾冒险主义错误的战略指导影响，红军被迫撤出革命根据地实行战略转移，进行长征。1935年1月遵义会议后，红军在党中央和毛泽东的正确领导下，战胜了国民党数十万军队的追击堵截，三大主力红军第一、第二、第四方面军分别在甘肃省会宁和静宁将台堡地区会师，完成了举世闻名的二万五千里长征。红军主力长征后，南方八省各苏区留下的部分红军游击队，坚持了艰苦卓绝的三年游击战争，在战略上配合了红军主力的行动。

（二）抗日战争时期人民军队的锤炼发展

日本帝国主义在1931年侵占我国东北后，继续进攻上海，侵略华北，民族危机空前严重。随着国内阶级关系的新变化，中国共产党适时提出了建立广泛的抗日民族统一战线的主张。1936年12月的西安事变及其和平解决，为国共两党第二次合作奠定了基础，是由国内革命战争走向抗日民族解放战争的转折点。

1937年7月7日，卢沟桥事变后，中国开始了全国性的抗日战争。根据国共两党达成的协议，中国工农红军主力于8月25日改编为国民革命军第八路军(简称八路军)，朱德任总指挥，彭德怀任副总指挥(9月11日按全国统一的战斗序列，八路军改称第十八集团军，朱、彭改称正、副总司令)，全军共4.6万余人。10月，在南方八省坚持的红军和游击队改编为国民革命军陆军新编第四军(简称新四军)，叶挺任军长。中国共产党领导下的八路军、新四军和华南抗日游击队、东北抗日联军等抗日武装，先后创建了陕甘宁边区等 18 个抗日民主根据地，深入敌后战场，坚持独立自主的游击战争。在十四年抗战中，中国共产党领导的抗日武装在人民群众的支援下，同日伪军作战 12.5 万余次，毙伤俘日伪军 171.4 万余人，在 19 个省区内形成了拥有 100 多万平方千米和 1.2 亿人口的解放区，部队发展到 130 余万人，为打败日本帝国主义，为世界反法西斯战争的胜利做出了巨大贡献。

（三）解放战争时期人民军队的蓬勃壮大

1946 年 6 月，国民党反动派不顾全国人民的反对，在美帝国主义的支持下，挑起了全国规模的内战。我军遵照毛泽东的作战指导原则，集中优势兵力，各个歼灭敌人，灵活机智地开展运动战，先后粉碎了蒋介石军队的"全面进攻"和"重点进攻"。

1947 年 7 月，我军由战略防御转入战略进攻。在党中央的号令下，1947 年 6 月 30 日，刘伯承、邓小平领导的晋冀鲁豫野战军千里跃进大别山，揭开了战略反攻的序幕。接着全国各个战场都向敌人展开了进攻，战争取得了重大胜利。1948 年秋，战争形势发展和敌我力量对比发生了根本变化，在这种情况下，中央军委审时度势，及时抓住战机，先后组织辽沈、淮海、平津三大战役，进行了伟大的战略决战，共歼敌 154 万余人。为适应战争形势的发展，人民解放军于 1948 年冬至 1949 年夏进行整编：西北野战军、中原野战军、华东野战军、东北野战军分别编为第一、第二、第三、第四野战军，华北军区所属兵团及由东北野战军铁道纵队改编的铁道兵团，直属中国人民解放军总部指挥。

1949 年 4 月 21 日，毛泽东主席和朱德总司令发布了向全国进军的命令。我军以摧枯拉朽之势，开始了规模空前的大进军。4 月人民解放军横渡长江，先后解放南京、武汉、上海。至 1950 年 5 月，人民解放军解放全国的大规模作战行动即告结束。在历时 4 年的解放战争中，共歼灭国民党军 807 万人，解放了除西藏 (1951 年 5 月和平解放) 和台湾、金门、马祖以及南海诸岛等岛屿以外的全部国土。

（四）新中国成立后人民军队的辉煌成就

扫一扫：
维护世界和平的人民军队

新中国成立后，我军已经从革命战争时期进行武装斗争的重要力量，成长为社会主义建设时期保卫祖国的钢铁长城和坚强柱石。

1. 镇压国内反动派，巩固新生人民政权

新中国成立后，人民解放军遵照党中央的命令，对残余的国民党反动军队展开了战略追击和围歼战。到 1950 年 6 月，解放了除西藏、台湾的少数岛屿以外的全部国土。1951

年 5 月，和平解放西藏。我军先后粉碎了国民党军队的窜扰活动、炮击金门、平息西藏上层反动集团的武装叛乱，取得了重大胜利。

2. 抗美援朝，保家卫国

1950 年 6 月，美帝国主义悍然发动侵略朝鲜的战争，把战火烧到鸭绿江边。在新中国面临着严重威胁的时候，党中央果断地作出了"抗美援朝，保家卫国"的战略决策，组织中国人民志愿军开赴朝鲜战场，与朝鲜人民并肩作战，将敌人从鸭绿江边一直赶到"三八线"附近。1953 年 7 月 27 日，美帝国主义被迫在停战协定上签字。在历时 3 年的抗美援朝战争中，中朝人民军队共歼敌 109 余万人，击落击伤敌机 1.2 万余架，击沉击伤敌舰艇 250 多艘。保卫了祖国安全，支援了朝鲜人民，为维护世界和平做出了重大贡献。

3. 抵抗侵略，捍卫边疆

新中国成立以来，正当我国人民全力进行社会主义革命和社会主义建设的时候，帝国主义和周边霸权主义不断在我边境地区进行武装挑衅活动。我军按照"人不犯我，我不犯人；人若犯我，我必犯人"的自卫原则，奉命英勇地进行了中印边境还击作战、珍宝岛自卫还击作战、西沙群岛自卫还击作战和对越自卫还击作战，捍卫了祖国领土和主权的完整，维护了国家尊严，保卫了边疆地区的安全和社会主义建设的顺利进行。

4. 落实"一国两制"方针，维护祖国统一

1997 年 7 月 1 日和 1999 年 12 月 20 日，中国人民解放军驻香港部队和驻澳门部队以威武之师、文明之师的良好形象分别进驻香港、澳门，开始履行防务职责，成为我国对香港特别行政区、澳门特别行政区恢复行使主权的重要象征，成为保持香港特别行政区、澳门特别行政区长期繁荣稳定的有力保证。为实现祖国统一大业，遏制"台独"分裂势力，我军坚决落实党中央、中央军委的部署，加紧进行军事斗争准备，向世人显示了中国人民和人民解放军坚决反对分裂、维护祖国统一的决心、信心和能力。

5. 积极参加国际维和行动，加强对外军事交流

从 1990 年开始，我国认真履行国际责任和义务，支持并积极参加联合国维和行动。根据联合国决议和中国政府与联合国达成的协议，中国人民解放军派出维和部队和维和军事专业人员，进驻指定国家或地区，在联合国主导下组织实施维和行动，主要承担监督停火、隔离冲突和工程、运输、医疗保障以及参与社会重建和人道主义援助等任务。同时，广泛开展对外军事交流，与世界上绝大部分国家建立军事关系。加强国际反恐军事合作，与多个国家进行双边和多边联合军事演习。我军在国际舞台上展示了自己的良好形象，为维护世界和平、推动建设和谐世界发挥了重要作用。

6. 积极投身社会主义建设，英勇奋战在抢险救灾最前线

我军自觉履行建设祖国的重要职责。无论从建国初期的各项公路、铁路、大型水利等关系国计民生的重点工程建设，还是到现在奋不顾身抗震救火、抗洪抢险、抗击非典；无论从为保护人民生命财产还是积极参加为民造福的社会公益事业；无论从拥政爱民、军民共建社会主义精神文明活动，还是带头传播社会主义新思想、新风尚等等……所有这一切，都记录着中国人民解放军的丰功伟绩，镌刻着人民军队的不朽功勋。

7. 不断加强革命化、现代化、正规化建设

中华人民共和国建立以来，尤其是进入 21 世纪以来，人民解放军在革命化、现代化、正规化建设方面取得了许多重大进展，军队建设的指导思想实现了战略性转变，在新时期军事战略方针的指引下，我军已发展成为包括陆军、海军、空军、火箭军和战略支援部队在内的强大的合成军队。现在，按照履行使命任务和信息化建设发展要求，我军积极稳妥推进军队改革，努力构建中国特色现代军事力量体系，朝着"听党指挥、能打胜仗、作风优良"的方向阔步前进。

★第五节　国防动员

国防动员是国防的重要组成部分。国防动员适用情况包括：国家主权、领土完整、统一和安全遭到战争或其他军事威胁，以及需要采取国防动员手段应对的其他安全。国防动员对于正确处理国家安全与发展的关系，增强国家应对战争状态或紧急状态的能力，维护国家安全，具有重要意义。

一、国防动员的内涵

国防动员，是指国家为应对战争或其他安全威胁，由平时状态转入战时或紧急状态，统一调度社会诸领域的全部或部分资源，以满足战争或应急需要的一系列活动。

国防动员实施的主体是国家，客体是人力、物力、财力等物质和精神力量，目的是为了保障战争、武装冲突或应对紧急状态的需要。

军事小百科

1994年11月，国务院、中央军委决定成立国家国防动员委员会，负责指导协调全国的后备力量建设和动员工作。平时本着"平战结合"的原则，积极做好人力、物力、财力、资源的开发和储备；战时按照"军民结合"的原则，采取有效措施，将各种资源的潜力迅速转变为实力。

二、国防动员的主要内容

扫一扫：汶川救灾

国防动员的主要内容包括：人民武装动员、国民经济动员、人民防空、交通运输动员、装备动员、信息动员、政治动员等。

（一）人民武装动员

人民武装动员，是指为应对战争或其他安全威胁，将后备力量由平时状态转入战时状态或紧急状态所进行的活动，通常包括预备役部队动员、民兵动员和非编组预备役人员动员以及相应的武器装备和物资动员等。

军事小百科

人民解放军、人民武装警察部队和民兵是抢险救灾的突击力量。在重大灾害发生时，人民解放军官兵总是奋勇争先，赴汤蹈火，全力维护人民群众的财产安全。2008年5月12日，四川汶川发生8级特大地震。在两个星期内，共出动人民解放军和武警部队14万多人，动用民兵预备役人员7万多人，动用各型飞机和直升机4700余架次，车辆53.3万台次。救出危难者3338人，转移受困群众140万人，运送和空运、空投救灾物资157.4万吨，派出210支医疗队、心理救援队和卫生防疫队，巡诊、医治受伤群众136.7万人。救灾部队严格执行群众纪律，将从废墟中清理出来的数亿元现金和大量贵重物品详细登记造册，如数移交物主或当地政府有关部门。

（二）国民经济动员

国民经济动员，是指为应对战争或其他安全威胁，国家将国民经济体制由平时状态转入战时状态或紧急状态的活动。国民经济动员是战争动员的基础，目的是充分调动国家的经济能力，保障战争或应急需要，通常包括工业动员、农业动员、财政金融动员、邮电通信动员、医疗卫生动员等。

（三）人民防空动员

人民防空动员，是指国家为适应战争需要，发动和组织人民群众防备敌人空袭，减少空袭损失，消除敌空袭后果所进行的动员活动。做好人民防空动员准备，在搞好人防系统工程建设的基础上，还应做好以下准备：①建立健全人民防空动员方案；②搞好人民防空常识教育；③加强人民防空物资器材储备；④组建城市防空专业队伍。⑤组织人民防空动员演练。

（四）交通运输动员

交通运输动员，是指为应对战争或其他安全威胁，在全国或部分地区调集交通力量保障应战应急需求的活动。交通运输动员通常是在国家动员领导机构的统一领导下，由国防交通主管机构组织，协同政府、军队有关部门共同实施。

（五）装备动员

装备动员，是国家为实施战争和应对其他安全威胁的需要，对国家和社会的装备科研生产、技术人员、通用物资等资源进行统一调配与运用的活动，主要包括专用装备、设备、器材紧急增产（转产），通用装备、设备、器材征用、改装，装备保障力量动员，装备保障设施征用等。信息化联合作战对各类装备物资的使用消耗巨大，必须通过有效的装备动员才能满足战时和紧急状态下的装备需求。

（六）信息动员

信息动员，是国家为实施战争和应对其他安全威胁的需要，将以信息产业部门为主的行业系统由平时状态转入战时状态或紧急状态，统一征用和调配信息资源的活动。其目的是通过集中控制、统一调度国家信息产业资源，保障国家实施战争和应对其他安全威胁对信息资源的需要。信息动员主要包括：信息基础设施动员、信息情报资源动员、信息专业力量动员和信息产业动员。

（七）政治动员

政治动员，是指为应对战争或其他安全威胁，国家从政治上、组织上、思想上发动人民和军队的活动。旨在激发全体军民的爱国热情,动员军队英勇作战,动员人民踊跃参军参战,努力增加生产、厉行节约,全力支援战争。

三、国防动员的意义

(一)国防动员是增强国防实力的一项重要措施

国防实力是指国家防御外来侵略的力量,是国家军事、政治、经济、科学技术等力量的总和。在和平时期,国家把国防动员纳入经济建设和社会发展的总体规划,贯彻军民融合的方针,以增强战争潜力。同时,通过动员准备,激发全国人民强烈的爱国热情和牢固的国防观念,从而确保国家政局稳定、经济发达、科技进步,综合国力迅速增强。如果平时注重动员,牢固树立国防观念,一旦战争爆发,通过战时动员,就能迅速地把战争潜力转变为战争实力。

(二)国防动员是增强国防威慑力的一种有效手段

一个国家的国防威慑力,不仅取决于常备军的数量和质量,还取决于军队后备力量和其他动员潜力,取决于常备军与后备力量动员准备的有机结合,以及动员机制的完善程度和运行效率。平时充分做好战时动员的准备工作,建立强大的后备力量和健全的动员体制,可以使敌人望而生畏,不敢轻举妄动,贸然发动进攻,以达到"不战而屈人之兵"的战略目的。特别是处于防御地位、反对侵略的国家,应该采取积极的对策,以充分有效的动员,显示应付战争的能力和拼死抵抗的决心,迫使敌人延缓或放弃侵略战争。

(三)国防动员是夺取战争主动权的一个可靠保障

决定战争胜负的因素是多方面的,其中后备力量的强弱、兵员质量的优劣以及战时动员准备和实施的好坏,是一个重要的因素。随着现代科学技术的飞速发展及其在军事领域的广泛应用,使现代战争的突发性和速决性更加突出明显,发动战争的一方往往先发制人,迫使对方在无戒备或准备不充分的情况下仓促应战,从而取得速战速决的效果。第二次世界大战以来,突然袭击、不宣而战,已成为首先发动战争一方的惯用手法。处于防御地位的国家,如果战时动员工作的准备和实施得不好,在战争初期往往处于被动地位,甚至来不及实施动员和完成战略展开,其武装力量和经济命脉就可能已陷于瘫痪。历史表明,在现代战争中,谁能保持强大的后备力量,并能以最快的速度动员起来投入战争,谁就能取得战争的主动权。

思考题:

1. 国防有哪几种类型?
2. 中国国防历史的启示有哪些?
3. 什么是国防法规?中国国防法规体系由哪些层次和门类构成?
4. 公民履行兵役义务的途径有哪些?
5. 我国的国防政策是什么?
6. 中国武装力量的宗旨和历史使命是什么?
7. 中国的武装力量由哪几部分构成?
8. 国防动员的内容有哪些?
9. 国防动员有哪些重要意义?

红色风景线

刘邓大军的故乡
—— 涉县一二九师司令部旧址

涉县一二九师司令部旧址,位于河北省邯郸市涉县赤岸村,距县城4.4公里,是全国重点文物保护单位,国家国防教育示范基地,国家4A级旅游景区。1995年被省委、省政府命名为"河北省爱国主义教育基地";1997年被中宣部命名为"全国爱国主义教育示范基地"。

抗日战争时期,八路军一二九师临危受命,东渡黄河,挺进太行,于1940年6月进驻涉县,1945年12月底离开。六年中,一二九师将士在师长刘伯承、政委邓小平等的率领下浴血千里太行,打响了抗日战争中长生口、神头岭、响堂铺和解放战争中上党、平汉等著名战斗、战役,曾有110多个党、政、军、财文等重要机关单位长期驻扎在涉县,并以涉县为中心创建了全国面积最大、人口最多、最巩固的晋冀鲁豫根据地。在这六年中,一二九师由一支9000多人的队伍,发展成为一支拥有30万野战军,40万地方部队的"刘邓大军"。六年中,有无数一二九师将士血洒疆场,有无数太行人民长眠于这片土地,因此,一二九师与太行人民铸就了一部不朽的抗战史诗,凝聚了伟大的太行精神。

> 实现中华民族伟大复兴的中国梦,保证人民安居乐业,国家安全是头等大事。
>
> ——习近平

第二章　国家安全

"安而不忘危,存而不忘亡,治而不忘乱。"国家安全是国家发展的最重要基石、人民福祉的最根本保障。为此,我们应居安思危,未雨绸缪,深刻理解国家安全的本质内涵,不断增强国家安全意识,自觉提升风险防范能力,从而更好地维护国家的长治久安和人民群众的根本利益,凝聚捍卫国家安全的强大合力。

第一节　国家安全概述

一、国家安全的内涵和原则

扫一扫：
国家安全

国家安全，是指国家利益不受威胁、侵害和破坏的客观状态。纵向上看，包括国内安全和国际安全两个方面；横向上看，涉及国家军事、政治、经济、文化、科技、社会、信息和环境等诸多领域。国家安全既是一种客观态势，也是一种主观认知。客观上指国家不存在外来攻击、侵犯的状态和现实，即国家有能力消除威胁，使国家处于没有危险、不受威胁的状态；主观上则强调没有恐惧感，不担心会有外来威胁。从某种程度上说，国家安全是一种心理状态，是对国家抵制外来攻击和防卫自身安全能力的感知，判断是否安全取决于人的主观能力。国家安全是客观事实与主观认知的统一。

每个公民都要按照宪法和法律的相关规定，坚决维护国家安全，并要遵循法治原则，尊重和保障人权原则，统筹兼顾原则，预防为主、标本兼治原则，专群结合原则，以及共同安全的原则。

二、总体国家安全观

2014年4月，在中共中央国家安全委员会第一次全体会议上，习近平提出了坚持总体国家安全观的战略思想，并首次系统提出了政治安全、国土安全、军事安全、经济安全、文化安全、社会安全、资源安全、科技安全、信息安全、生态安全、核安全等11种安全。总体国家安全观这一全新的战略思想，是新时代中国共产党维护国家安全的根本方针政策，为开创国家安全工作新局面指明了方向。

习近平指出，当前我国国家安全内涵和外延比历史上任何时候都要丰富，时空领域比历史上任何时候都要宽广，内外因素比历史上任何时候都要复杂，必须坚持总体国家安全观，以人民安全为宗旨，以政治安全为根本，以经济安全为基础，以军事、文化、社会安全为保障，以促进国际安全为依托，走出一条中国特色国家安全道路。这标志着中国特色国家安全体系应运而生。

总体国家安全观是对国家安全理论的重大创新，是对中国特色社会主义理论体系的丰富和发展，是全党智慧的结晶，是新形势下中国共产党团结带领全国各族人民共同维护国家安全的强大思想武器。

★第二节　国家安全形势

一、我国地缘环境基本概况

国家的地缘环境，是指影响国家安全的地理位置、地理特征以及与地理密切相关的各种因素的总称。我国的地缘环境主要有以下特点：

（一）疆域辽阔，边界线漫长，周边相邻国家众多

我国既是一个陆地大国，也是一个海洋大国，同时也是世界上邻国最多的国家，陆海邻国 20 个。陆地国土面积 960 万平方千米，陆地边界线达 2.2 万千米；我国主张的管辖海域面积 300 余万平方千米，海岸线总长 1.8 万余千米。陆地上，我国与 14 个国家接壤，依次是：朝鲜、俄罗斯、蒙古、哈萨克斯坦、吉尔吉斯斯坦、塔吉克斯坦、阿富汗、巴基斯坦、印度、尼泊尔、不丹、缅甸、老挝、越南。此外，我国还与日本、朝鲜、韩国、菲律宾、文莱、马来西亚、印度尼西亚、越南等国家的大陆架或 200 海里专属经济区相连，并与美国等许多国家隔海（洋）相望。其中，朝鲜和越南既是我国的海上邻国，又是陆地邻国。辽阔的疆域赋予了中华民族美丽富饶，但漫长的边界线和海岸线，众多的邻国也使我国的地缘安全环境变得异常复杂。

> **军事小百科**
>
> **东海防空识别区**
>
> 2013 年 11 月 23 日，中华人民共和国政府郑重声明，宣布划设东海防空识别区。这是适应国家安全形势发展、着眼捍卫国家主权和领土领空安全、维护空中飞行秩序的正当合法之举，是更好行使国家自卫权的必要举措，也符合世界主要

> 濒海国家的通行做法。防空识别区，一般是指沿海国家或地区基于海空防安全需要，在面向海洋方向上空单方划定的特定空域，实质是基于国防需要而设立的预警区域，在该空域内可要求他国（方）航空器报告国籍、方位、飞行计划等详细情况，以便及时进行识别、监控和处置，有效保障国防安全。

（二）周边地区人口密集，社会、经济、文化发展不平衡

我国周边地区是世界上人口最密集的地区，社会、政治、经济发展极不平衡，文化类型多元化存在，民族宗教问题异常突出，历史遗留问题较多。世界上人口过亿的国家中有7个集中在这一地区。我国及周边国家和地区的人口总数已超过30亿，占全世界人口的1/2以上，是世界上人口最稠密的地区。在我国周边，既有经济发达程度较高的新兴工业化国家（如日本、韩国等），也有非常贫穷落后的国家（如老挝、孟加拉、阿富汗等），经济发展的差距很大。此外，这些国家和地区在社会制度及意识形态、发展程度、宗教文化方面存在巨大的差异性、不平衡性和多样性。在经济、社会、文化等各方面都存在差异且发展不均衡，极易产生矛盾。

（三）周边国家和地区的历史遗留问题较多，是世界热点冲突地区

我国东临太平洋，西接中亚石油能源中心，南濒马六甲海峡，北与俄罗斯接壤，使我国极易陷入各种争端和利益冲突之中，周边地区热点、爆发点较多且突发性较强。在我国周边国家中，有的过去曾经侵略过中国，并且目前仍然是经济大国或军事大国，有着雄厚的综合国力和军事实力，具有对我国安全构成重大影响的能力。有的是邻国之间宿怨很深，严重对立，一旦他们之间爆发战争或武装冲突，极有可能影响到我国边境的安全。有的国家内部不稳定因素很多，一旦发生大规模的内乱，会对我国边境带来很大的压力。有的国家居民与我国边境地区的居民同属一个民族，一方面有利于与邻国开展友好往来，改善国家关系；另一方面，一旦这些邻国内狭隘民族主义泛起，则可能引起我国国内的民族纠纷。有的国家居民与我国某些地区的居民信奉同一宗教，一旦这些国家内部的宗教派别斗争加剧或者某些极端教派掌权，就可能增加我国国内相关地区的不稳定因素。还有一些国家与我国之间存在着历史遗留下来的边界领土争议和海洋国土划界的争议，也存在着可能引发边界事件甚至武装冲突的隐患。

（四）战略地位十分突出，成为众多大国利益的交会点

目前，世界可划分为两大地缘战略区，即海洋地缘战略区和欧亚大陆地缘战略区。

美国属于海洋地缘战略区，世界上其他强国大都集中在欧亚大陆地缘战略区，而俄罗斯位于该战略区的心脏地带。我国处于两大战略区的交接处，是连接东北亚、东南亚、南亚和中亚的核心枢纽。这种特殊的地缘关系，使我国在历史上曾遭受过两大战略区强国的侵略和压迫，也使我国成为能够对两大战略区的关联产生重要影响和作用的国家。亚太地区各大国利益交织，矛盾重重，现实和潜在的威胁与冲突不断，处理不当必然会影响我国安全。因此，从地缘战略角度讲，我国地缘环境受外部影响的因素复杂多样。

二、地缘安全

（一）合作、稳定和发展是我国地缘安全的主流

1. 与世界大国和周边国家建立了合作关系

中美关系在竞争与合作中并存。作为当今世界的唯一超级大国，美国的影响在全球无所不在，我国的周边也概莫能外。美国同我国周边很多国家保持着紧密的政治、经济、军事联系，甚至结有同盟关系。美国对我国的地缘安全环境有着重大影响，我国地缘安全环境的改善与中美关系的改善密切相关。改革开放以来，随着我国对外交往的持续深入，中美之间利益共同面也不断扩大，美国在反恐、防止核扩散等一些重大问题上都离不开中国的帮助，尤其是在维护朝鲜半岛的和平稳定、打击跨国犯罪等方面与中国有着共同利益和巨大的合作潜力。同时，随着我国融入国际社会和全球化进程的不断深入，两国之间需要在互相尊重主权和领土完整，互不侵犯，互不干涉内政，平等互利，和平共处的原则上相互依存、共同发展。

中俄全面战略协作伙伴关系持续发展。在新的时代背景下，中俄关系日益好转，两国摒弃前嫌，在诸多领域都有了深入的合作与发展，两国间的全面战略协作伙伴关系不断深入，显示出无比强大的生命力。2016年，两国元首共同签署并发表了《中华人民共和国和俄罗斯联邦联合声明》等三个政治文件，标志着中俄两国战略协作进入全方位、长期性、深层次的发展阶段。2019年6月5日，中俄两国元首决定将两国关系提升为"新时代中俄全面战略协作伙伴关系"。当前，中俄关系处于历史最好时期，两国高层交往频繁，形成了完备的各级别交往与合作机制。双方政治互信不断深化，在涉及国家主权、安全、领土完整、发展等核心利益问题上相互坚定支持。积极开展两国发展战略对接以及"一带一路"建设同欧亚经济联盟对接，务实合作取得新的重要成果。中俄在国际和地区事务中保持密切战略协作，有力维护了地区及世界的和平稳定。

中印双边关系在摩擦中发展迅速。中印两国都倡导和坚持国家间彼此平等、互不干

涉内政的国际关系基本准则，中印两国间也没有根本的利益冲突，尽管两国过去曾受到过边界的困扰，但近年来双边关系发展迅速，随着《关于解决中印边界问题政治指导原则的协定》等文件的签署，特别是"面向和平繁荣的战略合作伙伴关系"的建立，中印以合作为主流，两国关系尤其是经贸关系有了长足发展。2014年9月，习近平对印度进行了首次国事访问，访问期间，双方发表了关于构建更加紧密的发展伙伴关系的联合声明。2018年4月28日，习近平主席和莫迪总理进行会晤，双方就国际格局和双边关系中的全局性、长期性、战略性问题以及各自国家发展前景和内外政策深入交换了意见，达成广泛共识，中印关系重新回到平稳向上的良好轨道，进入新的发展阶段。

2. 积极参与和注重建立多边区域、次区域合作机制

我国与东盟国家关系不断深化和密切。我国与东盟国家建立对话关系十几年来，双方关系不断深化和密切。以东盟与中日韩（10+3）为主渠道的东亚合作已成为内容日益丰富、机制不断完善的合作体系，在促进地区和平、稳定、繁荣方面发挥着重要作用。东亚峰会为东亚合作提供了新的平台。2013年，习近平提出共建"丝绸之路经济带"和"21世纪海上丝绸之路"的重大倡议后，更是赋予了中国—东盟关系新的时代内涵。目前，东盟成为我国第五大服务贸易出口市场和第三大贸易伙伴，互利、合作、共赢成为中国—东盟关系的大势与主流。

我国与中亚五国合作成效显著。我国作为中亚的近邻，与中亚多国接壤。2001年6月15日，中、俄、哈、吉、塔、乌六国在上海建立了上海合作组织，并在首次峰会上签署了《打击恐怖主义、分裂主义和极端主义上海公约》，将打击"三股势力"明确列为上海合作组织的重要任务。上海合作组织作为首个由我国参与创建，并在其中起主导作用的区域组织，不仅使我国成功成为中亚的主导力量之一，而且在很大程度上改变了我国西北部的地缘安全环境，巩固了我国西北边陲的稳定。2019年6月12日，上海合作组织成员国元首理事会第十九次会议在吉尔吉斯共和国比什凯克举行，习近平在会上发表重要讲话，强调要从"上海精神"中发掘智慧，从团结合作中获取力量，把上海合作组织打造成团结互信、安危共担、互利共赢、包容互鉴的典范，携手构建更加紧密的上海合作组织命运共同体。

军事小百科

一带一路

2013年9月和10月，习近平分别提出了建设"丝绸之路经济带"和"21世纪海上丝绸之路"的倡议构想。简称"一带一路"倡议。"丝绸之路经济带"倡

> 议涵盖东南亚、东北亚的经济整合，并最终通向欧洲，形成欧亚大陆经济融合的大趋势；"21世纪海上丝绸之路"倡议则从海上联通欧、亚、非三个大陆，并与丝绸之路经济带倡议形成海上、陆地的闭合环路。"一带一路"倡议实现后，将构建起世界跨度最长、最具发展潜力的经济走廊。它涵盖44亿人口，经济总量达到21万亿美元，分别约占全球总量的63%和29%。"一带一路"倡议构想是国家的战略性决策，体现的是和平、交流、理解、包容、合作、共赢的精神，对我国现代化建设具有十分深远的意义。同时契合沿线国家的共同需求，为沿线国家优势互补、开放发展开启了新的机遇之窗，是国际合作的新平台。

3. 陆上边界争议得到解决或缓解

我国是世界上陆地边界最长、陆上邻国最多、边界问题最复杂的国家之一。1949年之前，我国边界多是依据不平等条约划定的界线以及多年形成的传统习惯线和实际控制线。随着国际局势的变化，边界争端变得异常激烈和突出。20世纪50年代中后期开始，我国与印度、苏联、越南等国发生的战争基本上都是边界战争。2004年，中印两国政府开始就中印边界划分问题进行谈判，成立了专门的谈判小组。2008年10月，中俄举行了黑瞎子岛的界桩揭幕仪式，至此，中俄历时300多年的边界纷争终于得到了解决。2008年底，中越两国完成了陆地边界的勘界立碑工作。此外，我国还与老挝、哈萨克斯坦、吉尔吉斯斯坦、塔吉克斯坦等国解决了边界问题。

（二）我国地缘安全面临的挑战

我国近年来的飞速发展给中国国际地位的提升带来了机遇，中国正处在由大到强的关键时期，"树大招风"效应日益显现。当一个国家崛起时，必然会对当时的国际权力格局和利益分配格局产生强烈的冲击，在一定程度上会引起其他国家的担忧，担心"国强必霸"逻辑在中国身上重演，防范戒备之心与日俱增，使我国地缘安全环境面临很多挑战。

1. 美国积极推行全球战略，加紧对我国实施"围堵"和"遏制"

作为亚洲新兴大国，中国的日益崛起，使美国对世界格局的多边形势缺乏足够的自信，美国担心其世界主导权受到新兴大国的削弱。因此，美国积极推行全球战略，针对我国采取了一系列的"围堵"和"遏制"手段，始于2018年的中美空前贸易摩擦以及与之相伴的各种颇不寻常的复杂互动，给中美关系的发展蒙上了浓重的阴影。美国以关税为手段，以保护知识产权、消除中美贸易不平衡等为幌子，以遏制代表中国崛起的科技力量为重点，对中国的遏制达到了前所未有的地步。

美国还对中国实施范围更广的地缘牵制。包括发起新一轮对中国台湾地区的军售、美国领导人不顾中方反对执意会见达赖,以谷歌事件攻击我国网络,以及针对我国南海海洋权益、中日钓鱼岛领土争端等问题,不断制造事端,东海、南海、台海问题及其"印太"战略已成为美国牵制我国的重要"抓手",在政治层面上,大肆渲染"中国威胁论",恐吓我国周边邻国,这大大增加了我国解决领土以及海洋问题的复杂性。

2. 日本不断"修宪扩军",对我国周边安全带来严重影响

扫一扫:
钓鱼岛

近年来,日本不断加大整军备战的步伐,积极研发和购买具有进攻倾向的武器装备,对我国地缘安全带来严峻挑战。2014年7月1日,日本召开临时国会,通过安倍政府解禁集体自卫权的决议案。2015年3月29日,日本强行通过新安保法案,进一步加速了日美军事同盟的一体化,形成联合军事干预南海、台海和东海的局势,企图达到制衡中国的目的。日本还不断加大防卫预算,2019年达到了惊人的5.2万亿日元,防卫预算连续保持7年增长。此外,在日本出版的《防卫白皮书》中,每年都要刻意渲染周边安全威胁,恶意炒作"中国威胁论",中日关系仍面临一些深层次矛盾和风险,两国在领土和海洋权益方面的争端难以得到根本性解决。日本现今正极力修宪扩军,为成为"军事大国"积极准备,对地区以及世界的和平稳定带来了严重影响。

3. 朝核问题影响东北亚地区安全

东北亚地区历来是大国云集及其用力最久、用心最深、利益微妙复杂的地区之一。朝鲜半岛一度战云密布,朝核问题逼近战略拐点。在相关国家共同努力下,朝美首脑会晤并达成框架协议,给半岛带来和平希望,但如何将协议涉及的内容具体化、克服履行过程中的阻碍面临较大的挑战,彻底解决半岛问题仍是一个艰难复杂的过程。

我国和朝鲜自古就存在唇齿相依、利益攸关的特殊关系,半岛局势涉及我国重大战略利益,局势发生变数,我们不可能置身度外。我们坚持不战、不乱、无核的目标,积极劝和促谈,坚决维护半岛和平稳定。2019年6月20日至21日,习近平成功访问朝鲜,这是中国最高领导人自2005年以来首次访问朝鲜,意义重大。习近平在访问中强调指出,无论国际形势如何变化,中方都坚定支持朝鲜社会主义事业,坚定支持朝方实施新战略路线,坚定支持朝方为政治解决半岛问题、实现半岛长治久安所做的努力。中朝传统友谊经历了时间和风雨的考验,积淀成为两个国家共同的战略资产,它对中朝双方以及对整个东北亚地区的和平稳定都将产生重大影响。

4. 中国南海领土争端暗流涌动

扫一扫：
美军"印太战略"

近年来，我国与周边国家在南海问题上的争端一直没有平息过。虽然我国和东盟国家早在 2002 年 11 月就签署了《南海各方行为宣言》，宗旨是维护南海稳定、增进互信和推进合作。但近年来，越南、菲律宾等国频频在南海挑起事端，严重影响了南海的安全稳定。此外，伴随美国高调重返亚太地区，我国南海争端问题再度成为全球性的地区热点，在美国等国家的搅局下，南海矛盾争端也很难消弭。近年来，美国在南海不断以"航行自由"为名，持续对我国进行挑衅，持续加大南海军事行动的烈度，在和平与冲突之间的"灰色地带"不断试探中国的底线，导致该地区冲突的风险性和危险性上升。维护我国南海领土安全任重道远。

军事小百科

黄岩岛

2012 年 4 月 10 日，菲律宾悍然派出军舰到黄岩岛海域骚扰、抓捕我国渔民，我国相关部门派出海上执法力量赶赴该海区与菲方军舰对峙，在保护我国渔民合法权益方面，取得了重大胜利。面对菲方采取的许多非理性的举动，无论是在其国内外举行大规模抗议，还是与美国举行联合军事演习，我国都始终采取"有理、有利、有节"的对应举措，把握战略主动权，取得了维权和外交两方面的成功。在这场斗争当中，我国不但没有让菲律宾捞到什么便宜，而且还创造了"黄岩岛模式"，即中国为维护自己的海洋权益，所采取的以现场执法为主、外交手段为辅、军事手段为后盾的解决方式。我国派渔政船坚持驱赶在黄岩岛捕鱼的菲律宾渔船，让菲律宾再也尝不到在中国海域捕鱼的甜头。黄岩岛事件不但有效地打击了菲律宾的嚣张气焰，也对其他企图侵犯中国国家利益的国家和势力发出了警告信号。

5. 中印边界争端悬而未决

当前，我国与印度仍然存在着边界争端，成为影响中印关系发展变化最直接的因素。中印边界线从未正式划定过。中国政府一贯主张采取平等协商，互谅互让的原则，既要考虑到历史背景，又要照顾已形成的实际情况，希望能尽快与印度进行开诚布公的谈判，以解决双方的边界争端。但印度多次在中印边境部署兵力，甚至于 2017 年 6 月 18 日，在洞朗地区与我国发生对峙事件，显示了印度紧盯中国的战略意图。目前，中印边界问题仍然悬而未决，两国关系的基本状况是"在国际问题上共识大于分歧，在双边关系上分歧大于一致"，因此，中印之间的边界争端或将成为影响两国关系发展的重要变量，不排除未来引发局部冲突的可能性。

> **军事小百科**
>
> **洞朗对峙事件**
>
> 2017年6月18日，印度边防人员在中印边界锡金段越过边界线进入中方境内，阻挠中国边防部队在洞朗地区的正常活动。针对这一起损害中国领土主权、威胁中国安全利益的行为，中国保持高度克制并迅速表明态度且画出底线。2017年8月28日14时30分许，印方将越界人员和设备全部撤回边界印方一侧，中方现场人员对此进行了确认。一个多月后，印度新任女防长在早先对峙地区向中方边防官兵行双手合指礼，主动示好。虽然整个事件以中国的外交胜利告终，但是，由于英语是印度官方语言之一，很多印度人在等国外社交媒体上发布诋毁中国的信息，扭曲真相、混淆视听。整个事件过程中，个别国家和某些西方媒体不断发出噪音，利用自媒体广泛传播，试图搅动中印关系和地区稳定。当今的地区争端，越来越带有信息化传播时代的典型特征。

6. 台湾问题仍是影响我国安全的重要因素

扫一扫："一国两制"

近年来，海峡两岸关系虽有明显改善，但"台独"势力仍然不可小视。在台湾问题上，由于外在势力的渗透和交织，滋长了一些"台独"分裂势力的嚣张气焰，"台独"分子不断利用大国插手，向大陆进行挑衅。两岸出现了较为复杂的局势。2016年5月，蔡英文正式成为台湾地区领导人。其上台后不承认"九二共识"和一个中国原则，在军事战略上重提"吓阻"一词，并利用各种手段实施"去中国化"和台湾"正名"运动，推动"台独"的险恶用心日渐显露。另外，美国一直把台湾看成美国太平洋一艘"永不沉没的航空母舰"，将台湾作为亚太地区战略布局的重要棋子。2019年5月7日，美国联邦众议院通过了《2019年台湾保证法》《重新确认美国对台及对执行台湾关系法承诺》两项决议案。以上事件严重违反了国际法和国际关系基本准则，严重违反了一个中国原则和中美三个联合公报，再一次对我国内政实施粗暴的干涉。未来在台湾问题上，美国还会利用各种手段，制造事端，以达到牵制中国的目的。

> **军事小百科**
>
> 《反分裂国家法》
>
> 　　《反分裂国家法》是在 2005 年 3 月 14 日举行的中华人民共和国第十届全国人民代表大会第三次会议上，通过的一部关于台湾海峡两岸关系的法律，即日经中华人民共和国时任主席胡锦涛签署并立即予以实施。该法共 10 条，主要内容是鼓励两岸继续交流合作，同时首次明确提出了在三种情况下中国大陆可用"非和平手段"处理台湾问题的底线。该法自公布实施以来，在反对和遏制"台独"分裂行径、维护台海和平稳定、促进两岸关系和平发展等方面，发挥了十分重要的作用。《反分裂国家法》仅适用于台湾问题。

三、新形势下的国家安全

扫一扫：新形势下国家安全

　　近年来，复杂多变的国内外形势给我国国家安全带来了一系列新的挑战。影响我国国家安全的内外因素比历史上任何时候都要复杂。要维护好国家安全，必须站在全局的高度，认真梳理、正确认识、妥善应对各种挑战，全面贯彻总体国家安全观，完善国家安全体系，全方位地做好各方面工作，为完成中华民族的历史复兴大业，为实现"中国梦"提供切实的安全保障（图 2-1）。

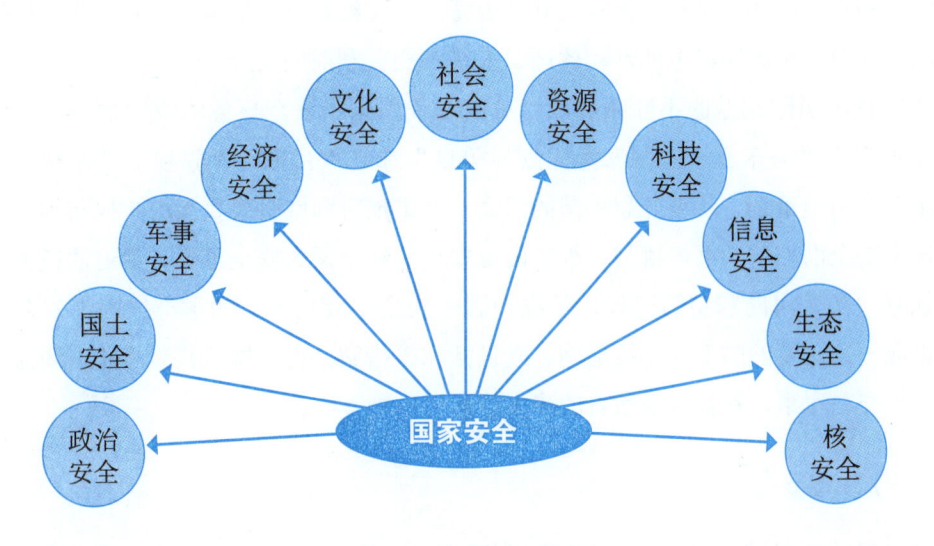

图 2-1　国家安全示意图

(一)政治安全

政治安全是国家安全最根本的象征,是国家利益的最高目标.政治安全的核心是政权安全和制度安全。只有从维护政治安全的高度谋划和推进其他领域安全,才能更好地保障国家利益,实现党的长期执政和国家长治久安。

近年来,美国等西方国家想通过"和平演变"遏制我国的发展。此外,一些国家对我国既想借助又充满疑虑,既想倚重又有防范牵制。特别是一些周边国家,存在不同程度的恐华、疑华、防华心态。这些都会对我政治安全带来不同程度的负面影响,严重影响我国的政治安全。只有当政治安全获得保证的条件下,才能有效地谋求和维护其他领域安全。

维护政治安全的根本保障:①坚持中国共产党的领导,维护中国特色社会主义制度,这是我国政权安全的核心与根本;②发展社会主义民主政治,健全法制,强化权力运行机制和监督机制,保障人民当家做主的各项权利;③强化对敌人实行专政的职能,时刻防范、制止和依法惩治任何叛国、分裂国家、煽动叛乱、颠覆或者煽动颠覆人民民主专政政权的行为;防范、制止和依法惩治窃取、泄露国家秘密等危害国家安全的行为;防范、制止和依法惩治境外势力的渗透、破坏、颠覆、分裂活动。

(二)国土安全

[扫一扫:中印边界领土争端]

国土安全是立国之基,是国家生存与发展的重要保障。《国防法》明确规定:"中华人民共和国的领陆、内水、领海、领空神圣不可侵犯。"领陆、内水、领海、领空都属于我国的领土,我国对其具有领土主权。海洋权益是国家利益的重要组成部分,包括国家的主权、主权权利,也包括其他涉海的管辖权和管制权,涉及《联合国海洋法公约》及其他国际法赋予主权国家的其他权利,涉及一个国家海上的活动资产、人员和相关利益的安全。

随着我国国际利益的不断拓展,"美国对我国国土安全事务的隐性插手""中印边界领土争端""与东亚一些国家海洋划界争议"加之"台独""疆独""藏独"势力近年来不遗余力地策划、从事分裂祖国的活动,严重损害和威胁着我国的主权与领土完整。我国国土安全面临复杂严峻挑战,维护国土安全是维护国家安全重要、紧迫的任务之一。

加强边防、海防和空防建设,是维护国土安全主要内容。为了维护国土安全,国家可以采取一切必要的防卫和管控措施,既包括和平措施,也不排除武装手段,涵盖政治、经济、外交、军事、科技以及教育的诸多层面。

(三)军事安全

"强军才能卫国,强国必先强军",军事安全既是国家安全体系的重要领域,也是国家其他安全的重要保障，关系到国家主权和领土完整不受侵犯。

我国作为一个发展中大国，面临着多元复杂的国家安全威胁。包括生存和发展威胁、传统和非传统威胁、维护国家主权、领土完整的威胁等。与此同时，一些世界主要国家纷纷调整安全战略和军事战略。如美国在我国周边不断加强军事渗透，进一步强化美日军事同盟，美日澳等多边军事合作迈出实质步伐等，对我国军事安全提出了严峻的挑战。此外，有的国家深化新型作战理论，发展新型航母、无人作战平台以及动能、定向能等新概念武器，打造新型作战力量，优化体制编制，加紧推进军事转型，重塑军事力量体系；有核国家持续巩固提升核力量，不断推进核武器现代化进程。军事技术和战争形态发生革命性变化，对国际政治军事格局产生重大影响。使我国应对世界新军事革命挑战、推进国防和军队改革面临巨大压力。

为有效应对国家安全领域的风险挑战、捍卫国家安全和发展利益，必须紧紧围绕中国共产党在新形势下的强军目标，以国家核心安全需求为导向，加强武装力量的革命化、现代化、正规化建设，构建中国特色现代军事力量体系，不断提高军队应对多种安全威胁、完成多样化军事任务的能力。

（四）经济安全

经济安全是国家安全体系的重要组成部分，是国家安全的基础。维护经济安全，主要是指维护我国的基本经济制度和社会主义市场经济秩序的安全。特别是在当前经济全球化的条件下，经济安全不仅关系国家的经济发展和风险防范，还涉及国家的政治独立和主权完整。

当前，经济安全领域面临着一些内、外部矛盾和问题，需要引起高度重视。在国际经济竞争中，我国低成本比较优势趋于减弱。一方面，欧美国家推行再工业化吸引高端制造业回流，同时，一些低端劳动密集型制造业加快向周边国家转移，我国产业结构受到来自外部的双重"挤压"。未来我们与发达国家经济关系将从原来的互补变为竞争，相互之间的矛盾、冲突、较量、斗争将日益频繁和剧烈；与一些后起国家在低端制造业上日益趋同，越来越多地面临这些国家的追赶、挑战，"两面夹击"的双重压力会对我国经济安全产生诸多不利的影响。

随着我国经济发展进入新常态，维护经济安全，必须要健全化解经济安全风险的制度机制，保障关系国民经济命脉的重要行业和关键领域、重点产业、重大基础设施和重大建设项目及其他重大经济利益安全。只有不断提高国家的经济整体实力、竞争力和抵御内外各种冲击与威胁的能力，才能防控好风险挑战，维护国家根本利益。

(五) 文化安全

文化是民族的血脉，是人民的精神家园。文化安全是国家安全的重要保障。维护文化安全，主要包括维护国家的文化主权和文化尊严不受侵犯。

当前，一些西方国家利用各种手段加紧对我进行文化扩张与思想渗透，对历史进行恶意解读甚至歪曲颠覆，在青少年中宣扬拜金主义、享乐主义、极端个人主义，传播消极颓废的消费文化。同时，国际文化交流也被一些西方国家作为对我国进行文化渗透与扩张的重要方式，利用其"精神和文化价值观"影响和动摇我国人民信念，从而逐渐侵蚀破坏我国的社会主义文化基础，给我国文化安全带来很大威胁。

为了使中华民族优良文化传统和文化选择得到尊重，与经济基础和社会政治制度相适应的意识形态占据主导地位，我们必须做到以下几点：坚持社会主义先进文化的前进方向，继承和弘扬中国优秀传统文化，不断增加中华文化国际影响力；培育和践行社会主义核心价值观，防范和抵制不良文化的影响；掌握意识形态领域主导权，坚持和巩固马克思主义在意识形态领域的指导地位；增强文化整体实力和竞争力，推动中华文化的不断发展。

军事小百科

《中华人民共和国反间谍法》

《中华人民共和国反间谍法》于2014年11月1日第十二届全国人民代表大会常务委员会第十一次会议通过。国家主席习近平签署第16号主席令予以公布。该法共5章40条，对现行国家安全法从名称到内容进行了全面修订，突出了反间谍工作特点，将间谍组织招募人员等六类行为确定为间谍行为，首次对具体间谍行为进行法律认定。作为我国反间谍工作领域的一部重要法律，对防范、制止和惩治间谍行为，维护国家安全，将起到基础性法律保障作用，进一步规范和加强反间谍工作。

(六) 社会安全

扫一扫：
新型冠状病毒预防指南

社会安全既事关每个社会成员切身利益，也事关国家经济发展和社会稳定，对于保障人民安居乐业、社会安定有序、国家长治久安意义十分重大。

社会安全的内容主要包括社会突发事件，民族、宗教矛盾及民族分裂活动，恐怖主义和极端主义暴力活动等。近年来，西方敌对势力对我采取"分化"战略，在我国新疆、西藏等边境民族地区煽动少数分裂分子和极端主义者不断挑起事端，通过分裂活动、宗教渗透和恐怖主义威胁我国的社会和政治安全。如 2013 年新疆喀什发生的"4·23"暴恐事件，2014 年云南昆明发生的"3·01"暴恐事件等。此外，我国社会发展过程中产生的社会事件急剧增多，包括严重的自然灾害、事故灾难和公共卫生事件以及社会安全事件等，各类事件突发频发，使社会安全面临的态势日趋复杂、严峻。

维护社会安全，需要建立有效预防和化解社会矛盾的体制，健全重大决策社会稳定风险评估机制；坚持和完善民族区域自治制度，坚持民族平等，加强民族交流，坚决依法打击民族分裂活动；维护宗教信仰，坚持宗教自由，反对外来势力干涉境内宗教事务；建立健全恐怖事件应对处置预案体系，坚决依法取缔恐怖活动组织和惩治暴力恐怖活动等。

（七）资源安全

扫一扫：稀土之争

资源安全在国家安全中占有基础地位，是人民群众和整个国家生存与发展不可或缺的物质基础。资源安全是近年来随着我国经济快速发展逐渐凸显的一个新的非传统安全挑战。

资源安全可分为战略性资源安全和非战略性资源安全，又可分为水资源、土地资源、矿产资源、生物资源、海洋资源、环境资源等安全。我国的能源资源种类不均衡，储备相对不足，开发难度大，供给后劲不足，进口依赖性较为严重，供需矛盾日益突出，一旦出现国际市场供应中断或价格飙升，我国的能源资源安全将受到很大冲击。例如我国进口石油大部分都要通过霍尔木兹海峡，经过马六甲海峡与我国南海地区。目前，霍尔木兹海峡和马六甲海峡的通道安全主要被别国控制，而美国在我国周边地区的军事部署也影响着我国石油进口通道的安全。能源资源安全不仅仅是经济问题，也是政治和军事问题。

维护资源安全，要合理利用和保护资源能源，有效管控战略资源能源的开发，加强战略资源能源储备，完善资源能源运输战略通道建设和安全保护措施，加强国际资源能源合作，全面提升应急保障能力，保障经济社会发展所需的资源能源持续、可靠和有效供给。

（八）科技安全

科学技术是第一生产力，科技兴则民族兴，科技强则国家强。科技安全既是支撑国家安全的重要力量和物质技术基础，也是实现其他相关领域安全的关键要素，更是实施创新驱动发展战略的基本保障。

当前，我国面临的科技安全问题日益突出，科技创新基础还不牢，自主创新，特别是原创力还不强，关键领域核心技术受制于人的格局没有根本改变。一些核心、高端技术掌握在外国手中；重点领域处于跟踪模仿阶段，我国科技对外依存度在 50% 以上，这成为我国科技安全面临的严重问题。

维护科技安全，必须要着眼未来、超前部署，抓住重大科技变革机遇，抢占新科技革命战略制高点，加强自主创新能力建设，实现战略高新技术和重要领域核心关键技术自主可控，加强知识产权的运用，防止重大科技成果流失或者泄密，保障国家的科技水平和成果不受外来势力的侵害和威胁。

（九）信息安全

信息安全与国家的安危紧密相连，没有信息安全，就没有真正的政治安全、军事安全和经济安全，也没有完全意义上的国家安全。

近年来，我国信息化发展速度令人瞩目，但信息安全问题也相伴而来。目前，我国的信息安全相当脆弱，已成为各种安全中最薄弱的一个环节。国家的通讯、能源、交通、航空、救灾、消防、金融等基础设施系统越来越多地依赖网络传输数据进行管理，并且各系统之间相互依赖。信息安全的威胁主要来源于技术系统本身，如技术缺陷、电脑黑客、网络病毒、信息污染等等。信息安全已呈现出突发性、扩散性、全球性等特点，其复杂性、跨国性、不可控性对国家安全的影响越来越突出。

维护信息安全，要建设信息安全保障体系，提升信息安全保护能力。加强信息技术的创新研究和开发应用，实现信息核心技术、关键基础设施和重要领域信息系统及数据的安全可控；加强信息管理，防范、制止和依法惩治网络信息攻击、入侵、窃密、散布违法有害信息等违法犯罪行为，维护国家网络空间主权、安全和发展利益。

（十）生态安全

习近平指出，保护生态环境就是保护生产力，改善生态环境就是发展生产力。良好的生态环境是人类赖以生存、发展的物质基础。生态问题不仅关系到人民群众幸福安康，更直接关系到国家经济社会发展，事关国家兴衰和民族存亡。

生态安全是国家安全和社会稳定的重要组成部分，其内容主要是保护由水土、大气、森林、草地、海洋、生物等组成自然生态系统保持良好的状态。近年来，我国生态环境问题日益严重。一方面，庞大的人口对生态环境造成了沉重的压力；另一方面，传统的粗放式发展模式和先发展后治理的思路也使生态环境遭受了巨大的冲击和破坏。我国生态环境安全问题尤其集中在水土流失、空气污染和酸雨、水稀缺和污染、生物多样性减少等方面，使得生态资源破坏异常严重。

生态安全具有整体性、不可逆性、长期性和全球性等特点，因此，维护生态安全需要国家制定完善生态环境保护制度体系，加大生态建设和环境保护力度，划定生态保护红线，强化生态风险的预警和防控，妥善处置突发环境事件，保障人民赖以生存发展的大气、水、土等自然环境和条件不受威胁和破坏，促进人与自然和谐发展。

（十一）核安全

扫一扫：核安全

核安全是当前国际国内形势下我国国家安全的新生领域。核安全作为典型的非传统安全，具有事故后果严重和极端的社会敏感性等特点，对生态安全、经济安全和社会安全等安全领域都有重要影响，成为国家安全的重要组成部分。核安全关系经济社会发展全局和人民群众的切身利益，是全民关注的重大问题。

随着核技术应用事业快速发展和放射性废物量快速增加，我国核安全面临诸多困难和严峻挑战：未来5～10年将是我国核电建造、调试和运行的高峰期，安全监管任务持续加重；历史遗留放射性废物的处理处置问题进展缓慢，存在安全隐患；现有的核安全技术标准还有较多缺项，很多在建核电机组的安全性有待提升，我国的核安全技术规范和标准体系也有待改进；此外朝鲜半岛无核化进程难以预测，日本是否会走上核武器国家发展道路，引人关注。我国周边核扩散的形势严峻，对维护国家安全带来了严重影响。

维护核安全，必须要坚持和利用核能和核技术。加强国际合作，防止核扩散，完善防扩散机制，加强对核设施、核材料、核活动和核废料处置的安全管理、监管和保护，加强核事故应急体系和应急能力建设，防止、控制和消除核事故对公民生命健康和生态环境的危害，不断增强有效应对和防范核威胁、核攻击的能力。

四、新兴领域的国家安全

习近平指出，只有把核心技术掌握在自己手中，才能真正掌握竞争和发展的主动权，才能从根本上保障国家安全。当前，伴随着太空、远海、网络、极地、人工智能等领域高新技术的迅猛发展，使得传统国家安全的"领域""边界"与"利益"大大拓展。国家之间博弈与角逐的战场已经向新兴领域逐渐延伸。竞逐的大幕已然拉开，我们必须主动应对才能抢占先机。

（一）太空作为未来战争的战略高点，成为大国激烈博弈的新舞台

当今，在陆、海、空、天、电、网多个作战维度中，谁控制了太空，谁就能占据战略制高点，牢牢把握感知、认知、决策优势。因此，世界各军事强国都在竭力为本国争夺太空创造条件，载人航天、卫星发射、反导、登月及火星探索层出不穷，研发太空"利器"、锻造太空"精兵"，构建军事航天力量体系。太空领域已经成为各国

争夺全球优势的战略高点。

2002年，美军将航天司令部并入战略司令部，并以空军为主发展太空作战力量，修改太空作战条令，加速研制对地和反卫星武器；2011年，美军又出台了《国家安全太空战略》，明确了国家安全太空战略目标任务。当前，美军已具备了太空作战的攻防能力。俄罗斯于2015年将空军与空天防御军合并为空天军，把战略性空天战役作为未来空天作战的主要样式，并于2016年批准了《2016—2025年联邦航天计划》，对俄罗斯国家航天发展的军事目标与任务进行了全新规划。除此之外，英、法、日、印等国也在积极打造本国的"天军"。

与军事发达国家相比，我国对航天领域的研究虽起步较晚，但经过不懈的努力，我们对该领域的研究已经进入世界先进行列，建立了比较完整的航天科技产业体系。以"神舟"系列飞船为代表的航天工程、"北斗"导航卫星系统（图2-2）取得了举世瞩目的成就。可以预见的是，未来随着作战对太空依赖程度的愈发紧密，世界各国对太空领域的争夺也将更加激烈。今后如何真正防止爆发太空战争，成为我国以及坚持和平开发和利用太空的大多数国家所面临的重大国家安全课题。

图2-2　北斗系统示意图

（二）深海作为未来战争的战略基点，成为各国明争暗斗的新焦点

众所周知，海洋是世界战略资源的重要基地。深海油气资源、可燃冰、砂矿等，储量之大远超当今人类需求。谁抢占了开发深海的先机，也就掌握了人类赖以生存和发展的巨大资源宝库；谁掌握了深海战场的控制权，即可获得未来海战的主动权。一些发达国家认为深海大洋是地球上最后的开辟疆域，正以全新的姿态向深海进军，竞相争夺国际海底这块世界上最后的也是最大的"人类共同继承财产"蛋糕，从而引发各国不断上演"蓝色圈地"运动。岛屿归属、专属经济区与大陆架划定、海底资源的争夺，特别是对深海资源的竞争已经成为军事领域的新焦点。当前，深海已被称为继陆战场、海战场、空战场、太空、电磁空间之后的"第六维"战场。

美国每年新版的《国防战略》都要涉及深海战略；俄罗斯政府制定了新版《海洋学说》《俄罗斯联邦至2020年海洋政策》等战略性文件，不仅涉及对内的海洋开发，同时特别强调包括深海在内的对外海洋战略。此外，德、英、日等国也都高度重视发展深海浮标和潜标技术、深海载荷技术、海洋遥感技术、水下网络技术、水下精确定位技术，以及无人和有人潜航器技术等。美国海军正研究在海底大规模部署无人潜航器。根据美国海军所提出的设想，美国将在世界各处海底部署无人潜航器，并配套相应的水下服务站，这些潜航器能够在海底连续工作几个月甚至几年，形成"海底高速公路网"。而这仅仅是深海作战方式和技术的冰山一角。

未来，水下航母，水下飞机，水下导弹，海底坦克，有人及无人作战深潜器，海洋仿生学机器人等新一代信息化武器将纷纷在深海部署。随着深海作战技术的出现，未来海战也将彻底改变传统方式，深海战场作战将向全维度、全时段和非对称的作战样式转变。这将严重影响国际海洋战略格局，并可能对我国海洋安全带来严重的影响。

（三）网络空间作为未来战争的热点，成为国际激烈竞争的新领域

网络技术的迅猛发展催生了人类活动新的空间——网络空间。人们的活动领域在"有形空间"的基础上又叠加了"虚拟空间"。网络空间虽然不具备长、宽、高等传统物理概念，但对包括军事领域在内的诸多领域有着极其强烈的渗透性和倍增效应，其中演绎着同样惊心动魄的搏杀，是新一轮大国军事角逐的重要疆域。

当前，世界主要军事强国都在加紧筹划网络空间国家安全战略，组建网电作战部队、研发网络攻击武器，出台网电作战条例，不断强化网电攻击与威慑能力，以便抢得先机。美军于2002年建立了世界首支网络部队，2009年成立网络战司令部，美国防部2018年出台了新版《国家网络战略》。俄军于2013年成立了网络空间司令部，组建了专业网络战力量。北约组织成员国每年都要组织针对网络攻防的"赛博空间"演习。近年来，各国利用网络空间达成军事和政治目的的较量此起彼伏。2007年，以色列利用网络侵入叙利亚防空雷达网，成功接管网络控制权，使以军18架F-16战斗机顺利规避了叙利亚防空体系，突袭获胜。2010年的"震网"计算机病毒攻击，使伊朗拥有核武器的时间不得不推迟。2013年的"斯诺登事件"既折射出美国的网络霸权，也为各国强化网络攻防敲响了警钟。2016年，美军通过互联网、军用指挥网、民用通信网对"伊斯兰国"发动"集成"网络攻击，成功削弱了"伊斯兰国"的指挥能力和在占领区的实际控制范围。

军事小百科

棱镜门事件

2013年6月，供职于国防项目承包商博思艾伦咨询公司的斯诺登将美国国家安全局关于PRISM监听项目的秘密文档披露给了《卫报》和《华盛顿邮报》，

> 随即遭到美国政府通缉,事发时人在香港,随后飞往俄罗斯。棱镜计划(PRISM)是一项由美国国家安全局(NSA)自2007年小布什执政时期起实施的绝密电子监听计划,其侵犯的人群之广、程度之深史无前例,被揭露后引发了全球震惊。根据斯诺登披露的文件,美国国家安全局可以接触到任何美国公民的聊天日志、存储的数据、语音通信、文件传输、个人社交网络数据,甚至北约盟国的领导人们也在美国情报机构的监听名单之内。

随着我国关键信息基础设施智能化、联网化程度不断提升,国家军事和一些重要领域对网络的依赖性持续增强。近些年来,针对我国军事、政治、经济领域的网络攻击时有发生,对国家安全和经济社会稳定运行带来了重大影响。网络空间技术的快速发展,正在塑造一个"一切皆由网络控制"的未来世界,正在催生"谁控制网络空间谁就能控制一切"的国家安全法则。一旦国家网络信息系统遭到攻击并被摧毁,整个国家就会陷入一片混乱,国家武装力量的指挥控制系统将会因遭到攻击而丧失作战能力,对于国家安全将会造成严重威胁。

(四)极地作为未来战争的战略极点,成为多国争夺的新疆域

当前,极地作为重要资源和能源的储存地,已成为各国争夺的新疆域。许多国家把极地研究与开发作为国家的一项重要战略。北极地区潜在的可采石油储量约为1000亿至2000亿桶,煤炭占到世界总储量的9%,天然气储量约相当于全球总量的45%。北极还有大量的铜、镍、金、金刚石、铀等矿产资源。南极拥有丰富的渔业资源。从军事上来说,北极位于亚、欧、北美三大洲的顶点,有联系三大洲的最短航线,是一个瞰制北半球的战略制高点和实施威慑的支撑点,地理位置极为重要。此外,随着全球气候变暖,北冰洋每年可通航的时间大大延长,对北极进行开发和利用可使亚、欧、美三大洲之间的航线距离缩短40%,海上运输成本节约40%。

因此,近年来,世界各国围绕极地领域的国际斗争日趋复杂激烈。为赢得极地竞争优势,掌握极地主动权,世界许多国家都纷纷制定极地战略,而且一些非极地国家也积极参与极地事务。冷战时期,美苏两国就在北极地区部署了战略轰炸机和战略核潜艇,美国在"9·11"事件后的次年就将南极列入其太平洋司令部辖区,在2015年发布的海权战略中,美军把极地正式列入战略规划。俄罗斯先后颁发《2020年前北极发展战略》《2020年前俄罗斯北极地区社会经济发展战略》,为"经营"北极绘制了蓝图。

根据《联合国海洋法公约》以及与相关国家在海洋渔业、资源开发等领域签订的多个双边或多边合作协议，我国在极地享有航行、资源开发管理、科学考察研究等权利以及相应的利益。随着国家利益的不断拓展，我国对极地的科学考察和资源开发等行动将进一步向广度和深度发展。《国民经济和社会发展"十三五"规划》提出要实施"雪龙探极"重大工程；有关部门亦在抓紧编制《国家极地考察"十三五"发展与改革规划纲要》等加速我国向极地强国迈进的战略规划。当前，各国针对极地的争夺已经日趋"白热化"。在这样的形势下，我们必须深入思考维护极地权益的相关重大问题，防范"极地之争"对国家安全带来的影响和隐患。

（五）人工智能作为未来战争的重点，成为多国竞相发展的新利器

扫一扫：
人工智能
上"战场"

人工智能是自互联网诞生以来的重大战略前沿技术。当前，世界主要军事强国将人工智能视为大国博弈的战略重点，采取多种措施积极创新理论，开发技术，并广泛应用于军事领域，使得战争的形态和样式发生了根本性的改变。随着人工智能技术的不断发展，机器人越来越多取代人成为战争的主角。

美国国家安全中心研究报告认为，机器人战争已不再是科幻小说，未来战争中"平台无人、系统有人，前线无人、后方有人，行动无人、指挥有人"的作战样式将大量出现，将会使千百年来以有生力量为直接交战主体的传统战争形式走向消亡。据此，美军运用高新技术极力打造无人和自主系统，抢占无人战场主导优势。2004 年，美军在伊拉克战场就首次投入了 150 个机器人进行作战，美军预测，未来将有 1/3 的地面作战行动将由军用机器人承担。俄军也加紧智能无人装备的建设，其军用机器人已经在叙利亚战场上投入应用并取得了一定的战果，俄军还将无人机作为 2025 年前军用航空装备建设的重点。

在人工智能领域，我国起步较晚，2015 年 5 月，在我国国务院印发《中国制造 2025》中首次提及智能制造，提出加快推动新一代信息技术与制造技术融合发展。此后，我国推出了一系列加快推进人工智能领域建设和技术发展的相关文件，我国在人工智能发展及军事应用方面取得了长足的发展。世界主要国家对人工智能领域重视程度之高、研发势头之猛、将会对传统作战方式产生重大影响，如不紧盯人工智能军事理论技术前沿，必然会对国家安全带来深刻的影响。

★ 第三节 国际战略形势

■ 一、国际战略形势现状与发展趋势

（一）国际战略形势现状

扫一扫：
大国关系

目前，世界正处于新旧格局转换、新旧秩序更迭、新旧体系更替的关键期，国际力量对比、国际体系结构正在发生前所未有的变化。美国超强、西方主导、政治安全上"西强东弱"和经济科技上"北强南弱"的国际格局正呈现出"东升西降""南上北下"的趋势，以美国为首的西方力量的优势正在逐步减弱。

近年来，美国实力虽有所下降，但相比之下，无论是经济、科技实力，还是军事和对外影响力，美国仍是当今世界唯一称得上"超级强国"的国家。当前，美国凭借自己强大的实力，企图把本国的意识形态、价值观念、发展模式和社会制度强加于国情不同的世界各国，建立美国"一家独霸"的单极世界。借"反恐"之名，趁机对战略地位极其重要的中亚和外高加索地区实现了"历史性"的军事进入并开始施加经济和政治影响。与此同时，美国主导的"北约战车"继续东扩。种种迹象表明，美国正在加紧全方位推行自己称霸世界的全球战略。

中国随着改革开放的不断深入，综合国力不断提高，军事逐步走向现代化，经济保持长期的高速发展。当今的中国，已经成为世界第一大外汇储备国、世界第一货物贸易大国、世界第二大经济实体、世界第二军费大国。作为世界上最大的发展中国家，政治稳定，经济发展充满活力，与各国积极发展睦邻友好关系，对世界的和平与发展起着积极的促进作用。在21世纪初期已经成为"多极格局"中的重要一极。邓小平同志早在1990年年初就指出："所谓多极，中国算一极。中国不要贬低自己，怎么样也算一极。"他的这个论断，是有充分根据的。中国在世界政治、经济、军事舞台上发挥着越来越重要的作用。因此，中国理所当然地成为国际战略格局中的一支重要力量。

苏联解体后，俄罗斯继承了苏联80%的军事遗产，虽然其国内矛盾较多、困难重重，但仍具有强大的军事实力，加之俄罗斯近年来经济状况复苏，在世界舞台上、在世界军

事领域中继续发挥着重要的作用，对国际事务将产生重大的影响。因此，俄罗斯仍是当今世界仅次于美国的军事大国，是目前国际战略格局中重要的一强。

欧洲作为一个整体，随着一体化进程的不断发展，已成为世界政治、经济的中心，体现出了强大的政治、经济和军事实力。因此，作为一体化的欧洲，在世界政治、军事、经济等事务中发挥着极其重要的作用，也是当前国际战略格局中强有力的一员。

日本凭借其经济、科技大国的地位，大力扩展在世界舞台上的活动空间，力争在国际社会中发挥更大的作用，并大力发展军备，逐步迈向军事大国的行列，也对当前国际战略格局产生了一定程度的影响。因此，日本也成为当前国际战略格局中的一强。

此外，一些地区大国、区域一体化组织的不断壮大和蓬勃发展，也给国际战略格局带来了一定程度的影响。这些地区大国、区域一体化组织在国际舞台上发挥着越来越重要的作用，如印度、巴西、南非、东盟等，在全球和地区事务中的地位和作用正日益凸显。南亚地区的大国印度，人口居世界第二，经济发展快速，科技力量较强，现有兵力规模世界第四，军事实力与日俱增，在世界军事格局中也具有一定程度的影响力。此外，东盟从20世纪80年代以来也成为世界经济最具有活力的地区之一。随着实力的不断壮大，东盟作为一支新兴的政治力量，正在不断加强内部多边、双边的防务合作，积极调整与大国的关系，同时加紧扩大成员国数量，积极争取在地区事务中的更大发言权，也在国际战略格局中发挥着重要的作用。

（二）国际战略格局的发展趋势

1. 国际战略形势未来仍将向"多极化"发展

随着经济全球化的不断深入，国际关系随之发生了根本性的变化。西方媒体惊呼"历史的火炬似乎正在由欧洲大西洋地区向亚洲太平洋传递"。多极化格局正是顺应了这一时代潮流应运而生的，是经济全球化和多元化的集中体现。

以中国、印度为代表的新兴经济体和发展中大国群体性崛起，整体实力大为增强，对世界经济增长的贡献率已经达到80%，按汇率计算，这些国家的经济总量占世界的比重接近40%，推动国际力量对比朝着相对均衡方向发展，并在国际事务中发挥着越来越重要的作用。各种地区联盟力图以联合来谋求国际地位和社会经济的发展。各种力量的分化组合，使得国际政治多极化在冷战后得到了迅速的发展。世界战略力量的均衡化发展已成为时代的主流。尽管这种均衡化的趋势在短时期内还不会引起世界军事力量间对比关系的变化，但从长远来看，它对世界军事形势的影响不可忽视。这一趋势的发展，将越来越明显地成为制约超级大国的霸权主义和强权政治的重要因素。世界向多极化方向发展已经成为一种必然趋势。

2. 国际战略形势中各方关系将日趋复杂

当前，国际战略格局中的各方力量，都在通过不断调整对外政策来寻求自己的有利地位。国际形势的不稳定性不确定性上升，大国战略竞争和博弈日趋激烈，国际关系的复杂程度，国家安全问题的综合性、复杂性、多变性日趋明显。全球治理体系变革涉及各国特别是大国利益，必将经历长期复杂甚至非常激烈的斗争。

"9•11"事件后，美国出于反恐的需要，开始局部调整其外交政策和安全战略。在欧洲，美国积极推进北约东扩，同时，改变过去只要求西欧盟国尽"义务"而不给"权利"的做法，支持西欧联盟在维护欧洲安全方面发挥更大的作用。在亚洲，着手建立美日之间的新型同盟关系，支持日本在参与亚太事务中承担更多的权利和义务。俄罗斯也在积极调整对外政策，努力恢复大国的地位和作用。坚持俄罗斯在苏联地区的"特殊责任和特殊利益"，反对北约东扩，并将外交政策的重点逐步转移到亚太地区。欧盟也在积极推进欧洲政治、经济一体化的同时，寻求加强欧洲自身的防务力量，逐步削弱美国对欧洲的控制和影响。日本为了谋求政治大国和军事大国地位，一方面加强日美同盟关系，另一方面积极寻求改善同亚洲其他国家之间的关系，谋求在国际和地区事务中发挥更大的作用。中国在加大改革力度、加速经济发展的同时，通过开展灵活、全方位的外交，改善了同周边国家的关系，进一步提高了国际地位和对国际事务的影响力。以上情况说明，随着"冷战"后国际形势的发展，当今世界各级力量的地位和关系已经发生了重大变化，这也预示着国际战略格局中各方关系未来将日趋复杂化。

3. 中国在国际格局中将扮演越来越重要的角色

中国是一个发展中的社会主义大国，也是当今维护世界和平的重要力量。作为多极格局中的重要一极，中国对世界的影响是多方面的，中国在未来"多极格局"中的地位与作用必将愈发突显。

中国在反对霸权主义和强权政治上将起到重要的作用。"冷战"结束后，霸权主义和强权政治依然存在，世界并不安宁。被两极格局所掩盖的各种矛盾日渐突出。在各种政治力量的矛盾与冲突中，在中、美、俄，中、美、日等三角关系中，中国将起到平衡与制约的作用，并将成为抑制霸权主义和强权政治的重要因素。

中国在促进世界经济的发展中将起到示范作用。自改革开放以来，在短短的几十年时间里，中国的社会主义现代化建设取得了巨大成就，经济和社会面貌发生了深刻的变化。这些成就和变化，受到世界瞩目。当前，中国的经济改革经验受到了国际社会的普遍关注。中国的经济改革被誉为是"历史上最大的实验"，具有"示范"作用，"不可避免地要引起连锁反应"，对世界上其他国家，特别是发展中国家正在或将会产生重大影响。

中国在维护发展中国家权益的斗争中将发挥重要作用。中国始终坚持大小国家一律平等的原则，坚决反对恃强凌弱的行为，并为维护发展中国家的权益进行了不懈的努力和斗争。此外，中国还组织和积极参与二十国集团、金砖、亚太经合组织、上合组织、亚洲相互协作与信任措施会议等多个多边合作机制，并在其中发挥着重要的作用，倡导并努力推动"一带一路"倡议，与世界各国开展友好合作交流，实现互利共赢。未来可以预见的是，中国将在国际格局中扮演越来越重要的角色，在促进世界和平与发展方面将发挥更加积极的促进作用。

二、世界主要国家军事力量及战略动向

扫一扫：美国增兵东亚计划

"知己知彼，百战不殆"。了解和洞察与我国安全休戚相关的一些国家的军事情况，有助于我们在复杂的国际和地区斗争中做出正确判断并占据主动。基于此，下面重点对美国、俄罗斯、日本、印度的军事基本情况进行介绍。

（一）美国军事简况

美国的军事力量由独立战争时期的大陆民兵发展演变而来，经过 200 多年的发展，美军已成为世界上现代化程度最高的军队，是美国政府推行霸权主义政策，维护其"全球利益"的主要工具。

1. 美国武装力量的组成

美国的武装力量由现役部队、后备役部队和文职人员三部分组成。现役部队由陆军、空军、海军、海军陆战队和太空军 5 个军种组成，是美国武装力量的主干，分属陆军部、空军部和海军部三大军事部领导。美军后备役部队按组织系统分为国民警卫队和联邦后备队两部分。国民警卫队包括陆军国民警卫队、空军国民警卫队和海岸警卫队，其中海岸警卫队隶属美国国土安全部。后备队包括陆军后备队、海军后备队、空军后备队和陆战队后备队；按动员准备程度分一类后备役、二类后备役和三类后备役。文职人员是美国联邦政府雇员的一部分，从事的工作种类有科学家与工程师、行政管理人员、技术员、秘书和办事员、服务员、勤杂工等。美国现役部队总人数约 128 万人，后备役部队约 80 万人，文职人员近 72 万人。

2. 美国军事战略动向

美国当前军事战略主要包括以下五个方面：

（1）军事战略目标、任务上更加关注未来和新型威胁

当前，美国的军事战略目标为：抗击暴力极端主义，威慑并打败侵略，加强全球和地区安全以及构筑未来力量三个方面。可以看出与以往相比，美国当前的军事战略更加关注长远，不再仅限于眼前威胁，更加强调对未来威胁的准备和应对，展示出实现眼前目标与未来目标之间的平衡。美国《21世纪防务重点》中明确规定，未来美军的任务是：应对恐怖主义和非常规战争、威慑并击败侵略、保证投送能力并正视"反介入和区域拒止"的挑战等十个方面。与过去美军的任务相比，美军更加重视"网络空间和太空的有效行动"以及"反介入和区域拒止"等对付地区强国威胁的内容。

（2）军事战略方针上强调"广泛威慑"

美国当前的军事战略把"威慑"作为重要的战略方针。主要体现在三个方面：①强调军事行动应以威慑为主，而不以作战为主；②提出了对恐怖主义实施威慑的思想。奥巴马政府改变了小布什政府一贯持有的对恐怖组织和极端势力威慑无用的看法，提出了对恐怖主义间接威慑的思想方法；③重视"威慑"和"打败侵略"之间的相互关联。强调在一个地区作战时对其他地区保持威慑的必要性、重要性和可能性。

（3）军事部署上明确从西部向东部平衡

冷战结束后，美国的战略关注重点先是在欧洲，后是在中东。随着中国力量的崛起，从小布什政府开始，美国的军事战略关注重点逐步出现调整。2001年，美国大规模调整和重组驻日美军部队，战略性轰炸机进驻西太平洋，意味着美国打算改变原来在亚太地区充当"平衡者"的角色，帮助日本制衡中国。奥巴马政府上台后，美国军事战略部署加速向东转移。2012年6月，新任国防部长帕内塔在新加坡香格里拉对话会上发表题为《美国对亚太再平衡》的讲演，重点阐述了今后5～10年内美国军事部署的调整计划。为继续加强在太平洋地区的军事存在，美国计划在2020年前，将改变海军力量目前在太平洋和大西洋"五五开"的力量部署格局，把60%的战舰派往亚太。

（4）军队建设上提出"重新平衡军事力量"

美国在《四年防务评估报告》提出了"重新平衡军事力量"的思想。这一思想的核心，是要求美军进一步提升能力建设和水平建设。在军队能力建设上，美军要求从"联合作战"向"联合和灵活作战"平衡，改变过去仅强调部队联合作战能力（军种联合、盟国之间联合）的思维方法，更加强调部队在具有联合作战能力的同时要向灵活性、机动性和小型化方向发展。由此可见，美国已经走过了拉姆斯菲尔德所强调的构建联合作战部队的阶段，更加注重部队在联合作战的基础上向机动、灵活、技术性和可塑性方向发展。在这一思想指导下，目前美军在军队结构和数量上，正在向精简地面力量、强化海军和空军力量、发展特种部队的方向发展。

（5）作战方式上更加关注新型样式

在过去相当长的时间内，美军将"维稳"和"反叛乱"作为主要作战方式。而目前，美军认为："美军的作战任务应更加向应对以非对称手段阻止地区进入和行动自由的方向平衡，在强调全频谱部队能力的同时，不应再重点强调维稳行动。"美国现行的军事战略，更加强调要为未来新的作战样式做好充分准备。①提出了"联合作战进入"的概念。先后颁布了《联合作战进入概念》及《美国陆军和海军陆战队的跨军种概念：实现并维持进入》两份文件，从不同角度对这一概念进行了阐述；②把无人机作战作为未来战争的重要内容。自反恐战争以来，美军的无人机"定点清除"作战样式在反恐中不断取得成功，并具有成本低、隐蔽性强、机动性大、命中精度高，能避免美军伤亡等特点，因而受到高度重视；③大力发展特种作战样式。近年来，由于反恐战争的需要，美军特种部队执行秘密任务不断增多，已成为美军建设的重心之一。已从单独行动转向联合作战，从体能型转向智能型，从非主力部队变为主力部队，由从属地位转为中心地位。

（二）俄罗斯军事简况

俄罗斯军队由苏联军队演变发展而来，目前军队建设仍处在困难时期。但从总体上看，俄罗斯仍拥有强大的军事力量，武器装备现代化水平和整体作战能力依然位居世界前列。

1. 俄罗斯武装力量的组成

俄罗斯武装力量由陆军、空军、海军、战略火箭兵、空降兵、航天兵组成。当前，俄罗斯武装力量编制员额约为100万人。陆军约28万人、海军总兵力约12万人，空军总兵力约13.5万人，战略火箭兵约5.7万人，空天防御兵约7万人，空降兵约3.3万人。除此之外，俄罗斯军事力量还包括内卫军、边防军、民防军、联邦安全总局、对外情况局、警卫总局等其他部队和强力部门，共编有30余万人。

2. 俄罗斯军事战略动向

俄罗斯当前推行的是"遏制"战略。其继承了俄罗斯过去军事战略中的"核遏制"与"战略机动"两个核心组成部分，"核遏制"仍是俄罗斯当前军事战略的基础，"战略机动"仍是俄军能力建设的重点。

（1）将美国及以其为首的北约视为军事安全领域的最大威胁

俄罗斯新军事战略认为，俄国家安全面临的许多重大威胁均直接或间接来自美国，在当前及可预见的未来，美国及以其为首的北约仍是俄罗斯的主要战略对手。《2020年前俄罗斯联邦国家安全战略》指出，俄罗斯在军事安全领域面临的最大威胁是"一些主要大国奉行的旨在获得军事领域压倒性优势的政策,其中包括单方面建立全球导弹防御系统",对美国的单边主义霸权行为提出了不点名的批评。《俄罗斯联邦军事学说》更是明确把"北约企图通过破坏国际法准则的方式赋予本组织军事力量全球职能和通过包括东扩在内的各种方式使北约军事设施接近俄罗斯"列为本国军事安全面临的首要危险。在俄罗斯看来,美国推动北约东扩、在独联体国家策动"颜色革命"、军事实力进驻中亚、推动乌、格等国加入北约等一系列举措,已经严重挤压了俄罗斯的战略空间,对俄罗斯构成了重大威胁。

(2)把预防全球与地区战争定位为主要战略目标,将打赢局部战争视为预防世界战争和地区战争的重要途径

《2020年前俄罗斯联邦国家安全战略》明确提出:"完善国家防御的战略目标是,防止全球性和区域性战争和冲突以及为保障国家军事安全实施战略遏制。"为达成这一目的,俄罗斯在保持战略核力量的同时,继续推进军事改革,完善军队组织指挥结构和部署体制,增加常规军队数量。俄罗斯在国家安全战略中仅提出要预防"全球和地区战争与冲突",而"局部战争与武装冲突"并不在预防之列。可见,俄罗斯国防建设的目标不仅在于遏制和预防"全球和地区战争与冲突",更要做好应对"局部战争与武装冲突"的准备。或者说,从现实斗争准备的角度来看,俄罗斯今后要打的正是"局部战争",并把打赢局部战争本身作为预防"世界战争和地区战争"的重要途径,反映了俄军"以战止战"的战略思想。

(3)以"核遏制"为战略遏制的主要方法

对于俄罗斯来说,最能起到威慑和遏制效果的战略手段仍是核武器。在美国部署全球导弹防御系统的情况下,"核遏制"对保障俄罗斯的国家安全具有重要的现实意义。新的安全战略和军事学说指出,俄罗斯不会卷入耗资巨大的军备竞赛,但"核武器仍将是预防核军事冲突以及常规杀伤性武器军事冲突(大规模战争、地区性战争)的重要因素""在自身和(或)盟友遭遇核武器和其他大规模杀伤性武器进攻时,在遭遇常规武器侵略、国家处于危亡关头时,俄联邦保留使用核武器还击的权利"。"战略遏制"要求有机综合核力量战略与常规力量战略、实战战略与威慑战略,实施多层次的系统遏制。

(4)把"非对称平衡"作为战略对抗原则

根据"战略遏制"战略,俄罗斯将根据"非对称平衡"原则采取对抗措施:一方面,鉴于自身实力所限,俄罗斯无意与美国等国在所有领域展开军备竞赛,以非对称而不是对称的方式对美国进行遏制。另一方面,为维护国家安全,俄将以关键领域平衡而不是以全部领域平衡的方式遏制对手,将尽一切努力维持与美国在进攻性战略武器领域的力量均衡甚至是战略优势,力图通过"进攻是最好的防御"打破美国的"攻防兼备"。此外,根据现代冲突的特点,俄罗斯强调通过军事与非军事手段的综合运用达成战略目的。

（三）日本军事简况

扫一扫：
日本军力提速进行时

日本军队称为自卫队，是第二次世界大战后在美国扶植下重建和发展起来的。随着日本经济实力的迅速增强，日本自卫队的建设得到了长足发展，在"质重于量"和"海空优先"的建军方针指导下，自卫队已发展成为一支装备精良、训练有素、作战能力较强的武装力量。

1. 日本军事力量的组成

日本武装力量约为24万人，由现役部队、文职人员和预备役部队组成。分为陆上自卫队、海上自卫队、航空自卫队。陆上自卫队16万人，编成有军区、步兵师、装甲师、步兵旅、混成旅、空降旅、炮兵旅、工兵旅、防空导弹群；海上自卫队实有兵员4.5万人，编成有自卫舰队、护卫舰队、航空集团、潜艇舰队、地方队；航空自卫队实有兵员4.7万人，编有航空总队和航空开发实验团。除此之外，日本自卫队还编有约5万人的预备役部队。

2. 日本军事战略动向

受"和平宪法"的制约，日本在战后一直回避使用"军事战略"这一术语，而代之以"防卫政策"。日本政府在1970年首版《防卫白皮书》中正式提出了"专守防卫"的军事战略。冷战时期，日本虽然对"专守防卫"战略进行过多次调整，但其核心内容并未发生根本性改变，军事战略的被动防御特点明显。冷战结束后特别是进入21世纪以来，内外环境的变化为日本军事战略调整提供了契机。

（1）认为国际安全环境日趋严峻，将中国作为主要威胁

自"9·11"事件以来，日本在对威胁的认识上日益体现出"多元化威胁观"，即安全威胁日益呈现多样化、多层次。①认为冲突传播速度加快。国家间利益进一步密切，动乱与安全问题传导性增强，任何国家都难以独善其身，一个国家或地区发生的问题将迅速波及其他地区；②认为冲突愈发难以定义。除民族和宗教对立等引起的地区冲突外，"灰色区间"的冲突越来越多，而且往往介于"有事"和"无事"之间，很难给予明确定义；③认为"新型威胁和多种事态"范畴进一步扩大，包括大规模杀伤性武器、弹道导弹扩散、国际恐怖组织、海盗行为以及地区冲突、统治机构脆弱化、"失败国家"的存在等，同时海洋、太空、网络及气候变化对安全环境的影响也越来越值得关注；④认为地区力量平衡发生明显变化。随着中国、印度、俄罗斯等新兴国家的崛起，美国的影响力相对减弱，亚太地区力量对比出现了新的动向。此外，日本在继续强调朝、中、俄传统安全威胁的同时，开始突出强调中国因素。

（2）安全目标日益突出自主性，更加重视发挥国际作用

日本现行的军事战略提出了"多层次合作安全保障战略"，确立了三大安全目标（日本的安全、防止威胁的出现、维持与构建国际体系），并使用了"防止""营造""预防""贡献"等含有"自主""主动"等意味的词语，安全目标的自主性更加明显。①开始重视在国际安全体系中发挥秩序设计者作用。提出的三大安全目标，从表面上看，似乎仅仅是在原有的两大目标之间嵌入了一个中间目标，但"防止威胁的出现"却是一个既可内收亦可外延的概念；②更加重视地区安全合作，是一个从双边同盟到地区合作再到全球合作的三层模式，相对于内层的日美同盟和外层的以联合国为中心的国际合作，位于中间层次的地区合作是有别于"统合安全保障战略"的关键环节，体现了在后金融危机时代日本对国际战略格局的基本认识。因此，日本在战略目标上不断拓展自主安全内涵，注重发挥国际作用，显露了日本意欲从国际秩序的遵从者向设计者乃至塑造者转换的大国野心。

（3）自卫队职能不断深化，力量运用突出快反和联合

自卫队的职能包括：有效威慑与应对各种事态；维护亚太地区安全环境更加稳定；改善国际安全环境。与过去的职能相比，第一项职能增加了"威慑"，具体任务增加了"应对网络攻击"和"应对复杂事态"（多种事态连续或同时发生）。第二项职能由"防备正规侵略"转变为"维护亚太地区安全环境更加稳定"。其中更引人注目的是，第三项职能的内涵有了拓展，自卫队的任务增加了"与盟国等合作，积极推进维护海上交通安全和维持海洋秩序等活动"。在战略方向和自卫队职能活动方面，一是战略方向的转变更为明确；二是自卫队在职能上更加注重维护海上交通安全和海洋秩序等。为此，日本在自卫队运用上更加突出强调快速反应和联合性。

（4）加强"机动防卫力量"建设

"机动防卫力量"建设思想，是对战后日本长年坚持的"基础防卫力量"建设思想的重大修正，其实质是：必须具备快反应、机动性、灵活性、持续性和多用性，以军事技术能力和信息能力为支撑。此外，还特别强调防卫力量的实战使用，指出"不应仅仅满足于保持防卫力量，更要重视防卫力量运用的动态威慑作用，提高以快反能力为代表的部队综合运用能力"。可以看出，日本在军事力量建设问题上有三个重要变化：①建军方针的转变，由建设"基础防卫力量"转变为建设"机动防卫力量"；②建军目标的转变，由"多能、灵活、有效"转变为"快反应、机动性、灵活性、持续性和多用性"；③力量运用理念的转变，由注重"静态威慑"转变为"动态威慑"，强调力量的实战运用。为此，日本在快反态势建设上，建立情报、警戒、侦察一体化体制；在联合作战能力建设上，统一自卫队的指挥和作战运用，加快联合所需的指挥通信和情报通信网络建设；在信息化建设上，加快军事信息系统综合集成，构建陆海空天多维监视网，提升电子战

与网络战能力；在武器装备现代化建设上，调整发展重点，裁减传统作战装备，大力发展信息化、机动化、外向型装备。

（5）继续深化日美军事合作

坚持日美军共同盟一直是日本军事战略的重要支柱。冷战后，日本依托日美军事同盟，慑止朝鲜，遏制中国，防范俄罗斯，维护日美两国在亚太地区的"共同利益"。近年来，日本不断采取措施强化日美军事同盟：①进一步加强日美两国安保磋商，加强两国在情报、应对周边事态、反导、军事技术及装备等领域的合作；②加强日本自卫队与美军和平时期的各种合作，加强共同训练和联合演习；③以自卫队和美军为基础，在应对网络安全威胁、确保海上交通安全及应对气候变化等方面加强国际合作。特别是安倍政府上台以来，日本修正了民主党政权上台伊始的弱化日美同盟政策，加大了深化日美军事合作的力度，使日美军事同盟在完成"共同保卫日本"、联合遏制并干涉地区危机的历史过渡时期走向共同主导国际安全事务的阶段。

> **军事小百科**
>
> **日本海外派兵步伐加快**
>
> 在美国的姑息下，从硬件装备的规模和品质来看，所谓以"自卫"为原则的日本自卫队早已超越了"自卫"所需的范围，开始进行"海外派兵活动"以谋求政治大国地位。以2002年向阿富汗派兵为起点，日本自卫队先后赴柬埔寨、莫桑比克、卢旺达、南苏丹等地，总共参加了十多次所谓"国际和平合作业务"，自卫队还利用国际紧急救援计划遂行了13次"国际紧急救援活动"。然而目前，日本向联合国提供的外派自卫队身份仍是"非战斗人员"，主要承担的是基建和救护任务。

（四）印度军事简况

印度是我国西南部的主要邻国，1947年摆脱英国殖民统治实现独立，是南亚次大陆及印度洋沿岸的最大国家。经过长期大力扩军，印度已发展成为亚洲主要军事强国之一。

1. 印度军事力量的组成

印度的军事力量由正规军、准军事部队和后备力量组成。正规军分为陆、海、空三个军种，是印度武装力量的主体。目前，印度正规军约有138万人（不包括执行对内任务的陆军部队人员及在军内工作的文职人员），军队数量居世界第四位。其中，陆军规模最大,兵力约为 118 万人;海军约为 6 万人,空军约为 14 万人。除陆、海、空三军外,印度还有约 410 万人的非正规武装力量,包括准军事部队约 110 万人和后备力量约 300 万人。准军事部队是正规军的辅助力量,除负责内卫治安、支援国家经济建设外,还直接参与过多次战争。后备力量是指不脱产的民间武装。

2. 印度军事战略动向

冷战结束后,特别是 1998 年印度核试验后,国际安全形势和印度国内情况都发生了重大变化,世界新军事变革日新月异。印度根据这些变化,在经过了一段时间的调整演变后,于 2001 年 1 月正式将其军事战略由"地区威慑"调整为"惩戒威慑"。

(1)以称霸南亚和印度洋为主要目标

印度得天独厚的战略地位使其一直以南亚和印度洋地区的中心自居,视该地区为自己的势力范围。印度认为,印度国土、人口和国民生产总值均数倍于南亚地区其他小国的总和,理应成为该地区的"天然霸主",其他国家在政治上都应居于从属地位;印度的国家利益高于其他南亚诸国的利益,本地区的国家只能听命于印度,不能擅自同区外大国发展友好关系;任何区外大国的影响进入该地区,便触犯了印度的安全利益,威胁印度的支配地位;"南亚地区是一个战略实体",印巴分治是人为错误,印度反对巴基斯坦的伊斯兰教建国思想。印度据此提出的军事战略原则,就是不惜以武力确保印度在南亚次大陆和印度洋的支配地位,防止本地区其他国家对其构成挑战和外来势力在此得势,在此基础上以政治、外交、军事和经济等多种手段向外扩大印度的影响。

(2)以中国和巴基斯坦为主要作战对象

长期以来,印度一直视中国为其称霸南亚、进而争夺"亚洲领导权"的主要障碍。1962 年中印边境自卫反击战后,尽管中印关系停滞一段时间后呈逐步改善的态势,但印度把中国作为战略上主要潜在对手的既定方针始终没有变。印度还视巴基斯坦为其主要的现实威胁,认为南亚各国中敢于向印度的霸主地位提出挑战的唯有巴基斯坦。巴基斯坦不甘处于被支配的地位,有寻求与印度"平起平坐"的决心,因而使印度的战略"安全圈"出现了大缺口。尤其令印度不能容忍的是,巴中之间保持着长期友好的关系,使得印度将面对"一个拥有核武器的巴基斯坦和一个实现了国防现代化的中国"的"共同威胁"。由于以中国和巴基斯坦为主要作战对象,长期以来,印度在军队建设、军费开支、武器装备发展上均以巴、中为比较对象,在编制体制、战场建设、部队训练演习和作战条令制定上均以中、巴为对手。

(3)以有限战争作为未来的主要战争样式

印度认为,冷战结束后,爆发世界大战的可能性在减小,但有限战争(局部战争、低强度战争）的威胁在增大，印度的五个安全利益相关地区（南亚次大陆、海湾和西亚、中亚、亚太和东亚、印度洋地区）都可能发生威胁印度安全的局部战争。此外，印度还特别提到要认真对付恐怖主义和跨国有组织犯罪的威胁。印度陆军参谋长在三军指挥官会议上发表讲话认为，由于印度和巴基斯坦都拥有了核武器，印、巴、中三国间发生全面战争的可能性在减小，但发生低强度冲突的可能性在增大，印度未来作战的主要样式是有限战争。

（4）核威慑居于军事战略思想的主导地位

威慑思想在印度军事战略思想中源远流长。早在建国初期，印度就提出不但要有航空母舰，而且要有核武器，使印度成为有威慑力的军事强国。20世纪60年代后，印度一直在为增强其军事威慑能力而努力。1974年印度试爆了第一个"核装置"，这使印度既有了常规威慑能力，又有了准核威慑能力。但是在冷战时期两极对抗的国际战略格局下，这种准核威慑能力即使转化为正式的核威慑能力，也不会在战略上给印度带来更多的好处。因此，印度长期坚持"核选择"政策，即准核战略。近两年，印度围绕"保持最低限度有效的核威慑"思想，进一步加快提升核战略的地位，基本确立了核威慑战略在国家安全战略中的主导地位。

> **思考题：**
>
> 1. 国家安全的内涵和原则是什么？
> 2. 如何深入理解和把握总体国家安全观？
> 3. 如何理解新形势下国家安全？
> 4. 如何理解新兴领域国家安全？
> 5. 面对当前世界战略格局，谈谈增强国家安全意识的必要性。

红色风景线

新中国从这里走来——西柏坡

西柏坡是毛泽东和党中央进入北平，解放全中国的最后一个农村指挥所。1947年5月，以刘少奇为书记的中央工委来到西柏坡。1948年5月26日，毛泽东和党中央到达西柏坡，西柏坡成为当时中国革命的领导中心。在这里，召开了中国共产党全国土地会议，制定了《中国土地法大纲》。在解放区掀起了轰轰烈烈的土改运动，为解放全中国奠定了广泛的群众基础。组织指挥了决定中国命运的辽沈、淮海、平津战役，取得了战略决战的决定性胜利。召开了具有历史意义的七届二中全会，制定了革命胜利后的总路线和总方针，描绘了新中国的蓝图。在这次会议上，毛泽东向全党提出了"两个务必"的著名论述。1949年3月，毛泽东和党中央离开西柏坡赴京建立新中国，"新中国从这里走来"。

西柏坡纪念馆现有主要参观景点六处：①西柏坡中共中央旧址，占地面积16440平方米，完好地保存了毛泽东、刘少奇、周恩来、朱德、任弼时旧居和七届二中全会、九月会议会址以及军委作战室、和谈会址等共13处，是各地党员干部进行入党宣誓和重温入党誓词、进行传统教育的场所；②西柏坡陈列馆。建筑面积6100平方米，主题陈列是"新中国从这里走来"。以丰富的形式及设计语言对陈列展览进行了深刻诠释与表达，使整个展览融思想性、科学性、艺术性于一体；③西柏坡丰碑林。园内荟萃了国家领导人和国内著名书法家及将军题词近600幅；④西柏坡安全教育馆。展示了情报战线杰出人物的突出贡献；⑤廉政教育馆。全面展示了自党成立之日起的反腐倡廉史；⑥革命圣地西柏坡纪念碑。高28米，象征中国革命经过28年艰苦卓绝的斗争，取得了民族的独立和解放。

西柏坡纪念馆是全国著名的爱国主义教育基地，始建于1955年，占地面积391000平方米。1982年，被国务院公布为全国重点文物保护单位。自开放以来共接待了国内外观众3600多万，仅2010年接待观众就达306万人次。

西柏坡纪念馆获国家级荣誉称号有：全国爱国主义教育示范基地、全国爱国主义示范教育基地先进集体、国家重点风景名胜区、国家5A级旅游景区、国家一级博物馆、国家首批国防教育示范基地和首批廉政教育示范基地、全国青年文明号等。

> 推进强军事业，必须坚持和发展党的军事指导理论，不断开拓马克思主义军事理论和当代中国军事实践发展新境界。
>
> ——习近平

第三章　军事思想

在几千年的历史长河中，无论是直接参与实践的军事将领，还是从事研究的军事学者，都曾深入探求过战争的奥秘，给后人留下了精邃富赡、璀璨耀眼的军事思想文化宝库。学习和研究军事思想，不但可以了解和掌握战争的一般规律，而且可以开阔视野、思路，增强全局意识，使我们从战略的高度去观察、设计、分析和处理问题，促进自身能力向更高层次发展。

第一节　军事思想概述

军事思想是军事科学的重要组成部分,是指导战争胜利的理论武器和法则。

一、军事思想的内涵

(一)军事思想的定义

军事思想是关于军事领域基本问题的理性认识。它揭示战争的本质、战争的基本规律以及进行战争的指导规律,阐明国防和军队建设的基本理论和原则,从总体上反映战争和军事问题的成果。通常包括战争观、军事问题认识论和方法论、作战指导思想、战略思想、国防和军队建设思想等。

(二)军事思想的特点

军事思想是一种社会意识形态,它产生于一定的社会物质生产和战争实践基础之上,同时受其他社会意识形态的制约和影响。其特点有以下几个方面:

1. 政治性

在阶级社会中,战争是政治的继续,军队是为政治目的服务的武装组织,国防是政治的体现,战争、军队和国防都是国家政治生活的重要组成部分。军事思想研究主体主要是战争、军队和国防领域的基本问题,其理性认识必然反映民族、国家、政治集团一定的政治目的和根本利益,带有明显的政治属性。

2. 时代性

军事思想是一个历史的范畴。它总是处在人类社会发展的一定历史阶段上,是特定社会条件下的产物。不同历史时期的军事思想有各自的特征,这种特征往往最能反映当时的生产水平、社会制度、物质生产水平,特别是军事技术装备的发展水平。由于受到社会历史条件的限制,任何时代的军事思想都具有局限性,从而使得军事思想具有突出的时代特征。

3. 实践性

与其他思想相比，军事思想具有更强的实践性。军事实践不仅是军事思想的来源和基础，还是军事思想发展的动力。军事领域是一个充满变革精神的领域，随着生产力的发展、武器装备的变革、作战方式的变化，军事思想也相应地要以新理论、原则和方针加以充实和发展，否则就不能适应未来作战的要求。反过来，军事思想是军事实践的指南，对军事实践活动与客观存在有巨大的推动作用。

4. 继承性

军事思想是一个动态的系统。继承性是人类对军事实践活动认识成果的理论积累，它是一个由简到繁的渐进过程。军事思想的每一次发展，都离不开对以往军事思想中正确理论的继承和发展。

5. 创造性

军事思想不是军事实践活动在人的大脑中的简单再现，而是人的主观意识对军事实践活动的能动反映。未来的军事实践不可能是以往军事实践的简单重复，必须在继承的基础上不断研究新情况、解决新问题，从不断发展的军事实践中探索并概括出新思想。

二、军事思想的发展历程

人类对战争和军队问题的认识，随着社会生产力的发展、战争规模的扩大，以及人们科学文化水平的不断提高，经历了一个由浅入深的演进过程。

（一）古代军事思想

中国古代军事思想是指公元前21世纪至1840年鸦片战争之前产生和发展的军事理论。

从公元前21世纪奴隶制的夏王朝起，战争成为阶级斗争的最早形式。在甲骨文和金文中已经有了军事与战争问题的记载。当时的军事理论散见于国家的典章法令和其他文献之中。例如，《易经》的卦辞和爻辞中有反映商周之际谋略思想的内容。《尚书》《诗经》中记述了一些军事理论的片段和零星的谋略思想及战争情况。

春秋战国时期，随着奴隶制向封建制的过渡，社会大变革和频繁的战争使军事理论和实践得到新的发展。军队的组织制度初步完善，战略战术原理趋于系统，作战兵器也不断改进，军事家和兵书著作不断涌现。其中最著名的就是春秋末期齐国军事家孙武所著《孙子兵法》，它是中国古代军事思想的精华。它的军事理论和哲学思想都达到了当时的最高水平，成为后世兵书的典范，影响深远。

在秦始皇统一中国后的漫长历史时期中，虽历经秦、汉、晋、隋、唐、宋、元等王朝的统治和更迭，但先秦的军事思想一直起着重要的指导作用。同时，社会经济、政治、文化及战争的发展，也使军事思想得到进一步丰富和提高。

从明朝至清朝后期，中国封建社会逐步走向衰落，不但有连绵不断的大规模农民起义战争、民族起义战争和统治者的平叛战争，而且外国也开始入侵中国。这一时期，一方面出现了只求守城保寨的单纯防守作战思想，另一方面，从实践中总结出带有强烈革新内容的军事思想。清王朝时，统治者局限于"骑射为满洲之根本"的思想，采取闭关锁国政策，在军事上逐渐趋于保守落后。虽然也出现了一些总结实战经验或论述防务和训练的兵书，但军事思想仍趋于陈旧和保守。

在古代，世界上其他国家的军事思想，特别是古代希腊军事思想和古罗马军事思想获得显著发展。史书记载了古希腊底比斯军事统帅埃帕米农达、马其顿国王亚历山大三世、迦太基军事统帅汉尼拔（图 3-1）、古罗马军事改革家马略、奴隶起义军领袖斯巴达克等人的军事实践活动和这一时期的代表性军事著作。

图 3-1 汉尼拔

（二）近代军事思想

世界近代是资本主义形成和上升、无产阶级作为独立的政治力量开始登上历史舞台的时代。近代军事思想发展的总体特征有两个：①欧洲一些国家在文艺复兴运动和产业革命的推动下率先实行军事思想的变革，资产阶级军事思想体系得到确立；②人类军事思想发生革命性变化，以马克思主义军事理论为代表的无产阶级军事思想宣告诞生。

15 世纪和 16 世纪之交，欧洲军事思想领域出现了近代化的萌芽。主要代表著作是意大利马基雅维利的《战争艺术》等。17～18 世纪，欧美各国资本主义迅猛发展，发达的工场手工业生产出大量新式火器，资产阶级政治革命风暴造成的阶级关系和民族关系变化，促使战争和军队建设从形式到内容都发生了巨大变革，欧美军事思想的近代化过程随之达到高潮。近代欧洲军事思想变革的成果，集中体现在产生于 18 世纪末和 19 世纪前期的拿破仑战争艺术，以及克劳塞维次所著的《战争论》和若米尼所著的《战争艺术概论》两部军事理论名著之中。

19 世纪中后期，为适应当时工人运动发展的需要和迎接即将到来的无产阶级暴力革命，马克思和恩格斯（图 3-2）共同创立了马克思主义军事理论，并逐渐形成了完整的理论体系。在战争基本原理方面，马克思、恩格斯运用辩证唯物主义和历史唯物主义考察战争，揭示了军事对物质资料生产的依赖关系，阐明了战争的起源、性质和类型，创立了无产阶级的战争观和方法论；在军队基本理论方面，马克思、恩格斯论述了军队编制、武器装备、教育训练、兵役制度等问题，阐明了无产阶级军队的性质和历史使命，创立了无产阶级的军队学说；在人民战争理论方面，马克思、恩格斯把人民群众是历史的创造者的观点运用于军事领域，指出人民群众是决定战争胜负的根本力量，创立人民战争的光辉思想。马克思主义军事理论的诞生是人类军事思想发展史上一次划时代的伟大革命，为无产阶级军事思想的发展奠定了坚实的理论基础。

图 3-2 马克思和恩格斯

1840 年鸦片战争之后，中国的传统兵学受到西方军事思想的严重冲击。魏源（图 3-3）提出"师夷长技以制夷"的主张，成为变革传统军事思想的开端。在洋务运动中，清政府在"器利兵精"和"自强以练兵为要，练兵又以制器为先"的思想指导下，开始兴办中国近代军事工业，引进和仿造西式枪炮、战舰，编练军队，国防建设思想、作战指导思想和作战方式向近代化迈进了一步。

以孙中山为代表的资产阶级革命党人，在共产国际和中国共产党的帮助下，提出以党治军、军队与国民相结合，进而成为群众武力的建军方针，并在军队中建立党代表和政治工作制度，在建军思想上迈出了重大的一步。

从 1927 年到 1949 年，蒋介石及国民党政府引进西方和日本的一些军事技术、体制编制和资产阶级军事思想，又按其所需承袭中国古代军事思想，与法西斯的军事思想掺杂混用，从而形成其军事思想的政治特征。

图 3-3 魏源

（三）现代军事思想

1917 年，俄国十月社会主义革命的成功，标志着人类文明跨入现代史时期，而世界现代军事思想的孕育，可追溯到19世纪和20世纪之交。

19世纪中叶过后，世界列强竞相利用产业革命所提供的崭新物质技术手段，在全球加剧争夺势力范围，相应的军事理论开始产生。

在这一阶段，无产阶级军事思想在世界范围内蓬勃发展。列宁（图3-4）在领导俄国十月社会主义革命和反对帝国主义武装干涉及国内战争中，从帝国主义和无产阶级革命时代的特点与俄国的实际出发，揭示了现代战争的根源，创立了关于战争与革命、武装起义和建设工农红军、实行全民革命等学说，并创建了第一支无产阶级军队，从理论和实践上发展了马克思主义的军队学说，为马克思主义军事理论谱写了新篇章。产生和形成于中国革命战争之中，并在中华人民共和国建立后继续发展的毛泽东军事思想，成为指导中国革命战争不断走向胜利和指导新中国军队和国防建设不断取得巨大成就的理论武器和行动指南，是无产阶级军事思想发展史上的一座丰碑。

图3-4 列宁

从第二次世界大战结束到20世纪70年代后期，随着核武器的进一步发展和世界两极格局的形成，以美国和苏联为首的两大国际政治、军事集团之间进行了长期的冷战。双方都曾认为，核战争是现代战争的主要样式，导弹、火箭、核武器将决定现代战争的命运。在此期间，随着双方核力量由悬殊到相对均势的发展变化，军事思想也在相应调整。

从20世纪80年代起，随着新科技革命在世界范围内蓬勃兴起，大量新技术用于军事目的，促使军事领域发生了新的变革。尤其是海湾战争所展现的高技术战争的崭新特点，更是对世界各国的军事变革产生了极大的影响。这些都有力地推动了各国现代军事思想的发展。

自20世纪70年代以来，中国军事思想发生了阶段性变化。邓小平从新的历史条件出发，继承和发展了毛泽东军事思想，创立了新时期军队建设思想。1989年以来，江泽民就加强军队质量建设，把思想政治建设摆在首位，实行科技强军战略，提出"政治合格、军事过硬、作风优良、纪律严明、保障有力"这一军队建设总要求。21世纪初，胡锦涛结合我国国防和军队建设的新情况、新问题，对国防和军队建设的特点、规律所做的一系列新的论述，对新世纪新阶段军事斗争准备进行的科学决策与指导，形成了既与江泽民时期国防和军队建设思想一脉相承、又有鲜明特点的马克思主义军事理论的新成果。党的十八大以来，以习近平为核心的党中央从国内外形势发展变化的新特点、新情况出发，提出了一系列关于国防和军队建设的重大战略思想，特别是习近平强军思想的提出，对指导新时代国防和军队建设指明了方向，是新时代实现中国梦、强军梦的行动指南。

三、军事思想的地位和作用

马克思主义认为，精神对物质，社会意识对社会存在，有巨大的反作用。在军事领域，由于战争较之其他的社会现象更难捉摸，更少确实性，所以军事思想对战争实践的反作用就更为突出，甚至对战争和军事实践活动的成败，有着决定性的影响。

（一）军事思想是军事科学体系中的重要组成部分

军事思想是军事学的重要基础，是军事科学发展与完善的促动力之一，在现代军事科学体系中占有重要地位。军事思想研究战争和军事领域的一般规律，研究具体学科，如果不懂得战争和军事领域的一般规律，就不能从总体上把握战争，也就不能真正认识和把握各门具体学科所研究的各自领域的特殊规律。军事思想是先导，是各门具体军事学科的理论基础和根本方向。

（二）军事思想是军事实践的行动指南

军事思想之所以能对军事实践起指导作用，在于它是军事实践的能动反映，是军事实践经验的理论概括，并揭示了军事领域的一般规律。军事思想对军事领域的规律反映得愈深刻、愈正确，它对军事实践的指导作用也就愈大。现代战争更需要科学军事思想的指导。在现代科学技术高度发展的今天，军事思想对战争和军事实践的先导作用，愈来愈显示其极端的重要性。世界各国为了在军事较量中战胜对手，竞相抢占军事理论创新的制高点。

（三）军事思想对其他领域的社会实践具有借鉴意义

战争和军事活动与人类社会及人类生活的方方面面都有着密切的联系。以战争和军事活动为研究对象的军事思想所揭示的军事领域的一般规律，无疑对人类社会中政治、经济、外交等许多重要领域，都有借鉴意义。例如，孙子提出的"知彼知己，百战不殆"的战争指导思想和规律，现已成为政治、经济、外交斗争的座右铭。"战略"概念的运用，早已跨越军事的界限和范围。日本率先把《孙子兵法》运用于现代企业经营，取得了成功。

第二节 外国军事思想

外国军事思想是指除中国以外的世界其他有代表性的国家及其政治家、军事家和思想家关于战争、国防和军队等问题的理想认识。

一、外国军事思想的主要内容

外国军事思想是在人类社会历史发展的长河中产生、形成并成熟起来的，在不同的历史阶段其内容各有不同。

（一）古代外国军事思想

古代是奴隶社会和封建社会生产方式占统治地位的时期，大约从公元前 4000 年到 17 世纪中叶，在军事上，处于冷兵器时代及冷兵器与火器并用的时代。

在古代埃及、两河流域、小亚细亚和伊朗高原等地区，一些杰出统帅的军事实践活动和一些零星的文字记载与实物资料大致可反映奴隶社会前期的军事思想。例如，在作战方向上强调从敌意料不到的方向发动突然进攻等。到公元前 5 世纪后，在马其顿国王亚历山大三世、迦太基统帅汉尼拔等人的军事实践活动和这一时期的代表性军事著作中，反映出古希腊和古罗马军事思想的显著发展。例如，认为战争艺术的基本原则是避免分散兵力和巧妙组织步骑兵协同；作战指挥的要旨在于选择时机、迅速行动和击敌要害等等。

从公元 5 世纪欧洲开始进入封建社会，军事思想得到进一步发展。开始强调以骑兵特别是重甲骑兵和海军舰队的建设为重点，认为突然性是军事艺术的要谛，作战要善用计谋等。15 世纪末至 17 世纪中叶，是资本主义生产方式在欧洲产生的时期，军事上适逢由冷兵器向火器过渡的关键时期。其军事技术变革过程中军事思想得到快速发展。例如，在作战思想上，强调机动灵活、出奇制胜；在火器运用上，首创步兵齐射战术，即前排士兵一阵齐射后随即后退，另一排士兵上前再射等。

> **军事小百科**
>
> **木马计**
>
> 木马计，传说古代希腊人攻打特洛伊城九年不下，后来用了一个计策，把一批勇士藏在一只特制的木马中，伪装撤退，扔下木马。特洛伊人把木马当作战利品运进城内。夜里木马中的勇士出来打开城门，与攻城军队里应外合，占领了特洛伊城。后来用特洛伊木马指潜伏在内部的敌人，把潜伏到敌内部进行破坏和颠覆活动的办法称为木马计。

（二）近代外国军事思想

近代是指资本主义生产方式占统治地位的时期，大约从17世纪中叶到20世纪中叶，军事上处于火器和机械化兵器时期，并开始出现和运用核武器。

1. 战争指导方面

强调在战争中学习战争，把人民群众创造的散兵战术发扬光大；主张不以坚守或夺取城市为主，而是注意捕捉战机，歼灭敌有生力量；善于运用突然袭击、出奇制胜等战术等。

2. 建军思想和作战方面

重视建立强大的预备队，强调在决定性的时间和地点集中优势兵力，以坚决的进攻歼敌有生力量；改进军队的编制，使师和军成为固定编制单位等。

3. 军事理论研究方面

克劳塞维茨在《战争论》中提出"战争无非是政治通过另一种手段的继续"的著名论断；比较系统地探讨了战争的目的，论证了消灭敌人和保存自己的关系。美国战略理论家A.T.马汉提出海权论，主张建立并运用优势的海军和其他海上力量去控制海洋，进而通过夺取制海权控制世界。英国地缘政治学家HJ.麦金德提出"大陆心脏"说和"世界岛"理论，认为谁控制了东欧平原，谁就能控制世界。德国军事理论家阿尔佛雷德·冯·施利芬提出先发制人、突然袭击，为达成战争目的不惜践踏国际法等侵略扩张理论。两次世界大战之间是外国军事思想最活跃最繁荣的时期之一。交战各国在战略指导方面提出并贯彻了闪击战、大纵深作战、战略性的游击战等思想。所有这些都极大地丰富和发展了世界军事思想的内容。第二次世界大战末期，美国研制出原子弹并投入战场使用，标志着核威慑时代的到来。

（三）现代外国军事思想

现代是指从第二次世界大战结束至今，军事上处于核威慑下的机械化战争向信息化战争过渡的时期。这一时期美国、苏联（俄罗斯）、英国、法国、德国、日本、印度等国家及其政治家、军事家、思想家就战争、军事和国防等问题提出一系列看法，基本上反映出从工业时代向信息时代过渡时期的外国军事思想。

1. 战争观

这一时期，由于传统威胁和非传统威胁相互交织，国际国内各种政治力量矛盾错综复杂，导致战争动因更加复杂，战争的可控性增强，战争的目标、规模和手段都更严格地受到政治的控制。

2. 战略思想

在全球化和新军事变革浪潮的冲击下，外国战略思想正在发生重大变化。在战略指导方针上，不仅继续强调实行威慑，而且还针对各种现实威胁强调实施"先发制人"的打击。在战略手段上，普遍强调信息在维护国家安全和未来战争中的作用，一些国家在阐述军事战略思想时经常使用"信息优势""信息威慑""信息垄断""信息攻击""信息防护"等概念。

3. 作战思想

强调信息时代的所有作战行动都是联合作战或联合行动，任何单一军种都难以完成联合作战或联合行动任务，将不再一味谋求大量歼灭敌有生力量和攻城夺地，而是通过直击敌方政治、军事、经济重心，消耗敌战争潜力，震慑和摧毁其战争意志，力求以最小代价换取较大效益。将改变以往线式作战、对称性作战等方式，而是采取"非线式""非对称"作战的方式，实施体系对抗、结构破坏。

4. 建军思想

根据时代的变化和战略调整的需要，外国军队建设思想特别是建军指导思想也在发生革命性变化，主要是强调坚持基于能力、国家统筹、信息主导、系统集成等原则。

二、外国军事思想的基本特点

当代外国军事思想虽然因各国安全环境、战略目标、自身实力等因素不同而有所差异，但有一些共同的基本特点，主要包括：

（一）创新性

外国军事思想的最显著特征是其创新性。这一点在冷战后表现得尤为明显。高新技术特别是信息技术越来越多地用于军事领域，不仅大大提高了作战效能，而且从根本上改变了作战样式、作战方式和战争形态。根据这些变化，美军于20世纪90年代中期创立了"信息作战"理论，提出必须实施军事欺骗、心理战、电子战、计算机网络战、作战保密等作战行动，首先夺取信息优势，为实现全谱优势和战争的最后胜利创造条件。俄军密切跟踪世界军事发展，在借鉴国外信息战、网络中心战等思想的基础上提出了网络破袭战、信息突击战、心理攻防线等新作战概念，用以指导军事转型。日、印等国军队也提出了适应信息时代战争需要的新思想和新理论。

（二）承接性

外国军事思想是外国军队对国防建设和军事行动特点、规律的探索与总结，虽然各时期表现出不同的特征，但它们之间有相互连续性和关联性，是在传统军事思想基础上的继承和发展；表现出明显的承接性。美军是一支具有创新文化、提倡创新思维、鼓励创新行为的军队，冷战后提出了"非正规战争""混合战争""联合作战""快速决定性作战""网络中心战"等众多新作战思想。这些新作战思想既是对信息时代战争新特点、新规律的探索与总结，也是对美军原有思想的继承和发展。冷战后，为实现"争做世界一流大国"的战略目标，印度提出了新的地缘安全观和军事安全观，对巴"惩戒威慑"，对华"劝诫威慑""冷启动"攻势防御等军事思想，既反映了印度在新的历史条件下对国家安全问题的重新认识，也表现出对英国殖民者安全观和本土战略思想的全面继承和发展。

（三）开放性

外国军事思想是所处时代军事活动的客观反映，是对军事现象的规律性总结，但它又是随着客观事物的发展变化而变化，并非一成不变的。因此，外国军事思想在强调军事战略作战条令、训练条令等文件的权威性、指导性和规定性，要求部队遵照执行的同时，也为修改、发展和完善其军事思想预留了空间。例如，美军联合作战概念体系架构已经比较完善，但这并不意味着这个架构一成不变。美军规定，新概念颁布18个月后，要对其进行全面评估，如果评估结果表明该概念符合预想情况，体系结构基本可行，就进一步深化和完善；否则，就放弃该概念或修改不合理的体系结构。

（四）规范性

外国军事思想创新虽然提倡"百花齐放，百家争鸣"，但当一种思想、观点或术语被官方接受后，就以官方文件或法规的形式对其加以规范。例如，20世纪末至21世纪初，美军相继提出了"行动中心战""知识中心战""网络中心战"等前瞻性作战理论。经过一段时间的发展，美军最后确定采用"网络中心战"理论，并且以向国会报告、四年防务审查报告、军队转型路线图等文件形式对其加以规范，使"网络中心战"理论成为全军认可和共同开发的未来作战理论。

三、外国军事思想代表性著作——《战争论》

外国军事思想最为代表性的著作就是被称为西方军事"圣经"的《战争论》。克劳塞维茨（1780—1831），19世纪杰出的资产阶级军事理论家、军事历史学家、普鲁士将军。多次参加对拿破仑的战争，通过总结拿破仑战争胜利和失败的经验教训，以新的眼光来研究战争及其战略战术思想，提出了许多具有独创性的见解。他撰写的《战争论》是军事思想史上第一部自觉运用辩证法阐述战争理论的划时代名著，对近代西方军事思想的形成和发展起了重大作用。全书共3卷，8篇，124章，主要阐述了战争的定义、目的、手段，研讨了军事艺术的划分、战略要素以及战争中的攻防和会战的地位、特点。

（一）战争本质

克劳塞维茨认为，战争反映国家的政治，是国家的工具之一。战争始终是一种具有政治目的的行动，政治是"孕育战争的母体"，政治动因的意义越大，使用暴力的范围就越大。军事观点必须从属于政治。他进而提出了"战争是政治通过另一种手段的继续"的名言。

（二）战争的目的与手段

克劳塞维茨指出，战争就是一种暴力行动，用以强迫敌人屈服于自己的意志。抽象战争的唯一目的是解除敌人的武装，使其无力反抗。而现实战争所追求的目的却是多种多样的，可以是消灭敌人的军队，也可以是占领敌人的地区、入侵或等待敌人进攻。但是，"在战争所能追求的目的中，消灭敌人军队永远是最高目的"。战争的手段只有一种，那就是战斗，"不要听信有不经流血而克敌制胜的将军之说"。

（三）精神因素在战争中的作用

克劳塞维茨把决定战争胜负的要素分为精神、物质、数学、地理、统计五类，并将精神列为首要因素。他指出，"物质的原因和结果不过是刀柄，精神的原因和结果才是贵重的金属，才是真正的利刃"。精神因素贯穿于战争的各个方面，贯穿于战争的始终，在战争的各个时期都起作用。精神因素由统帅的才能、军队的武德、军队的民族精神三方面组成。在这三种因素中,统帅的才能在战争中更为重要。这里,他在充分肯定精神因素作用的同时,在某些方面也存在夸大精神力量的偏颇。

(四)民众武装的作用

克劳塞维茨认为,以农民为主要力量的民众武装,有着正规军无法替代的作用,是一种强大的战略防御手段。民众武装是熊熊烈火,可以烧毁敌人的基地,破坏敌人的生命线,而敌人却难以应对,因为敌人不可能像驱逐一队队士兵那样赶走武装的农民。他提出,在人民战争中,应遵循正规军支持下的游击战原则,由小股部队执行有限的战术进攻,实行战略防御,避免会战。

(五)进攻与防御的辩证关系

克劳塞维茨认为,进攻与防御是相互影响、相互联系的两种作战形式。整体防御中有局部进攻,整体进攻中有局部防御,进攻可转为防御,防御也可转为进攻。他在军事思想史上,第一次提出了"积极防御"和"消极防御"的概念,并且主张实行积极防御,反对消极防御。

★第三节　中国古代军事思想

中国古代军事思想是从先秦至1840年各阶级、民族、政治集团的军事家、军事理论研究者关于战争、军队等一系列军事问题的理性认识。中国的军事思想内容丰富、体系完整、认识深刻、载体多元,对世界其他国家、民族和地区的影响之广泛,远远超过其他古代文明国家。

一、中国古代军事思想的基本内容

中国古代军事思想的内容极为丰富,涉及战争观、战略、治军、谋略、战法、阵法,以及将帅修养和作战指挥等各个方面。现仅就其中的几个主要方面进行简述。

(一)战争观

夏、商、西周时期对战争的看法,强调天命、伸张正义和保民。《尚书》提出以天命作为出兵征战之由,以"恭行天之罚""吊民伐罪""保民"相号召。军事决策和行动要以天象和占卜的吉凶定取舍。春秋时期人们已经认识到"兵者,国之大事,死生之地,存亡之道,不可不察也"。战国时兵学家进一步将战争区分为"义"和"不义",对战争的起源、战争与政治、经济、地理的关系和制胜因素上都有新的认识,指出"天时不如地利,地利不如人和"等,同时进一步提出军事改革的要求,主张废除世卿世禄制,奖励军功,尤重耕战,强调富国强兵,这些都对社会进步起到了积极的作用。

(二)治军思想

夏、商、西周时期在治军方面强调以严明军纪来约束军队,提出齐众以律的治军理论。春秋战国时期形成了系统的建军思想,突出反映在将、法、教方面。《孙子》提出将帅必须具备"智、信、仁、勇、严"的条件,对军队组织编制、将官职责、军备物资、费用等也有严格要求,奠定了中国古代建军理论的基础。其后战国军事理论家进一步丰富了它的理论内容。在军事法制方面,出现了许多关于作战、内务、纪律等法规性的文献,体现了以法治军、以治为胜的思想特点。同时强调加强训练,提出"用兵之法,教戒为先"(《吴子·治兵》);以兵权高度集中为统兵建军宗旨。宋朝统治者鉴于唐末五代藩镇拥兵割据,大权旁落的历史教训,力主兵权高度集中。明、清两朝统治者也将集权原则奉为圭臬。

(三)作战指导思想

夏、商、西周时期以重礼信、讲仁义为主导思想,战争实践中也已注意到以谋取胜,在作战指挥方面,已注意到兵力配属及阵法的应用。春秋战国时期的战争指导者,已能成功地制定和运用军事与政治谋略,提出了诸如"尊王攘夷""兼弱攻昧"等有价值的作战指导思想,产生并发展了骑战、城战及不同地理、气象条件下作战的原则。汉唐以后作战指导的思想更为成熟,《唐太宗李卫公问对》联系战争实践,对虚实、奇正、攻守等范畴的阐述更为系统、辩证,强调"致人而不致于人"的兵法精髓,指出"攻是守之机""守是攻之策"。火器的广泛应用促进了作战指导思想的发展。《车营叩答合编》专论火器部队的作战特点和方法,适应用车在用火,用火在用叠阵的原则,使车、骑、步之间交相更迭、配合,保证了火力的发扬。

(四)战略思想

在几次统一中国的战争中,一些杰出的政治家、军事家表现出高超的战略思想和决策能力。楚汉战争中，汉对经营基地、收揽民心、分化对方、争取盟国以及正面坚持、敌后袭扰、两翼牵制等战略运用甚为成功。东汉统一战争中，采取西和东攻，先关东，后陇蜀，由近及远，各个击破的战略。三国两晋南北朝时，在多极斗争中，联盟战思想的运用生动、突出。隋唐时期在战略方向选择、军事政治手段的运用以及因势、虚实、急缓的应用方面都取得突出的成就。这些战略思想和决策体现了从实际出发、驾驭全局、远谋多算、灵活用兵的共同特征。在战略进攻上，北方各民族将帅普遍注意发挥骑兵机动能力强、善于野战的特长，主张进攻速决。在战略防御上，南宋提出了依靠江河，藩篱三层，扼守要点的点、线、面结合的设防思想。明代逐步形成以长城为骨干，因险守塞，择点分片（建立九镇），宽正面大纵深，有重点和层次，精兵机动和城守相结合的边防思想。针对倭寇自海上入侵的新情况，《筹海图编》一书提出要海陆结合，分区、多层、要点设防，强调实行哨于远洋，击于近海，巩固海岸，严守要城的海防思想。所有这些，都进一步丰富了中国古代的战略思想。

军事小百科

萨尔浒之战

萨尔浒之战是发生在明万历四十七年（1619年），明朝和后金之间的战争，是努尔哈赤在萨尔浒（今辽宁抚顺东大伙房水库附近）以及萨尔浒附近地区大败明军四路进攻的反击战，是明朝与后金辽东战争中的战略决战。萨尔浒之战以明朝攻围后金，后金防卫反击的形式发生，在这次战争中，后金军在作战指挥上运用集中兵力、各个击破的方针，5天之内连破三路明军，歼灭明军约5万人，缴获大量军用物资，此战以明军大败而告终。萨尔浒之战是明清战争史上一个重要的转折点，是明朝兴亡史上一次具有决定性意义的战争，是以少胜多的典型战例。

二、中国古代军事思想的基本特点

（一）慎战贵和

从军事伦理的角度看，中国古代军事思想以崇道尚义、贵和慎战为特色。《太白阴经》认为"先王之道，以和为贵，贵和重人，不尚战也"。中国民间也早就流传着"自古知兵非好战"的格言。它们皆突出而贴切地反映了中国古代兵家研究和认识战争的基本出发点和立足点。基于"安国全军"的根本宗旨，历代兵家把"不战而屈人之兵"作为用兵的最高境界，在谋划和指导战争时，致力于寻求能够避免或减少使用武力的方式。

（二）辩证朴素

从军事思维方式的角度看，中国古代军事思想以朴素的唯物主义、早期的辩证思维和原始的系统观念为特色。中国古代兵家很早就走出了把战争神秘化的蒙昧状态，形成了朴素的唯物主义观点，指出战争活动的胜负是建立在一定的物质条件的基础之上的，战争规律是可以认识的。在考察战争时，历代兵家很早就认识到战争中矛盾的普遍性以及矛盾双方向对立面转化的可能性，提出一系列军事运动中对立统一的范畴，如攻守、进退、虚实、奇正等，其独到的分析蕴涵着丰富的军事辩证思想。

军事小百科

赤壁之战

赤壁之战是东汉末年，孙权、刘备联军于建安十三年（208年）在长江赤壁一带大破曹操大军的战役。这是中国历史上以少胜多、以弱胜强的著名战役之一，是三国时期"三大战役"中最为著名的一场，也是中国历史上第一次在长江流域进行的大规模江河作战，标志着中国军事政治中心不再限于黄河流域。孙刘联军最后以火攻大破曹军，曹操北回，孙、刘各自夺取荆州的一部分，奠定了三国鼎立的基础。

（三）善谋重略

谋略之学是中国古代军事思想发展的主流和核心，是其最精彩、最能体现智慧的重要组成部分。《孙子》的"诡道十二法"、《六韬》中的"文伐"之法、汉朝的《三略》、宋代的《百战奇法》等，都是为后人津津乐道的谈谋用略之作。这一倾向也渗透到中华民族文化心理的深层，《三国演义》《水浒传》等古典军事文学作品塑造的诸葛亮、吴用等智慧过人、神机妙算的谋士形象，便凭借其指挥的大量著名军事活动而家喻户晓，童叟皆知。

三、中国古代军事思想代表性著作——《孙子兵法》

中国是兵学发达最早的国家之一，兵书源远流长，著作汗牛充栋，其中最有代表性的是春秋末期孙武所著的被后世称为"世界第一兵书"——《孙子兵法》。孙武（约活动于公元前6世纪末～前5世纪初），字长卿，齐国乐安人，春秋末期吴国将军，中国古代军事学的集大成者，被后人尊称为"兵圣",所著《孙子兵法》被世界公认现存最早的"兵学圣典"。《孙子兵法》,现存 13 篇,内容包含了军事学的基础理论以及战略战术等诸多问题,其军事思想建立在朴素的唯物论和辩证法基础之上。

图 3-5 孙武

(一)战争观

孙武十分重视战争问题的研究,他指出:"兵者,国之大事,死生之地,存亡之道,不可不察也。"(《孙子·计篇》)认为"亡国不可以复存,死者不可以复生",因而主张对待战争必须"慎之""警之",提倡"安国全军之道"(《孙子·火攻篇》)。"慎",是不要轻易发动战争,告诫"主不可以怒而兴师,将不可以愠而致战";"警",则是要加强战备,增强实力,要求"无恃其不来,恃吾有以待也;无恃其不攻,恃吾有所不可攻也"(《孙子·九变》)。为了探求预知胜负的途径,孙武正确地阐述了战争胜利所必须具备的主客观因素及相互的辩证关系。他将客观因素概括为道、天、地、将、法"五事",居"五事"之首的"道"既指修明政治("修道而保法"),也包括争取民心("上下同欲")和振奋士气("并气积力")。他高度重视政治在战争中的重要作用,触及政治与军事的主从关系。吴楚之战时,孙武以"民劳,未可,且待之"(《史记·吴太伯世家》)劝阻吴王暂缓攻楚,进一步表明他意识到了爱惜民力、争取民心的重要意义。

(二)战略思想

孙武认为,"百战百胜,非善之善者也;不战而屈人之兵,善之善者也"(《孙子·谋攻》),从而提出了不以直接交战的方式达成政治目的的"全胜"战略。他称不战而胜为"全",战而胜之为"破"。主张对于国、军、旅、卒、伍,"全"为上,"破"次之。为达全胜目的,在战略谋划上处于优势,"胜兵若以镒称铢";在实行方式上则是"上兵伐谋、其次伐交、其次伐兵,其下攻城;攻城之法,为不得已"(《孙子·谋攻》)。总之,要求达到"屈人之兵而非战也,拔人之城而非攻也,毁人之国而非久也,必以全争于天下,故兵不顿而利可全,此谋攻之法也。"(《孙子·谋攻》)。

(三)作战指导思想

在作战指导方面,孙武主张积极进攻。在实施战略进攻时,要秘密决策,"历于廊庙之上,以诛其事";隐蔽准备,"形人而我无形"(《孙子·虚实》);打敌要害,"先其所爱,微与之期";大胆深入,"凡为客之道,深入则专";速战速决,"兵贵胜,不贵久"(《孙子·作战》)。在进攻作战中，孙武主张速战速决，反对旷日持久，是基于对当时国家经济承受能力和后勤供应的分析做出的抉择。因为"相守数年"的战争，"内外骚动，怠于道路，不得操事者，七十万家"(《孙子·用间》)，"久暴师则国用不足"，一旦"诸侯乘其弊而起，虽有智者，不能善其后矣"(《孙子·作战》)。又在后方供应方面，"食敌一钟，当吾二十钟"，因而要求"因粮于敌"。作战指挥，强调争取主动权，要明利害，识众寡，辨分合，察虚实，善专分。战术运用，要视形惑敌，奇正多变，因敌制胜。

（四）治军思想

孙武的治军思想是"令之以文，齐之以武"(《孙子·行军》)。"文"指厚赏、爱卒，"武"指重罚、严刑，二者相辅相成，"爱而不能令，厚而不能使，乱而不能治，譬若骄子，不可用也"，"卒未亲附而罚之，则不服，不服则难用也。卒已亲附而罚不行，则不可用也"。对士卒平时要严格训练，严明纪律，战时才能步调一致，服从命令。因此，他主张"令素行以教其民"。他还注重将帅的选拔和任用，提出了"智、信、仁、勇、严"五条德才标准。

孙武的军事思想揭示了军事领域中的一些普遍性的规律，对指导军事实践产生了重要作用。在现代战争中，他所揭示的某些规律仍有其生命力，其中很多原则还被移用到商业经营、体育竞赛等社会生活领域，受到世界上许多国家政治家、军事家、学者的重视，是世界公认居于鼻祖地位的优秀军事理论遗产。

军事小百科

柏举之战

柏举之战是周敬王十四年（公元前506年），吴王阖闾亲自挂帅，以孙武、伍子胥为大将，倾全国3万水陆之师深入楚境，在柏举（今湖北麻城，一说湖北汉川）击败楚军20万主力、继而占领楚都的远程进攻战。在战争中，吴军灵活机动，因敌用兵，以迂回奔袭、后退疲敌、寻机决战、深远追击的战法而取胜。此战是中国古代军事史上以少胜多、快速取胜的成功战例。柏举之战是春秋末期一次规模宏大、影响深远的大战。吴国在经过6年的"疲楚"战略后，一举战胜多年的强敌楚国，给长期称雄的楚国以空前的创伤，从而使吴国声威大震，为吴国进一步争霸中原奠定了坚实的基础。

★ 第四节　当代中国军事思想

当代中国军事思想，是中国共产党在创建人民军队、领导武装斗争和社会主义现代化建设的长期实践中，坚持把马克思主义军事思想同中国革命和军队建设实际相结合，创造出的具有中国特色的军事理论体系。包括毛泽东军事思想、邓小平新时期军队建设思想、江泽民国防和军队建设思想、胡锦涛国防和军队建设思想、习近平强军思想等。

一、毛泽东军事思想

扫一扫：毛泽东用兵如神

毛泽东是伟大的马克思主义者，是伟大的无产阶级革命家、战略家、军事家和著名的军事理论家，是中国共产党、中国人民解放军和中华人民共和国的主要缔造者和领导者，是近代以来中国伟大的爱国者和民族英雄。在长期的革命战争实践中，毛泽东运用他的聪明才智，凝聚了全党全军的集体智慧，创造性地形成了毛泽东军事思想。

（一）毛泽东军事思想的科学含义

毛泽东军事思想，是毛泽东关于中国革命战争、人民军队和国防建设及军事领域一般规律问题的科学理论体系，是毛泽东思想的重要组成部分。它是马列主义普遍原理与中国革命战争实践和国防建设实际相结合的产物，是中国共产党领导中国人民及其军队长期军事实践经验的科学总结和集体智慧的结晶。同时汲取了古今中外军事思想的精华，是中国共产党领导中国革命战争、军队建设、国防建设和反侵略战争的指导思想。

（二）毛泽东军事思想的主要内容

毛泽东军事思想博大精深，是一个完整的科学体系，内容非常丰富。主要包括无产阶级的战争观和方法论、人民军队建设理论、人民战争思想、人民战争的战略战术和国防建设理论五个部分。

1. 无产阶级的战争观和方法论

毛泽东在领导中国革命战争的过程中，为了教育全党全军自觉投入革命战争，根据马克思主义的战争观，结合战争的历史和现状，系统地论述了中国共产党人对战争的根本看法和观点，从而构成了毛泽东军事思想科学体系的一个组成部分，成为中国共产党制定政治、军事战略的重要理论依据。其主要观点为：战争是阶级社会的产物，是政治的继续。毛泽东指出："战争——从有私有财产和有阶级以来就开始了的，用以解决阶级和阶级、民族和民族、国家和国家、政治集团和政治集团之间，在一定发展阶段上的矛盾的一种最高的斗争形式"，人类社会只有进步到消灭阶级、消灭国家的时候，战争才能从根本上消除。战争依政治性质来分，只有正义战争和非正义战争两类。正义战争符合人民群众的根本利益，是历史发展的动力。非正义战争违背人民群众的根本利益，是历史发展的阻力。共产党人要拥护正义战争，反对非正义战争，用革命战争消灭反革命战争。霸权主义和强权政治是威胁世界和平的主要根源，是当今世界不安宁的一个主要原因。共产党人研究战争的目的是为了消灭战争，实现人类的永久和平。

战争是有规律的，不仅要研究一般规律，还要研究特殊规律。毛泽东在总结土地革命战争的经验时指出："战争的规律——这是任何指导战争的人不能不研究和不能不解决的问题。不知道战争规律，就不知道如何指导战争，就不能打胜仗"；熟识敌我双方各方面的情况，从中找出行动的规律，并应用这些规律于自己的行动，是研究和指导战争的根本方法。一切战争指导规律都是发展的，研究和指导战争要从实际出发，着眼其特点和发展，客观全面地了解和掌握敌我双方的情况，使主观指导符合客观实际；要有全局观念，善于关照全局，把握关节；要在客观物质的基础上，充分发挥主观能动性去争取战争的胜利等。

2. 人民军队建设理论

以毛泽东为代表的老一辈无产阶级革命家、军事家，把创建人民军队作为武装斗争的首要问题和实现革命理想的最主要手段，强调没有一个人民的军队便没有人民的一切。在革命战争年代，主要的斗争形式是战争，而主要的组织形式是军队。为了把以农民为主要成分的军队建设成为一支无产阶级性质的新型人民军队，毛泽东在长期的战争实践中，总结和提出了一整套建军的理论和原则。

（1）人民军队的性质

毛泽东从"军队是国家政权的主要成分""是阶级压迫的工具"的原理出发，提出了"枪杆子里面出政权"和"党指挥枪"的思想，指明我军是中国共产党领导下的执行无产阶级革命政治任务的武装集团。坚持中国共产党对军队的绝对领导，是确保人民军队的无产阶级性质的根本原则。

（2）人民军队的宗旨

人民军队是为无产阶级利益服务的工具。由此决定了这支军队的无产阶级性质和人民性的统一。毛泽东指出："紧紧地和中国人民站在一起，全心全意地为中国人民服务，就是这个军队的唯一宗旨。"全心全意为人民服务的宗旨，是我军建军原则的核心，是我军区别于其他任何军队的本质特征。我军在革命战争和保卫祖国的长期斗争中，始终遵循这一宗旨，从而赢得了人民群众的拥护和爱戴。

（3）人民军队政治工作的三大原则

开展强有力的政治工作，是毛泽东建军思想的一个突出特点。政治工作是坚持我军无产阶级性质、提高部队战斗力、促进军队建设的可靠保证。我军的政治工作，随着革命战争的发展而逐步完善，形成了官兵一致、军民一致和瓦解敌军的三大原则。官兵一致的原则，体现了我军内部上下级之间政治上平等的关系；军民一致的原则，是人民军队本色的体现；瓦解敌军的原则，是促使敌人从内部瓦解的有效武器，是加速敌人崩溃的战略性的原则。

（4）人民军队的三大任务

毛泽东在《古田会议决议》中指出："红军打仗，不是单纯地为了打仗而打仗，而是为了宣传群众、组织群众、武装群众，并帮助群众建设革命政权才去打仗的，离了对群众的宣传、组织、武装和建设革命政权等目标，就失去了打仗的意义，也就失去了红军存在的意义。"抗日战争时期，为了战胜日伪军的野蛮进攻和国民党顽固派的包围封锁所造成的财政和经济困难，他发出"自己动手、丰衣足食"的号召，要求"这支军队也要当两支用，一方面打仗，一方面生产。"从而明确了我军战斗队、工作队和生产队的三大任务。

（5）人民军队的三大民主

军队内部实行民主制度，是毛泽东在建军初期就提出来的原则。随着我军内部民主运动的开展，毛泽东把它概括为"政治民主""经济民主"和"军事民主"三大民主原则。所谓政治民主，就是士兵群众或下级有权批评和评议长官和上级，对其进行政治监督；所谓经济民主，就是士兵参与经济生活管理，公开账目，士兵选出代表参加经济管理机构，防止经济腐败行为；所谓军事民主，就是在战时通过火线开大小诸葛亮会，广泛发动士兵群众参与战斗方法的研究。在平时则体现在官兵互教、兵兵互教方面。通过军队内部的三大民主原则制度，调动了广大官兵的责任心和积极性，促进了官兵团结、上下团结，增强军队的集中统一。"三大民主"是新型人民军队的生动体现。

（6）人民军队的纪律建设

毛泽东在倡导我军民主制度的同时，十分重视军队的纪律建设。他首先指出了纪律的意义在于"执行路线的保证"。毛泽东在红军初创时，亲自制定了"三大纪律、六项注意"，后来又完善为"三大纪律、八项注意"。之后，不断完善了一系列的条令、条例及法规，成为维护我军自觉的纪律、达到步调一致的准绳。并在《中国人民解放军宣言》中要求全体指挥员、战斗员"必须提高纪律性，坚决执行命令，执行政策，执行三大纪律八项注意，军民一致，军政一致，官兵一致，全军一致，不允许任何破坏纪律的现象存在"。自觉执行纪律，全军将士，上上下下，概莫能外，并强调长官要成为下属的模范。自觉的纪律保证了我军在政治上、思想上、行动上的一致，成为任何力量都摧不垮、打不烂的坚强军队。

3. 人民战争思想

扫一扫：
毛泽东人民战争思想

毛泽东人民战争思想是毛泽东军事思想的核心，是把党的群众路线运用于革命战争的伟大创举，是人民战争战略战术的基础，是我军以劣势装备战胜优势装备敌人的基本战略，也是无产阶级和革命人民进行革命战争的强大思想武器，是克敌制胜的法宝。在军事装备和指挥技术进入现代化的今天，被侵略国家和受压迫民族要取得战争的最后胜利，仍需要依赖人民战争。

人民战争是指广大人民群众为了反抗阶级压迫或抵御外敌入侵而组织和武装起来进行的战争。它有两个基本特征：一是战争的正义性。战争的正义性是实行人民战争的首要条件和政治基础。二是战争的群众性，是指战争必须有广大人民群众支持和参加，这是人民战争的一个重要标志。

人民战争思想的基本原理：革命战争是群众的战争；战争伟力之深厚的根源存在于民众之中；兵民是胜利之本；决定战争胜负的因素是人不是物。

实行人民战争的主要原则：坚持中国共产党对战争的领导；进行广泛深入的政治动员，建立最广泛的革命战争的统一战线，广泛深入地动员人民群众；建立巩固的革命根据地；以人民军队为骨干，实行野战军与地方军相结合，正规军与民兵、游击队相结合，武装群众与非武装群众相结合；以武装斗争为主，各条战线、各种斗争形式相配合；实行灵活机动的战略战术等。

4. 人民战争的战略战术

人民战争的战略战术，体现了毛泽东人民战争思想的战略指导原则和作战方法，是毛泽东高超的战争指导艺术的总结，是毛泽东军事思想的重要组成部分。其内容十分丰富：

（1）战略上藐视敌人，战术上重视敌人

1936年12月，毛泽东在《中国革命战争的战略问题》一文中提出："我们的战略是'以一当十'，我们的战术是'以十当一'，这是我们制胜敌人的根本法则之一。"1946年8月，毛泽东在同美国记者安娜·路易斯·斯特朗的谈话中提出"一切反动派都是纸老虎"的著名论断。1957年，他明确指出："为了同敌人作斗争，我们在一个长时间内形成了一个概念,就是说,在战略上我们要藐视一切敌人,在战术上我们要重视一切敌人。"1958年,他又进一步指出帝国主义和反动派都具有双重性,它们是真老虎又是纸老虎。毛泽东关于帝国主义和一切反动派既是"纸老虎",又是"真老虎"的论断,奠定了人民战争战略战术的基本原则。在战略上,敌人是纸老虎,我们要藐视它,树立敢打必胜的信心。在战术上,敌人又是真老虎,我们要重视它,讲究斗争策略和斗争艺术。

(2)保存自己、消灭敌人

保存自己、消灭敌人是军事行动的直接目的。毛泽东指出:"保存自己、消灭敌人这个战争的目的,就是战争的本质,就是一切战争行动的根据。"进攻,是为了直接消灭敌人,同时也是为了保存自己。防御,是为了保护自己,同时也是辅助进攻或准备转入反攻的一种手段。保存自己、消灭敌人是兵家公认的原则,然而真正加以辩证地认识和运用,并不多见。毛泽东用辩证唯物主义的方法,指明了两者之间的关系是相辅相成的,是对立统一的。

(3)实行积极防御,反对消极防御

毛泽东在讲到攻防辩证统一这一积极防御战略思想的基本精神时说:"积极防御,又叫攻势防御,又叫决战防御。消极防御,又叫专守防御,又叫单纯防御。消极防御实际上是假防御,只有积极防御才是真防御,才是为了反攻和进攻的防御。"这一论述深刻揭示了积极防御的实质和消极防御的要害,指明了积极防御的目的和必然进程。

积极防御战略思想的主要内容:①做好充分和必要的战争准备;②实行后发制人;③进攻和防御紧密结合;④正确运用各种作战形式;⑤适时实行军事战略转变。

人民战争的战略战术的内容还包括:歼灭战是基本的作战方针;集中优势兵力,各个歼灭敌人;运动战、阵地战、游击战紧密结合,并适时转换;慎重初战,实行有利决战,避免不利决战;不打无准备之仗,不打无把握之仗;战争指导上的主动性、灵活性和计划性等。

军事小百科

毛泽东一生中的"得意之笔"——四渡赤水

四渡赤水,是土地革命战争时期中央红军长征中在川黔滇的赤水河流域同国民党军进行的运动战战役。1935年1月遵义会议后,中央红军3万余人,在以毛泽东为代表的中共中央、中央军委指挥下,准备北渡长江,到川西北地区建立根据地。1月29日西渡赤水河,挺进至云南扎西(今威信)地区。蒋介石急忙增强长江防御。为争取主动,中央红军突然回师东进,于2月18日至21日二渡赤水

> 河，再次攻占遵义，取得了长征后第一个大胜利。为迷惑敌人，3月16日中央红军三渡赤水河，进入四川古蔺地区。蒋介石急忙调兵西追。中央红军又突然折回向东，于3月21日晚四渡赤水，南涉乌江，摆脱了几十万国民党军的围追堵截。这是中国工农红军战争史上以少胜多、变被动为主动的光辉战例。毛泽东曾说，四渡赤水是他一生中的"得意之笔"。而美国作家哈里森·索尔兹伯里在所著的《长征——前所未闻的故事》中写道：长征是独一无二的，长征是无与伦比的。而四渡赤水又是"长征史上最光彩神奇的篇章"。

5. 国防建设理论

中华人民共和国成立前，在毛泽东军事思想的形成过程中，就有关于国防建设的论述。新中国成立后，毛泽东从实际出发，适应新形势新任务的需要，总结国防建设和国防斗争的实践经验，创立了国防建设理论。

（1）建设现代化、正规化的国防军，抵御外敌入侵

毛泽东指出："我们将不但有一个强大的陆军，而且有一个强大的空军和一个强大的海军。"在他的亲自主持下，颁布了新中国第一部兵役法、各种条令、条例，开办了各类军事院校，加强了部队训练，改善了武装设备，使我军实现了由步兵为主的单一陆军向诸军兵种合成军队的转变。

（2）确立了向国防科技尖端发展的战略

毛泽东指出："(我们)不但要有更多的飞机和大炮，而且还要有原子弹。在今天的世界上，我们要不受人家欺负，就不能没有这个东西。"在这一战略思想的指导下，在自力更生的基础上，实行常规武器与尖端武器相结合发展，并制定优先发展尖端战略武器的方针，研制、生产出了原子弹、氢弹、卫星和导弹等一系列的新式武器和装备。

（3）积极防御的战略思想有了新的发展

新中国成立后，毛泽东根据国家安全利益的需要，从国际形势和我国的具体情况出发，确立了我国国防建设的目的和方针。1956年，毛泽东批准了中央军委提出的阵地战结合运动战为未来反侵略战争的主要作战形式的积极防御的战略方针。以后，毛泽东又相继提出"大办民兵师""全民皆兵""深挖洞、广积粮、不称霸"的战略思想。

二、邓小平新时期军队建设思想

邓小平在领导全党和全国人民开辟社会主义改革开放和现代化建设事业的伟大进程中，不仅创立了建设有中国特色社会主义的理论，而且在领导新时期我军建设的伟大实践

中，运用马克思主义军事理论、毛泽东军事思想的基本原理，创造性地回答了新形势下军队建设、国防建设亟待解决的一系列重要理论和现实问题，提出了一整套系统的、具有中国特色的、符合新时期军队建设的邓小平新时期军队建设思想。

（一）邓小平新时期军队建设思想的科学含义

邓小平新时期军队建设思想，是邓小平在中国社会主义建设的新的历史时期，关于战争、中国国防和军队建设等问题的系统理论，是邓小平理论的重要组成部分，是对毛泽东军事思想的继承和发展，是中国国防和军队现代化的指导思想。

（二）邓小平新时期军队建设思想的基本内容

扫一扫：
邓小平新时期军队建设思想

邓小平新时期军队建设思想是一个完整的科学体系，其内容十分丰富，涵盖了新时期国防和军队建设的一系列根本性的问题。

1. 对战争与和平的新认识

邓小平科学认识世界与和平形势的发展变化，从理论上科学回答了当代战争根源、未来的战争形态、解决国际争端的新方式、建立世界新秩序、实现持久和平等一系列重大问题，形成了对世界战争与和平的新认识。这是邓小平新时期军队建设思想的理论基石，也是邓小平正确认识和解决新时期国防和军队现代化建设所有问题的逻辑起点。主要内容有：①战争从不可避免到可以避免；②和平与发展是当今世界的两大主题；③霸权主义是当代战争的主要根源；④用和平方式解决国际争端；⑤发展制约战争的和平力量；⑥建立国际新秩序实现持久和平；⑦未来战争是现代条件下的局部战争。

2. 军队和国防建设指导思想的战略性转变

邓小平关于中国社会主义现代化建设新时期国防和军队建设的重要战略思想。其基本内涵是根据对战争与和平问题的新判断，适应中国共产党和国家工作重点转移的要求，把军队和国防建设由准备"早打、大打、打核战争"转到和平时期的建设轨道上来，摆脱多年来在临战状态下进行应急式建设的被动局面，在服从和服务于国家经济建设的前提下，有计划有步骤地进行现代化建设。主要包括：①实行战略性转变的基本依据是对当代战争与和平问题的新判断；②要正确处理国防建设与经济建设的关系，使军队建设服从和服务于国家经济建设大局；③要正确处理军队与国防的应急性建设同长远性、根本性建设的关系，坚持军队和国防建设走以现代化为中心的发展道路。

3. 建设一支强大的现代化正规化的革命军队

邓小平关于新时期我军建设总目标和总任务的思想观点，是对人民军队建设和发展历史经验的深刻总结，是对毛泽东人民军队建设思想的继承和发展。主要包括：①始终不渝地坚持人民军队的性质。邓小平明确指出，军队要始终不渝地坚持自己的性质。这个性质是，党的军队，人民的军队，社会主义国家的军队。②军队建设必须以现代化为中心。邓小平强调指出，军队建设的"指导思想要明确，就是要解决现代化问题"。③军队建设必须提高正规化水平。强调建设现代化军队不仅要有现代化的武器装备，还要有与之相适应的正规化制度；必须加强法制建设，做到依法治军、从严治军；通过科学管理提高正规化建设水平。革命化、现代化、正规化建设相互联系、相互促进，是一个整体。

4. 关于走有中国特色的精兵之路

扫一扫：百万大裁军

在指导新时期军队建设的过程中，邓小平明确指出了注重质量建设走中国特色的精兵之路。主要内容：①军队要加强质量建设：要坚持质量第一，坚持精兵、利器、合成和高效的原则，走以现代化为中心的质量建军之路；②把教育训练提高到战略地位：教育训练事关军队建设和战争全局，是和平时期提高军队战斗力的主要途径；把教育训练提高到战略地位要作为一个制度问题加以解决；把军队办成一个大学校，加强合成训练，干部训练是重点；③军队建设要贯彻改革精神：军队改革具备了外部条件，要进行适当改革，要与国家改革相适应，要把干部队伍年轻化作为一个中心目标，必须着眼于提高战斗力。

5. 坚持现代条件下的人民战争

坚持现代条件下的人民战争是邓小平新时期军事战略思想的重要内容。主要包括：①现代条件下，人民战争仍是中国的力量和优势所在。一是战争的正义性未变；二是战争制胜因素未变；三是人民战争的优势未变。②要适应新情况，把人民战争同现代条件和现代战争的特点结合起来。一是增强综合国力是进行现代条件下人民战争的客观基础；二是人民战争不是不要军队现代化；三是武装力量体制要适应现代条件下人民战争的要求；四是要研究现代条件下人民战争的特点和规律，解决人民战争在现代条件下的理论指导和作战指挥问题。

三、江泽民国防和军队建设思想

中国共产党十三届四中全会以后，以江泽民为核心的中国共产党第三代领导集体，在领导国防和军队现代化建设的丰富实践中，继承和发展毛泽东军事思想和邓小平新时期军队建设思想，坚持解放思想、实事求是、与时俱进，集中全党全军智慧，创立了富有时代特色的江泽民国防和军队建设思想。

（一）江泽民国防和军队建设思想的科学含义

江泽民国防和军队建设思想，科学总结了15年中国国防和军队建设实践的新鲜经验，深刻揭示了新形势下国防和军队建设发展的基本规律，是对毛泽东军事思想、邓小平新时期军队建设思想的继承和发展，是"三个代表"重要思想在军事领域的重要理论体现，是新世纪推进国防和军队现代化建设的根本依据和科学指南。

（二）江泽民国防和军队建设思想的主要内容

江泽民围绕着解决"打得赢、不变质"两个历史性课题，提出了一系列新思想、新观点、新论断，进而形成了一个新的理论体系。

1. 解决好打得赢、不变质两个历史性课题

江泽民立足新的历史条件，把解决好打得赢、不变质两个历史性课题郑重提到全军面前。他指出："对于新时期的军队建设，有两个最重要的问题是我始终加以关注的：一个是在复杂的国际环境中，我军能不能跟上世界军事发展的趋势，打赢可能发生的高技术战争；一个是在社会主义市场经济和对外开放条件下，我军能不能保持人民军队性质、本色和作风，始终成为党绝对领导下的革命军队。"两个历史性课题的提出，是对新时期我军建设主要矛盾和任务的深刻洞察和准确把握，抓住了军队建设带根本性和全局性的问题。坚持打得赢、不变质相统一，反映了人民军队建设的本质要求。解决好打得赢、不变质两个历史性课题，必须不断探索新形势下治军的特点和规律，军事斗争准备的特点和规律，国防建设的特点和规律。

2. 确立新时期积极防御的军事战略方针

1993年，以江泽民为核心的党中央、中央军委确立了新时期军事战略方针，使军事战略方针实行了又一次重大转变和调整，为国防和军队建设提供了科学的依据，指明了发展方向。①我们的军事战略方针一直是积极防御；②打赢现代技术特别是高技术条件下的局部战争；③军事斗争准备是军队现代化建设的龙头；④切实提高我军的威慑能力和实战能力；⑤发展高技术条件下的人民战争。

3. 按照"五句话"总要求全面推进军队建设

江泽民提出的"政治合格、军事过硬、作风优良、纪律严明、保障有力"的"五句话"

总要求，把邓小平提出的军队建设总目标加以具体化，使军队建设的各个方面相互配合、协调发展，实现军队建设的整体推进和全面进步，指明了全面加强军队建设的具体目标和任务。政治合格是人民军队革命化建设的基本要求；军事过硬是检验我军战斗力的根本尺度；作风优良是政治合格、军事过硬的重要保证；纪律严明是增强军队战斗力和凝聚力的必要条件；保障有力是对军队后勤建设的综合要求。"五句话"总要求是一个有机的整体，其中的每句话都确立了军队各方面工作的具体奋斗目标，具有特定的内涵。

4. 积极推进中国特色军事变革

积极推进中国特色军事变革，是江泽民国防和军队建设思想的核心内容之一。①从战略高度关注和应对世界新军事变革；②体制编制改革的重点是解决结构问题；③加快政策制度的调整完善；④创新发展中国特色军事理论；⑤积极稳妥地推进军事变革。

5. 党的绝对领导是我军永远不变的军魂

江泽民把党对军队的绝对领导这一思想提到军魂的高度加以强调，就是把"党对军队的绝对领导"看成是立军之本、建军之魂。①坚持人民军队的性质和宗旨；②把思想政治建设摆在军队各项建设的首位；③用党的创新理论成果武装全军；④改进新形势下军队的思想政治工作；⑤弘扬人民军队的优良传统和作风。

四、胡锦涛国防和军队建设思想

中国共产党的第十六次代表大会以后，在世情、国情、党情发生深刻变化的背景下，胡锦涛在坚持马克思主义军事理论，特别是在继承和运用毛泽东军事思想、邓小平新时期军队建设思想、江泽民国防和军队建设思想的基础上，创造性地总结和提出了一系列关于国防和军队建设的新理论，形成了胡锦涛国防和军队建设思想，是推进新世纪新阶段我国国防和军队建设科学发展的理论武器。

（一）胡锦涛国防和军队建设思想的科学含义

胡锦涛在领导国防和军队建设的实践中，坚持运用科学发展观蕴含的马克思主义立场、观点、方法，紧紧围绕新的历史条件下军队履行什么样的历史使命、怎样履行使命，实现什么样的发展、怎样发展，未来打什么仗、怎样打仗等重大问题深入思考探索，提出了一系列紧密联系、相互贯通的新思想新观点新论断，形成了胡锦涛国防和军队建设思想。胡锦涛国防和军队建设思想，是科学发展观的重要组成部分，是科学发展观在军事领域的运用和展开，是新形势下推进国防和军队建设的科学指南。

（二）胡锦涛国防和军队建设思想的主要内容

胡锦涛国防和军队建设思想，是一个完整、科学、开放的军事思想体系。

1. 全面履行新世纪新阶段军队历史使命

军队的历史使命历来同党的历史任务紧密相连，同国家安全和发展利益紧密相关。胡锦涛在2004年12月军队的一次重要会议上明确提出了"三个提供、一个发挥"的历史使命，是对我军在新世纪新阶段担当的基本任务的总概括，赋予我军历史使命以新的时代内涵。①为党巩固执政地位提供重要的力量保证；②为维护国家发展的重要战略机遇期提供坚强的安全保障；③为维护国家利益提供有力的战略支撑；④为维护世界和平与促进共同发展发挥重要作用。

2. 把加快转变战斗力生成模式作为国防和军队发展的主线

加快转变战斗力生成模式是推动国防和军队建设科学发展的必由之路。胡锦涛提出，要依靠科技进步加快转变战斗力生成模式，充分发挥科技进步和创新对战斗力提高的巨大推动作用。国防和军队建设科学发展，解决我军建设中存在的主要矛盾，就必须牢牢抓住加快推进转变战斗力生成模式这条主线。①坚定不移把信息化作为军队现代化建设方向，推动信息化建设加速发展；②遵循体系建设规律，增强基于信息系统的体系作战能力；③统筹谋划新型作战力量建设，把新型作战力量建设作为战略重点突出出来；④积极推进机械化条件下军事训练向信息化条件下军事训练转变。适应战争形态和作战样式的变化，抓住联合训练这个战斗力生成的关键环节，加强以复杂电磁环境为重点的复杂战场环境下训练，深入开展信息化条件下军事训练。

3. 在国防和军队建设中贯彻落实科学发展观

胡锦涛指出，在国防和军队建设中贯彻落实科学发展观，是适应国家安全形势发展变化的迫切要求，是实现经济建设和国防建设协调发展的必然要求，是新世纪新阶段军队建设发展的内在要求。①坚持以推动国防和军队建设科学发展为主题，以加快转变战斗力生成模式为主线；②按照革命化现代化正规化相统一的原则加强军队全面建设；③把以人为本作为重要的建军治军理念；④提高军队建设的整体质量和效益。

4. 在全面建设小康社会进程中实现富国和强军的统一

胡锦涛提出的"走出一条中国特色军民融合式发展路子"思想，既是对以往成就的概括，更是立足于新的现实，从满足新的需要出发，对如何进一步实现军民结合、寓军于民，提出的更高要求。①将国防建设有机融入经济社会发展之中；②充分利用经济发展成果推进国防和军队现代化建设；③逐步建立军民融合式的经济社会发展体系。

5. 坚持不懈地拓展和深化军事斗争准备

军事斗争准备在国家安全和发展战略全局中具有重要地位。胡锦涛强调，要适应形势的发展变化，坚持以国家核心安全需求为导向，坚持用新时期军事战略方针为统揽，正确把握新形势下军事斗争准备的目标、任务和要求，拓展和深化军事斗争准备，努力把军事斗争准备提高到一个新水平，为捍卫国家主权、安全、领土完整，为维护国家发展利益，提供强大力量支撑和保证。①着力提高以打赢信息化条件下局部战争能力为核心的完成多样化军事任务能力；②统筹主要战略方向和其他战略方向军事斗争准备，保持战略全局的平衡和稳定；③打好政治军事仗。

五、习近平强军思想

扫一扫：习近平强军思想

习近平强军思想内涵丰富，思想深邃，涵盖新时代国防和军队建设方方面面，构成了一个系统完整、逻辑严密、相互贯通的科学军事理论体系。

（一）习近平强军思想的科学含义

习近平强军思想，是习近平新时代中国特色社会主义思想的"军事篇"，是马克思主义军事理论中国化时代化的新飞跃，是党的十八大以来伟大军事实践的宝贵结晶和根本引领，是人民军队的治军之道、强军之道和制胜之道。习近平担任军委主席以来，在领导强军兴军的伟大实践中，着眼于实现中华民族伟大复兴的中国梦，围绕新时代建设一支什么样的强大人民军队、怎样建设强大人民军队，深入进行理论探索和实践创造，形成了习近平强军思想。党的十九大明确，牢固确立这一思想在国防和军队建设中的指导地位。这是党的军事指导理论的又一次与时俱进，为把人民军队全面建成世界一流军队提供了根本引领和科学指南。

（二）习近平强军思想的主要内容

习近平强军思想是一个内容丰富、博大精深、系统完整、逻辑严密的科学理论体系，涵盖新时代国防和军队建设的方方面面，升华了我们党对军事指导规律的认识，把马克思主义军事理论和当代中国军事实践提升到新境界。

1. 强军使命

明确强国必须强军，巩固国防和强大人民军队是新时代坚持和发展中国特色社会主义、实现中华民族伟大复兴的战略支撑。安不可以忘危，治不可以忘乱。新时代我国安全的内涵和外延、时空领域、内外因素都在发生深刻变化。由大向强、将强未强之际往往是国家安全的高风险期，我们越是发展壮大，面临的压力和阻力就越大。这是我国由大向强发展进程中无法回避的挑战，是实现中华民族伟大复兴绕不过的门槛。习近平深刻指出：强国必须强军，军强才能国安。国防和军队建设是国家安全的坚强后盾，军事手段是实现伟大梦想的保底手段，军事斗争是进行伟大斗争的重要方面，打赢能力是维护国家安全的战略能力。国防和军队现代化进程必须同国家现代化进程相适应。我军必须服从服务于党的历史使命，把握新时代国家安全战略需求，为实现中华民族伟大复兴提供战略支撑。

2. 强军目标

明确党在新时代的强军目标是建设一支听党指挥、能打胜仗、作风优良的人民军队，必须同国家现代化进程相一致，力争到2035年基本实现国防和军队现代化，到21世纪中叶把人民军队全面建成世界一流军队。建设强大的人民军队是我们党的不懈追求。建设强大的人民军队是我们党的不懈追求。在各个历史时期，我们党都根据形势任务的变化，及时提出明确的目标要求，引领我军建设不断向前发展。习近平在提出中国梦不久就提出强军梦，做出全面建设社会主义现代化强国战略部署的同时，提出实现党在新时代的强军目标，把人民军队全面建成世界一流军队。这是准确把握国家安全战略环境的深刻变化、强国强军的时代要求，对我军建设目标做出的新概括新定位，内在要求建设强大的现代化陆军、海军、空军、火箭军、战略支援部队、联勤保障部队和武装警察部队，建设绝对忠诚、善谋打仗、指挥高效、敢打必胜的联合作战指挥机构，不断提高我军现代化水平和实战能力。

3. 强军之魂

明确党对军队绝对领导是人民军队建军之本、强军之魂，必须全面贯彻党领导军队的一系列根本原则和制度，确保部队绝对忠诚、绝对纯洁、绝对可靠。坚持党对军队的绝对领导是新时代中国特色社会主义基本方略的重要内容，是党和国家的重要政治优势。习近平反复强调："抓军队建设首先要从政治上看，对党绝对忠诚要害在'绝对'二字。"必须按照新时代党的建设总要求加强我军党的建设，强化"四个意识"，严肃政治纪律和政治规矩，深入抓好军魂教育，经常、主动、坚决维护权威、维护核心，坚决维护和贯彻军委主席负责制，坚决抵制"军队非党化、非政治化"和"军队国家化"等错误政治观点的影响,确保全军在任何情况下都坚决听从党中央和中央军委指挥。军队高级干部必须对党忠诚、听党指挥,做对党最赤胆忠心、最听党的话、最富有献身精神的革命战士。

4. 强军之要

明确军队是要准备打仗的,必须聚焦能打仗、打胜仗,创新发展军事战略指导,构建中国特色现代作战体系,全面提高新时代备战打仗能力,有效塑造态势、管控危机、遏制战争、打赢战争。习近平强调:"人民军队永远是战斗队,人民军队的生命力在于战斗力。"必须贯彻新时代军事战略方针,把备战与止战、威慑与实战、战争行动与和平时期军事力量运用作为一个整体加以运筹,牢固树立战斗力这个唯一的根本的标准,提高军事训练实战化水平,扎实做好各方向各领域军事斗争准备,聚力打造精锐作战力量,着力建设一切为了打仗的支援保障力量,加快构建适应信息化战争和履行使命要求的武器装备体系,加快建设以联合作战指挥人才为重点的高素质新型军事人才队伍,发扬一不怕苦、二不怕死的战斗精神,锻造召之即来、来之能战、战之必胜的精兵劲旅。

5. 强军之基

明确作风优良是我军鲜明特色和政治优势,必须加强作风建设、纪律建设,坚定不移正风肃纪、反腐惩恶,大力弘扬我党我军光荣传统和优良作风,永葆人民军队性质、宗旨、本色。习近平反复强调:"作风优良才能塑造英雄部队,作风松散可以搞垮常胜之师。"人民军队要恪守全心全意为人民服务的宗旨,牢记为人民扛枪、为人民打仗的神圣职责,始终做人民信赖、人民拥护、人民热爱的子弟兵,不断发展坚如磐石的军民关系。把理想信念的火种、红色传统的基因一茬茬、一代代传下去,加强党史军史和光荣传统教育,永葆老红军的政治本色。军中绝不能有腐败分子藏身之地,要锲而不舍、驰而不息地把作风建设和反腐败斗争引向深入,努力铲除腐败现象滋生蔓延的土壤,积极培育风清气正的政治生态。严肃各项纪律,坚持严字当头、一严到底,下大气力治松、治散、治虚、治软,用铁的纪律凝聚铁的意志、锤炼铁的作风、锻造铁的队伍。各级领导干部要以行动作无声的命令,以身教作执行的榜样,带动形成崇尚实干、敢于担当、主动作为的良好氛围。

6. 强军布局

明确推进强军事业必须坚持政治建军、改革强军、科技兴军、依法治军,更加注重聚焦实战,更加注重创新驱动,更加注重体系建设,更加注重集约高效,更加注重军民融合,全面提高革命化现代化正规化水平。政治建军是我军的立军之本,任何时候任何情况下都不能有丝毫松懈；改革是决定军队未来的关键一招，必须大刀阔斧实施改革强军战略；科学技术是核心战斗力，必须下更大气力推进科技兴军、赢得军事竞争主动；军队越是现代化越要法治化，必须厉行法治、从严治军。贯彻"五个更加注重"战略指导，必须强化作战需求牵引，提高军队建设实战水平；下大气力抓理论创新、抓科技创新、抓科学管理、抓人才集聚、抓实践创新，靠改革创新实现新跨越；坚持成体系筹划和推进军事力量建设，全面提高我军体系作战能力；坚持以效能为核心、以精确为导向，提高国防和军队发展精准度；深入实施军民融合发展战略，加快把军队建设融入经济社会发展体系，实现国防和军队建设更高质量、更高效益、可持续的发展。

7. 强军关键

明确改革是强军的必由之路，必须推进军队组织形态现代化，构建中国特色现代军事力量体系，完善中国特色社会主义军事制度。习近平指出："深化国防和军队改革，是为了设计和塑造军队未来。"领导管理和作战指挥体制改革，以重塑军委机关和战区为重点，强化中央军委集中统一领导和战略指挥、战略管理功能，建立军委管总、战区主战、军种主建的新格局，形成决策权、执行权、监督权既相互制约又相互协调的运行体系，构建平战一体、常态运行、专司主营、精干高效的战略战役指挥体系。规模结构和作战力量体系改革，按照调整优化结构、发展新型力量、理顺重大比例关系、压减数量规模的要求，推动我军由数量规模型向质量效能型、由人力密集型向科技密集型转变，部队编成向充实、合成、多能、灵活方向发展。军队政策制度调整改革，着力立起打仗的鲜明导向，营造公平公正的制度环境，使军事人力资源配置达到最佳状态，让军人成为全社会尊崇的职业，把军队战斗力和活力充分激发出来。

8. 强军动力

明确创新是引领发展的第一动力，必须坚持向科技创新要战斗力，统筹推进军事理论、技术、组织、管理、文化等各方面创新，建设创新型人民军队。习近平指出："创新能力是一支军队的核心竞争力，也是生成和提高战斗力的加速器。"我们这支军队，靠改革创新走到现在，也要靠改革创新赢得未来。必须把创新驱动发展的引擎全速发动起来，善于运用新理念、新思路、新方法推进我军各项建设。要加快形成具有时代性、引领性、独特性的军事理论体系，依靠科技进步和创新把我军建设模式和战斗力生成模式转到创新驱动发展的轨道上来，下大气力推进军事管理革命，努力培养造就宏大的高素质创新型军事人才队伍，大力弘扬创新文化，激励官兵争当创新的推动者和实践者，使谋划创新、推动创新、落实创新成为全军的自觉行动。

9. 强军保障

明确现代化军队必须构建中国特色军事法治体系，推动治军方式根本性转变，提高国防和军队建设法治化水平。习近平指出："一支现代化军队必然是法治军队。"强化法治信仰和法治思维，坚持依法治官、依法治权，领导干部带头尊法学法守法用法，引导官兵把法治内化为政治信念和道德修养，外化为行为准则和自觉行动。构建系统完备、严密高效的军事法规制度体系、军事法治实施体系、军事法治监督体系、军事法治保障体系，坚决维护法规制度权威性，强化法规制度执行力。推动实现从单纯依靠行政命令的做法向依法行政的根本性转变，从单纯靠习惯和经验开展工作的方式向依靠法规和制度开展工作的根本性转变，从突击式、运动式抓工作的方式向按条令条例办事的根本性转变，形成党委依法决策、机关依法指导、部队依法行动、官兵依法履职的良好局面。

10. 强军路径

明确军民融合发展是兴国之举、强军之策，必须坚持发展和安全兼顾、富国和强军统一，形成全要素、多领域、高效益军民融合深度发展格局，构建一体化的国家战略体系和能力。把军民融合发展上升为国家战略，是我们党长期探索经济建设和国防建设协调发展规律的重大成果，是从国家发展和安全全局出发做出的重大决策，是应对复杂安全威胁、赢得国家战略优势的重大举措。着眼经济实力和国防实力同步增长，强化统一领导、顶层设计、改革创新和重大项目落实，同步推进体制和机制改革、体系和要素融合、制度和标准建设，完善军民融合组织管理体系、工作运行体系、政策制度体系，逐步实现国家各领域战略布局一体融合、战略资源一体整合、战略力量一体运用，努力开创经济建设和国防建设协调发展、平衡发展、兼容发展新局面。

思考题：

1. 你读过《孙子兵法》吗，它有哪些精辟的思想？
2. 为什么说《战争论》代表了西方近代军事思想的水平？
3. 毛泽东军事思想的主要内容有哪些？
4. 邓小平新时期军队建设思想科学含义是什么？
5. 习近平强军思想的主要内容有哪些？
6. 通过学习军事思想，你有哪些收获？

红色风景线

马本斋纪念馆

马本斋纪念馆，坐落于沧州市献县本斋乡本斋东村，占地105亩，建筑面积3550平方米。1999年被河北省委省政府命名为"河北省爱国主义教育基地"，2005年被中宣部命名为"全国爱国主义教育示范基地"，是全国百家红色旅游经典景区之一。2006年8月，被国家民委命名为"全国首批民族团结进步教育基地"。马本斋纪念馆分南、北两院，北院为纪念馆主体部分，南院是马本斋母子烈士陵园。

北院马本斋纪念馆主馆匾额由我国著名书法家欧阳中石题写。进入院门，迎面是一座宽大的广场，广场东西两侧是母子湖，由一条环绕景区一周的小河连接。广场左侧建有百将碑廊，里面收集了全国130多位将军书法作品，这些作品寄托了将军们对以本斋的深切缅怀。广场中央矗立着马本斋骑马雕像，两侧各有一座辅馆。雕像背后，是马本斋纪念馆主馆，采用伊斯兰建筑风格，入口处设有穹隆。馆内首先是序厅，迎门立有一尊马本斋戎装立像。雕像后面是一座以战争场面作为主题的大型浮雕背景墙，上面有毛泽东题写的"马本斋同志不死"7个大字。展厅迂回，分11部分，采用图片、实物、沙盘、文字及电视等相结合的形式，再现了马本斋忧国忧民、英勇奋斗的一生，马母宁死不屈的高风亮节，以及英勇善战"战无不胜的回民支队"（毛泽东语）的风采。

南院与北院隔路相望，风格与建筑形式遥相呼应，相得益彰。南院总体布局为钟形，取"警钟长鸣"之意。高大的汉白玉纪念碑直插云霄，正反面分别镌刻着毛泽东与朱德的题词。抬头望去，蓝天白云引人遐思，岁月悠悠，斯人已逝，精神永存。纪念碑南面是马本斋母子的陵墓，被一座汉白玉铺底的月牙形花坛环抱着，亦采用伊斯兰风格。广场东西两侧翠柏巍峨挺立，庄严肃穆。此外，还有影视厅、追忆厅。影视厅以放映纪录片、光盘资料和影视资料为主。追忆厅为马本斋生前领导及战友追忆马本斋的题词、字画。

　　纪念馆建成以后，前来参观的人络绎不绝，纪念馆先后接待来自全国各地的游客约60万人次，还接待了来自美国、加拿大、土耳其、德国、新加坡等十几个国家的贵宾。每逢重大节日，各机关团体、中小学生纷纷来此举行入团、入队仪式以及入党宣誓、祭扫先烈等各种主题活动。

> 全军要贯彻新形势下军事战略方针，认真研究军事、研究战争、研究打仗，把握现代战争规律和战争指导规律，扎扎实实做好军事斗争准备各项工作。
>
> ——习近平

第四章　现代战争

现代战争，主要是指以高新技术武器装备为主进行的核威胁背景下的局部战争。相比以往战争，现代战争在战争动因、战争类型、战争力量、战争强度、战争节奏等方面呈现出一系列新特点。随着新军事革命的蓬勃发展，现代战争形态正加速由机械化战争向信息化战争演进。

第一节　战争概述

在人类的历史长河中，战争始终蔓延不断，构成了人类历史的一个独特篇章。了解战争内涵、特点、发展历程，有助于我们加深对现代战争的理解，做好防止、遏制和打赢现代战争的充分准备。

一、战争的内涵

战争，是指国家或政治集团之间为了一定的政治、经济等目的，使用武装力量进行的大规模激烈交战的军事斗争。战争是解决国家、政治集团、阶级、民族、宗教之间矛盾冲突的最高形式。其本质是政治的继续，是社会政治矛盾极端尖锐化而爆发的暴力斗争。

战争将长期存在于人类社会，并对人类社会历史的发展发挥重要作用。战争的消亡将经历一个久远的、逐步的过程。只有随着生产力的高度发展和社会的极大进步，随着私有制和阶级的消亡，随着国家或政治集团间根本利益冲突的消失，战争才会最终失去存在的土壤和条件、退出人类历史的舞台。

军事小百科

在中国古籍中对战争有多种称谓，如"战""争""戎""兵""兵革""争战""兵甲"等。"战争"概念一词较早见于《史记·秦始皇本纪》："人人自安乐，无战争之患"。

二、战争的基本特征

（一）战争具有暴力性

克劳塞维茨认为，战争无非是扩大了的搏斗、暴力性是战争最基本的特征。无论是冷兵器战争的刀光剑影，还是热兵器战争的枪炮烽火，都表现为敌对双方的武装人员运用武器装备来破坏对方的力量、保护自己的力量；都表现为双方物质资财、人员生命等方面的直接破坏；都带来交战双方心理、精神方面的严重损伤。在信息化战争中，战争的暴力性，不仅表现在以信息牵引的精确火力打击所造成的物质和人员损失上，还表现在电磁对抗所造成的物理空间和信息领域的损失方面。

（二）战争具有偶然性

战争是人类社会的历史现象之一，相对其他社会历史现象和社会实践活动领域来说，具有更为突出的偶然性。克劳塞维茨指出，在人类的活动中，再没有像战争这样经常而普遍地同偶然性接触的活动了。而且，随偶然性而来的机遇以及随机遇而来的幸运，在战争中也占有重要的地位。战争领域中客观存在的偶然性，使战争指导者的预测和决策，基本上都建立在不确定性的计算和推测上，通常不会有百分之百的把握。

（三）战争具有流动性

"兵形似水，流变不息"，毛泽东认为，战争的一个重要特性，是其流动性。战争的流动节奏，随着科技进步及其在武器装备上的运用而不断加速。机械化战争的流变速度要远远高于冷兵器时代的战争。而在信息化战争形态中，由于信息流动及其所牵引的物质、人员等方面的加速流动，使战争的流动性达到了一个新的历史水平。在绝对流动的整个战争长河中有其各个特定阶段的相对固定性。由于战争只有程度颇低和时间颇暂的确实性，战争的计划性很难完全和固定，它随战争的运动而运动，且依战争规模的大小而体现不同的程度。

三、战争的发展历程

以主战兵器技术属性为划分标准，迄今人类社会经历了四种战争形态，分别为冷兵器战争、热兵器战争、机械化战争和信息化战争。

（一）冷兵器战争

1. 冷兵器战争起源于石器时代

原始兵器以磨制的石兵器为代表，同时也大量使用木、骨、蚌角制作的兵器。作战方式主要是徒步混战，并采用偷袭和伏击等手段。相传中国上古时期，黄帝打败蚩尤就使用了原始的徒兵战阵。

2. 冷兵器战争发展于青铜时代

经商、西周、春秋到战国，延续2000多年。最精锐的兵器由青铜制作，也使用石、骨制作的兵器，防护装具以皮甲胄为主。青铜工具和木工技术的发展，促进了木质战车的产生。徒步格斗被车战取代，战车兵逐渐成为军队的主力。出现了阵法作战等作战方式。公元前11世纪，周武王伐纣的牧野之战，周军使用了300乘的战车方阵。舟师在春秋时期建立，并多次在江河、海上作战。作战方式多以战船列阵，箭、弩（图4-1）远射，接舷格斗或以船身冲撞对方等。

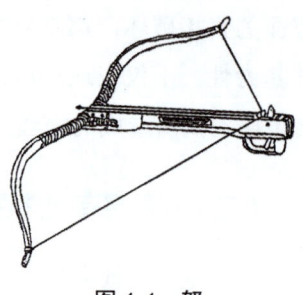

图 4-1　弩

3. 冷兵器战争成熟于铁器时代

中国战国时期冶铁业开始盛行，铁兵器开始逐渐取代青铜兵器，防护装具也以铁器制造为主，出现了铁制兜鍪、铠甲，弩成为战场决胜的重要武器。此后的兵器种类不断增加，以至于从北宋开始就有"十八般兵器"之说。铁兵器的出现还促进了骑兵的迅速发展，军队的主力逐渐被重装骑兵取代，战争规模和作战空间也随之增大，原来单一的密集阵形逐渐被有弹性、机动、灵活的多元阵形取代。汉武帝尤其重视骑兵作战，多次大规模使用骑兵远程奔袭，击败匈奴军。

> **军事小百科**
>
> **矛**
>
> 矛是古代军队中大量装备和使用的冷兵器之一。最原始的形态是用来狩猎的前端修尖的木棒，后来人们逐渐懂得用石头、兽骨制成矛头，缚在长木柄前端，增强杀伤效能。在新石器时代遗址中，常发现用石头或动物骨角制造的矛头。奴隶社会的军队，已经使用青铜铸造的矛头。商朝时，铜矛已是重要的格斗兵器。从商朝到战国时期，一直沿用青铜铸造的矛头，只是在形态上，由商朝的阔叶铜矛发展成为战国时的窄叶铜矛。矛柄的制作也更为精细，出现了积竹矜，即以木为芯，外围以两层小竹片裹紧，涂漆，使柄坚韧而富有弹性。从战国晚期开始，较多使用钢铁矛头。直到汉代，钢铁制造的矛头才逐渐取代青铜矛头。随着钢铁冶锻技术的提高，矛头的形体加大并更加锐利。
>
> 图 4-2　夫差矛

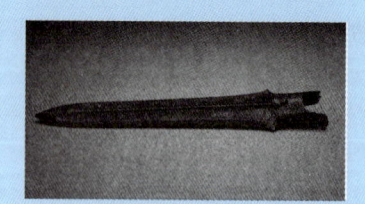

（二）热兵器战争

公元10世纪，中国宋代初年火器的出现，标志着人类战争史上使用热兵器时代开始。

随着技术的进步，火器的种类也不断增多，但冷兵器并未完全退出战争舞台，在相当长的历史时期内与热兵器并用，这一时期称为火器和冷兵器并用时代。由于中国长期封建统治的制约，火器难以广泛运用和快速改进，热兵器无论是质量还是数量都未能成为战场上的主战武器，冷兵器仍然是战场上的主角，以阵战为主的冷兵器作战方式亦没有根本性变革。在欧洲，从14世纪仿制中国西传的火器开始，到17世纪中叶，随着工业革命的兴起，热兵器得到飞速发展，射击精度和射程大为提高，欧洲的军队普遍装备了带刺刀的燧发枪等，冷兵器基本从战场上消失，主战兵器代之以火药能释放为主要机理的枪、炮等武器，从此进入热兵器战争时代。

> **军事小百科**
>
> **突火枪**
>
> 南宋理宗开庆元年（1259年），宋军发明此种管状火器。以巨竹筒为枪身，内部装填火药与子窠——子弹。点燃引线后，火药喷发，将"子窠"射出，射程远达150步（约230米）。突火枪是世界第一种发射子弹的步枪。
>
> 图4-3 突火枪

（三）机械化战争

机械化战争是在内燃机出现以后，科学技术和经济迅速发展的基础上逐渐产生的。第一次世界大战期间，为打破敌对双方在阵地战中长期相持不下的僵局，英军自1916年起，先后在索姆河战役和康布雷战役中使用了具有突击能力的坦克，并取得初步成果。1918年，英国出现了装甲输送车，并组建机械化部队。随后，欧洲其他国家的军队也先后组建机械化步兵团、师和军。第二次世界大战期间，坦克、装甲战车、自行火炮及其他机械化装备不断涌现并大量装备部队，使装甲兵成为陆军的主要突击力量；步兵也大量发展为机械（摩托）化部队。海军装备了航空母舰和潜艇，成为能在水下、水面、空中进行立体作战的合成军种。空军的发展极为迅速，许多国家陆续建立了空军联队、师、军和集团军。各主要军事强国将现代化的陆海空军及其具有高度机动力、突击力的机械化作战平台大量运用于战争，徒步步兵、骑兵和其他兵种逐渐退出历史舞台，作战方式逐步由线式作战向纵深作战发展。

（四）信息化战争

20世纪70年代以后，人类社会逐步由工业社会向信息社会转型，武器装备也向信息化方向发展。20世纪90年代以来，随着军事高技术特别是信息技术的广泛运用，武器装备的信息化水平不断提高，作战性能大幅跃升，使战争面貌发生深刻变化。1991年的海湾战争，信息化装备在战争中发挥出整体作用，制信息权成为继制海权、制空权之后新的军事争夺制高点，争夺制信息权成为赢得战争主动权的关键。人类战争形态正在由机械化战争向信息化战争转变。

★第二节　新军事革命

随着以信息技术为核心的高新技术在军事领域广泛应用，一场波及全球的新军事革命迅猛发展，无论对军事领域本身还是对国际战略格局和安全环境，正在产生重大影响。

一、新军事革命的内涵

新军事革命，是指20世纪末期以来在世界范围内发生的一场以信息化为核心的全面而深刻的军事革命。新军事革命是人类社会由工业化社会向信息化社会演变过程中，在科技、经济、政治、社会等因素的综合作用下发生的，包括军事技术、武器装备、体制编制、战争形态、军事理论、作战方式、军事训练等诸方面的根本性变革，是迄今为止人类历史上影响最深刻、最广泛的一场军事革命。

军事小百科

"新军事革命"概念的提出

1979年，苏军总参谋长奥加尔科夫元帅提出"新军事技术革命"的概念。1993年8月，时任美国国防部净评估办公室主任的资深分析家马歇尔以更深邃的目光对"新军事技术革命"概念提出异议，建议用"新军事革命"取代"新军事技术革命"。1994年1月，美国国防部接受了这一提法，并正式组建"军事革命高级指导委员会"进行官方研究。从此，新军事革命的提法不仅为美国所采纳，也逐渐为世界各国军界所接受。

二、新军事革命的发展演变

（一）孕育奠基阶段

从越南战争后期到 20 世纪 80 年代末，可以看作新军事革命的孕育阶段。这一时期，信息技术迅猛发展，并广泛应用于军事领域，出现了以灵巧炸弹为代表的精确制导武器，同时美、苏等军事强国指挥手段基本上实现了自动化。精确制导武器与指挥自动化系统的发展，促使战争方式发生一些微妙变化，也为新军事革命提供了最基本的物质技术前提。军事领域的这些发展变化引起了军事领导人和军事理论家的关注。早在 1977 年，美国国防部就提出了"抵消战略"，可以看作新军事革命的先声，然而他们当时并没有从思想上清楚地认识到这场革命已经来临，只是迫于信息技术的发展而加大追逐军事优势的步伐。相比之下，苏联人在这个问题上比美国人认识得更加清楚。奥加尔科夫元帅撰文指出，新兴技术将使军事学说、作战概念、训练、兵力结构、国防工业和武器研制重点发生革命性变化，他把这种变化概括为"新军事技术革命"。在西方，美国著名未来学家阿尔夫·托夫勒在 20 世纪 80 年代初也提出了三次浪潮战争革命的理论。但是，当时人们关注的重点还是武器技术的发展，以及由此引起的作战方式的变化，对于军事领域的整体变革认识还比较肤浅。

军事小百科

抵消战略

抵消战略，是 20 世纪 70 年代末，美国为适应美苏争霸的新形势，在军事战略上做出的选择。所谓抵消，就是力求通过谋取技术优势抵抗乃至销毁苏联在欧洲的数量优势。促使美国做出这种选择最直接的刺激是来自于第四次中东战争。战争初期，阿拉伯人使用苏式武器装备和苏军作战理论把全部美式装备的以色列军队打得几乎一败涂地，令美国人极其震惊。如果说阿拉伯人都能做到这些，那么在中欧的俄国人又会具有怎样的作战能力呢？而且当时苏联在地面武装力量的数量上对西欧拥有 3∶1 的优势。面对这种严峻情况，美国军方开始高度重视如何赢得技术优势的问题。

（二）全面展开阶段

以海湾战争爆发为标志，新军事革命进入全面展开阶段。1991 年 1 月 17 日，当停泊在地中海上的美军战舰发射"战斧"式巡航导弹，击中千里之外的伊拉克军事目标时，人们真切地感受到了军事革命的巨大冲击。海湾战争仅仅持续 42 天，而空袭行动就占了 38 天。在多国部队大规模、高强度的空中打击之后，号称世界第四大军事强国的伊拉克军队几乎未做抵抗就迅速溃败。这场战争引起了世界的震惊，人们在震惊之余开始对军事革命问题进行理性研究。各国在深化理论研究的基础上，纷纷制订新的军队发展规划，推动军队转型建设，由此正式启动了世界新军事革命的进程。

（三）加速发展阶段

以伊拉克战争为契机，新军事革命进入加速发展阶段。2003 年的伊拉克战争，标志着信息化战争作为一种战争形态已基本形成。美军在战场上表现出来的全面信息优势、战场控制能力和灵活应变能力，一方面刺激了国内加速军事革命、称霸全球的强烈欲望；另一方面，对其他国家起到了警示和示范作用，使他们进一步增强了军事革命的紧迫感和危机感。因而，伊拉克战争结束后，各国纷纷加大军事投入，加快了军队转型步伐。

当前，世界新军事革命已进入深入发展阶段。主要标志为：各国纷纷提出军队建设新的发展目标。如美军提出了"二次转型"目标，要求建设更精干、更灵敏、更先进、战备程度更高的新型联合部队。俄军"新面貌"改革进入调整完善阶段，力求实现"精干高效、机动灵活、装备精良、训练有素"的建军方针。各国一方面积极消化前期军事改革和转型所取得的成果，军队建设进入相对稳定期和调整适应期；另一方面，不断总结反思，调整纠偏，整合资源，准备推动新一轮军事改革。

未来，新军事革命总的发展趋势是由机械化军事形态向信息化军事形态演变，并由此沿着以下方向发展：军事技术由军事工业革命走向军事信息革命；军事人员由技能型向智能型转变；军事理论由机械化向信息化发展；军队的机械化装备体系被信息化装备体系所代替；工业时代适于打机械化战争的军事结构被改造成信息时代适于打信息化战争的军事结构等。

三、新军事革命的主要内容

扫一扫：新军事革命

（一）军事技术革命

军事技术进步是新军事革命发生的原动力。以信息技术为核心的高新技术的发展，为新军事革命提供了前所未有的技术条件。世界主要国家重点发展的军事高技术有四大类：①以微电子技术、光电子技术、计算机技术等为代表的军事信息技术；②以复合材料、生物材料、纳米材料等为代表的军事新材料技术；③以核能、新型高能量密度材料和能量束为主的军事新能源技术；④以军事航空航天技术、军事海洋技术及军事生物技术为代表的综合性技术。这四大类军事高技术群，既包括支撑高技术武器装备发展的共性基础技术，如军事信息技术、新材料技术、新能源技术等，也包括直接用于武器装备并使之具有某种特定功能的应用技术，如侦察监视技术、信息战技术、精确制导技术、航天技术、伪装与隐身技术、指挥控制系统技术、核生化武器技术、新概念武器技术等。

（二）武器装备革命

武器装备是军事斗争的基本工具，是军队现代化水平的主要标志。军事革命的发生通常始于武器装备性能发生质的飞跃。①常规武器装备信息化水平显著提升。世界大国军队均按照"信息主导"和"系统集成"的思路转变技术形态，大量运用高新技术研制和列装新一代主战兵器，并加大对旧有武器的信息化改造，使常规武器装备的信息化水平显著提升；②新概念武器登上军事舞台。新概念武器是指在工作原理和杀伤机制上有别于传统武器、能大幅提高作战效能的新型武器。主要包括定向能武器、动能武器和非致命武器等。特别是高超音速武器和以激光技术为代表的定向能武器的发展异常迅速。新型武器装备的编配使用，将使军队作战方式发生革命性变化。

（三）军事理论革命

军事理论创新，既是世界新军事革命的重要内容，也是这场革命深入发展的内在推动力。①发展以信息化为特征的战争与战略理论：其中，在世界范围内影响较大、具有一定代表性的主要有美军的"战略瘫痪"理论、"混合战争"理论和俄军的"第六代战争"理论；②发展以联合作战为核心的作战理论：其中，最具代表性的作战理论有"网络中心战"理论、"空海一体战"理论、"全球一体化作战"概念、"战略性空天战役"理论、"无人机蜂群作战"概念等。

> **军事小百科**
>
> **"无人机蜂群作战"概念**
>
> 当前，无人机蜂群作战有两种典型的作战概念，即"忠诚僚机"模式和"集群作战"模式。
>
> "忠诚僚机"（无人－有人协同）的概念，是由有人机平台充当编队长机，多个无人机作为僚机的作战系统。此类协同中的无人平台、传感器、武器等资源控制

权均由有人机控制。在有人机的作战指令下，无人机执行远程态势感知、武器投放、欺骗干扰等作战任务，充当前出的"传感器""射手"等角色，一方面大大扩展有人机的作战任务池和作战频次，另一方面可有效保护有人机的防区外安全。

"集群作战"（机－机自主协同）的概念，是由一群小型无人机自主协同作战，利用传感器三角定位优势，通过网络在集群内各节点实时共享平台的自身信息、外部载荷数据等，从而根据交战实际情况，快速处理和分配载荷任务。

（四）组织体制革命

军队组织形态转型是世界新军事革命的重要内容。①军队规模结构日趋精干高效。随着世界新军事革命的深入发展，越来越多的国家认识到，在未来广泛使用信息化装备的战场上，军队的数量、质量与战斗力之间的关系将发生根本变化。信息化战争，决定军队战斗力水平高低的主要因素不是军队的数量，而是军队的质量，拥有技术优势的一方往往能够将优势转化为胜势。在这种情况下，继续保持和发展规模庞大的军队，不仅在经济上是一种沉重的负担，而且没有必要。因此，压缩军队规模，优化军兵种比例结构，成为军队组织形态转型的主要趋势；②部队编成向一体化、小型化、多能化、模块化方向发展。信息化战争，战场空间向全维多域延伸，作战时间大大缩短，指挥重心进一步下沉，导致战略、战役、战术的界限趋于模糊。这些新特点，要求各种作战力量进一步融合，使军队编成朝着一体化、小型化、多能化、模块化方向发展；③指挥体制趋向扁平化。信息技术的发展，不仅使军队的作战样式有了新的特点，战场上的指挥方式也发生了革命性变化，传统的"树状"指挥体制被"扁平化"的指挥体制所代替。

第三节　机械化战争

20世纪初，机械化战争作为一种替代热兵器战争的新型战争形态走上战争舞台，经过两次世界大战的洗礼，机械化战争走向了战争顶峰。现代战争中的朝鲜战争、越南战争、中东战争等都是机械化战争的代表性战例。

一、机械化战争的内涵

机械化战争,是指主要使用机械化装备及相应作战方法进行的战争。机械化装备是以机械技术和动力为主要特征的装备,主要包括飞机、坦克、火炮、舰船等。第一次世界大战后,机械化战争进入迅速发展时期。第二次世界大战,其规模达到了顶峰。立体战、机动战和火力战是其主要作战样式,具有机动速度快、火力毁伤强、战场范围广、战争消耗大等特点,是工业时代战争的基本形态。

军事小百科

机械化战争的"圣经"
——英国富勒《装甲战》

这本后来曾轰动世界的书——《装甲战》,1932年首次出版时,几乎无人问津。但随着战争的发展,尤其是经历战争实践的检验后,其理论价值逐渐为人们所了解和认识。在德国,古德里安、隆美尔等著名将领都将它视为战争"圣经",按照它的原则指导了第二次世界大战中在波兰、法国和比利时的作战。在英、美等国,不但把它作为准则使用,而且把它视为一种具有明显实用价值的论述战争的文件。在20世纪40年代前期,《装甲战》被苏联军队当作军官的"日常读物",铁木辛哥元帅甚至说,只有克劳塞维茨的《战争论》和杜黑的《制空权》才能与它相提并论。战后,各国仍十分重视对《装甲战》的研究。并认为,该书在核战争条件下仍有重要的战术价值。

图 4-4 《装甲战》封面

二、机械化战争的主要形态和特征

机械化战争的主要形态体现为以多军兵种合成的人力密集型和数量规模型的军队建设模式和以机械化大兵团作战、大规模兵力歼灭战、重兵集团的决战等作战方式上。

机械化战争的特征主要表现在以下几个方面:

（一）以机械化装备为主

机械化装备是机械化战争的物质基础。伴随着机械化装备的发展，相继出现了制海权、制空权以及闪击战、坦克制胜、立体作战等军事理论，军队结构也发生了重大变化各国陆续组建了装甲兵、陆军航空兵、空军、防空兵、空降兵、海军航空兵等新的军种、兵种。机械化装备和新的作战理论催生了机械化战争形态的产生。

（二）战争破坏力强

由于机械化战争以消灭战场上敌人的主力兵团为主要军事目的，且使用的机械化装备本身具有巨大的作战效能，往往给交战双方造成巨大的社会破坏和人员伤亡。据不完全统计，第二次世界大战中，中国伤亡3500余万人，苏联伤亡2700万人，美国伤亡111.1万人，英国伤亡130.7万人，法国伤亡85.9万人。全世界有5000万人以上死于战争，直接军费开支11170亿美元，经济损失4万亿美元。

（三）战场空间广阔

现代化的陆军、海军、空军武器装备大量涌现在战场上，使过去陆地、海上的平面战争，发展为陆海空一体、陆空一体、海空一体的宽正面、大纵深立体战争。第二次世界大战中的诺曼底登陆战役，仅盟军开辟的登陆场就宽达100千米，纵深30～50千米，至于双方陆海空军交战的范围就更为广阔了。

（四）战争消耗巨大

机械化战争往往要消耗大量人力、物力和财力。机械化战争的弹药、油料和其他物资消耗之大，武器装备损坏率之高，破坏之严重，都是空前的。因而更加依赖于强大的经济、雄厚的物资、充足的人力、顺畅的交通运输和良好的后勤保障。战争的持续能力，很大程度上取决于物资的消耗能力。经得起巨大消耗的一方，往往能够弥补战役、战术的失误，扭转战争初期的被动地位，最终反败为胜。

三、机械化战争代表性战例——第四次中东战争

扫一扫：第四次中东战争

第四次中东战争，是埃及、叙利亚等阿拉伯国家，为收复被以色列占领的土地，改变中东地区"不战不和"的被动局面，利用伊斯兰教斋月和犹太教赎罪日的有利时机，向以色列侵占的西奈半岛

和戈兰高地发动的一场颇具现代化特征的机械化战争。战争自1973年10月6日起至24日结束。

阿拉伯方面参战的有12个国家或地区，投入了20个师又17个旅，70多万人，坦克3800余辆，飞机1050余架，舰艇150余艘。以色列实行超限度动员，先后投入40多个旅，约40多万人，坦克1700多辆，飞机约490架，舰艇20艘。

此次战争，历经埃、叙初战告捷，以军实施反攻，以及西线以军向埃军发起猛攻、北线以、叙两军对峙等三个阶段。双方损失重大：以色列死亡2800人，损毁坦克850辆、飞机110架、舰艇1艘；埃及、叙利亚及其他阿拉伯国家死亡8500人，损毁坦克2200辆、飞机440余架、舰艇10艘。由于在短时间内消耗巨大，双方不得不在战争期间分别请求苏、美供应武器装备。埃、叙等阿拉伯国家在此战中并未实现其目的，中东和平进程依然遥遥无期，此后仍然是冲突不断，阿、以之间呈现新的对抗态势。

第四次中东战争的影响是普遍的，战争所表现出的节奏快、杀伤力大、物资消耗比率高、电子战作用突出等现代战争的新特点，引起了世界各国的高度重视。许多国家都对这场战争进行了深入研究，根据各自总结出的经验教训，完善其军事思想，改进军队建设。

★第四节　信息化战争

随着人类社会由工业时代向信息时代迈进，进行战争的方式发生了重大变化，信息化战争作为一种全新的战争形态，开始登上现代战争的舞台。无论是概念内涵、主要形态、基本特征，还是制胜机理，都有别于机械化战争。

一、信息化战争的内涵

1976年，美国著名的军事理论家汤姆·罗那首次提出了"信息化战争"这一概念。此后，美军围绕信息化战争进行了深入的探索和研究，提出了诸如"信息战""信息作战""信息行动""网络战"等一系列相关概念，逐步建立了以C^4KISR为主体的军事信息系统，并在美军近些年参与的局部战争中发挥了巨大的作用。通过大量的战争实践检验，美军认为，在现代战争中，C^4KISR 系统已经成为军队作战的神经中枢，统率着军队的一切活动。可以说，现代战争是建立在信息优势基础之上的，战争的胜负已不再取决于谁拥有多少兵力，而是取决于谁取得了制信息权。正是在这样的背景下，美国将信息化战争确立为未来战争的主要样式。

> **军事小百科**
>
> C^4KISR
>
> 全称是指挥、控制、通信、计算机、打击、情报、监视与侦察系统，是美军指挥自动化系统的简称。运用该系统，可以将陆、海、空、天各种传感器、指挥控制中心和武器平台集成为一个一体化网络，提高整个作战过程的一体化、自动化程度，实现对敌方各种目标从预警探测、情报侦察、监视捕捉、敌我识别、跟踪制导、电子对抗直到命中目标的全过程自动控制。

1990 年，我国著名的军事理论家沈伟光先生第一次提出了"信息战"的概念。1995 年 7 月，钱学森教授在国防科工委首届科技学术交流大会上做出了"在现阶段和即将到来的 21 世纪的战争形式将是在核威慑下的信息化战争"的判断。这是我国首次开创性地提出"信息化战争"概念。2004 年我国政府发表的《国防白皮书》中，正式明确了"信息化战争"这一提法。所谓信息化战争，是指依托网络化信息系统，使用信息化装备及相应作战方法，在陆、海、空、天和网络电磁等空间及认知领域进行的以体系对抗为主要形式的战争，是信息时代战争的基本形态。

> **军事小百科**
>
> 网络电磁空间
>
> 网络电磁空间，是指融合于物理域、信息域、认知域和社会域，以互联互通的信息技术基础设施网络为平台，通过无线电、有线电信道传递信号、信息，控制实体行为的信息活动空间。

二、信息化战争的主要形态和特征

信息社会作为一种新型的社会形态，其生产工具主体是小型化、高效化、智能化工具，生产方式具有综合化、集约化、精细化特征，因此，社会生产力是以知识投入、信息投入为主体的科技密集型和质量效能型构成。信息化社会的本质特征反映在军队建设上，科技密集型和质量效能型成为主体趋势，小型化、体系化和集成化成为军队建设的基本模式；而在战争方式上，体系战与精确战必然成为主体，大军种"合成"的联合作战、结构破坏战则成为信息化战争主要作战样式。

信息化战争的特征主要表现在以下几个方面：

（一）作战手段信息化

作战手段信息化是信息化战争的首要特征，主要是指使用信息化武器装备进行战争。武器装备信息化是信息化战争的基础和前提，是国家和军队真正具备信息化战争能力的重要标志。

信息化战争是以大量信息化武器装备为物质基础所进行的战争，如海湾战争中多国部队使用的信息化弹药在其总弹药量中虽然只占7.8%，却完成了80%～90%的战略战役目标打击任务；科索沃战争，北约部队投放的信息化弹药占总投弹量的35%；阿富汗战争，美军投放的信息化弹药占比56%；2003年的伊拉克战争，信息化弹药已经占到总弹药量的80%左右。这组数据充分表明：在未来的战争中，信息化武器装备使用的比率将日益增加。

此外，在以往作战中，传统主战武器主要是通过改进自身的机动速度、火力强度和装甲能力等机械性能来提高作战能力。而信息化战争中作战能力的改善已不仅仅依赖于机械性能的提高，而更多体现在对目标搜索与识别、对目标精确定位和打击等方面能力的全面提升。在伊拉克战场，美军给坦克、装甲战车、大口径火炮、作战飞机、直升机和舰船等主战武器装备加装了数字化通信设备、先进雷达、敌我识别装置和全球定位系统等，使得这些主战武器的信息化水平有了明显提高。展现出与以往相比截然不同的作战效能。如作战飞机利用信息技术改进后，大大增强了远战、精确制导及抗毁伤干扰能力，安装了电子战设备的轰炸机其生存率与以前相比提高了近70%。水面舰艇信息化改进后，可使被反舰导弹命中的概率下降20倍。这些数据充分表明：信息化作战手段在未来战场上被广泛使用并趋于主导，将成为战场的"主力军"，在信息化战争中将发挥巨大的作用。

（二）作战空间多维化

信息化战争与机械化战争相比，其战场空间已由地面、海洋和空中向外层空间、网络空间及心理空间等领域扩展，全新的立体多维和高度透明的战场环境已经出现。

在外层空间的拓展上，近期几场局部战争表明：在信息化战争中，战场监控、信息传输、导航定位等行动，都要依赖外层空间的卫星提供支持。美国在海湾战争中使用了

60多颗卫星，在科索沃战争中使用了89颗，在阿富汗战争中则使用了94颗，在作战中70%～90%的军事情报是由太空侦察卫星提供的。到了伊拉克战争，美军为了夺取信息优势，在600～800千米的外层空间，部署了116颗各类卫星，为美军提供了近实时的侦察情报支援。这些都预示着，未来太空所具备的独特优越性必将成为交战双方争夺的新的制高点。

在网络空间的拓展上，随着网络信息技术的不断发展，网络空间战已经成为信息化战争的一种全新的作战样式。交战双方在网络空间里，通过计算机病毒、芯片攻击和网络"黑客"入侵等手段，可以进行信息网络攻击，达到瘫痪敌方指挥控制系统、削弱甚至使敌方整个部队丧失战斗力的目的。科索沃战争中，无形的"黑客"曾使美国白宫的网络服务器瘫痪数小时；北约空袭开始后，北约总部的网站每天都收到来自攻击者的数以万计的电子邮件，严重阻塞了网络线路，来自巴尔干地区的一台电脑每天向北约总部发出2000封电子邮件，其中还包括各种大大小小的电脑病毒，给北约总部指挥作战行动带来了严重的影响。由此可见，网络战场将成为未来信息化战争的重要战场。

此外，未来信息化战争还将广泛延伸到心理空间领域，从阿富汗战争到伊拉克战争，可见心理空间已成为信息化战争的一个重要作战空间。阿富汗战争，美军向阿边境快速部署了空军特种作战联队和陆军心理战大队等专业心理战部队，运用各种手段对伊军进行心理攻势。伊拉克战争，战前美军心理战专家专门分析了伊拉克甚至阿拉伯世界的意识形态和文化特点，将各军兵种所属的多支富有实战经验的心理战部队部署到伊拉克周边地区，对伊军民实施广泛的心理战，还专门成立了"倒萨广播电台"，以各种手段向伊境内散发"倒萨"宣传品，极力宣扬美军的强大武力，企图打击和瓦解伊军民的信心和士气，为后续深入开展军事行动创造了良好条件。

（三）作战节奏快速化

有人把信息化战争称为"实时战争"和"分秒战争"。在这样的战争中，作战节奏将极其快速，作战行动的时间常常以分、秒、毫秒进行计算，失去几分钟或几秒钟，就可能意味着失去一场战争的胜利。由此可见，信息化战争对作战时间和作战节奏有着更高的要求。

在农业时代冷兵器战争时期，作战主要通过语言、书信、锣鼓、号角、烽火等方式来传递军事信息和控制军事行动，信息传递速度非常缓慢，需要经过长期作战才能达成战争目的，战争呈现出旷日持久的特点，一场战争从发起到结束往往需要经过数年甚至数十年的时间。在工业时代机械化战争时期，由于采用了有线通信和无线通信等现代通信技术手段，信息传递的速度大大加快，同时，坦克、飞机、大炮、导弹、军舰、原子弹等热兵器和热核兵器的使用，极大地提高了作战效能，可以在比较短的时间内达成战争目的。因此，战争持续时间相对较短，一场战争从发起到结束一般需要数月至数年的时间。

而到了信息时代的信息化战争中，数字信息技术被广泛应用于侦察、通信和指挥控制，实现了军事信息的实时获取、传递、处理和运用，使得信息流动的速度空前加快。在网络化的战场上，发现目标、做出决策、下达命令和实施作战行动等环节几乎是实时同步进行的，因此，能够在极短的时间内完成作战行动。此外，由于广泛使用信息化武器弹药和作战平台实施精确作战，极大地提高了对目标的毁伤效能，能迅速达成作战目的。这样，整个战争活动就被压缩在很短的时间内进行。一场信息化战争的持续时间可能只有数小时、数天或者数月。第四次中东战争打了18天，英阿马岛战争打了74天，以色列与叙利亚在贝卡谷地空战只用了6分钟，美军入侵格林纳达仅用了4天，大规模的海湾战争打了42天，伊拉克战争仅用不到30天就完成了主要军事行动，而美国空袭利比亚只用了18分钟。以上事实表明，未来信息化战争中，作战行动的周期将大大缩短，作战节奏将变得异常快速。

（四）作战力量一体化

信息化战争的一个突出特征就是作战力量的一体化。作战力量向一体化、整体化的发展是科学技术发展在军事领域运用的集中体现。信息技术的发展正在把各个作战系统连接成一个一体化的整体。其实质就是在战争中利用信息技术把作战力量的各个部分、各个层次、各种要素快速、便捷、高效地连成一个整体。未来的信息化战争不是某一种作战兵器之间、某一个作战单元之间的对抗，而是将各种作战兵器、作战单元、作战要素综合为一体进行的体系对抗，体系对抗将成为信息化战争的基本特征。

在机械化战争时期，作战力量主要由陆军、海军、空军、战略导弹部队等单一作战单元构成，各作战单元基本上在陆、海、空三维空间内独立进行作战。而在信息化战争中，新型的作战系统将取代原有的以军种为基本单元的力量构成模式，并把信息技术、武器装备、情报侦察、指挥控制、后勤保障等要素综合集成为一个整体。在作战中可以根据不同的作战任务，按照体系对抗的要求进行模块化编组，以高效、精干的力量构成模式执行作战任务。美军十分重视利用信息化、网络化的手段将遍布全球的各作战单元、作战要素连接起来，形成一体化的作战力量体系，以体系的优势来达成作战目的。美、英在阿富汗战争中，构建了陆、海、空、天一体化无缝隙的作战体系。在太空有各种军事卫星，在空中有战略、战术、预警和各种无人侦察机，在海上配置了4艘航母及装有远程侦察分析及远程导弹系统的舰船，在陆上有数字化部队进行侦察搜索、目标定位、引导攻击、战争评估等行动，各种作战力量通过网络数据链紧密地连接在一起，形成了一体化的作战力量体系，作战效能得到显著提高。

（五）作战消耗扩大化

无论古今战争，都是一种巨大的物质消耗，正所谓"举兵十万，日费千金"。这反映出战争是一个消耗巨大的事情。信息化战争在战场空间、武器装备、作战方式、行动效果上表现出的特殊性，使其对经济基础的要求更高。可以说，信息化战争就是一场拼实力、比经济的战争。

有人统计过，第一次世界大战平均每消灭1个敌人需耗资2万美元，到第二次世界大战时达到了20万美元，进入20世纪80年代后则猛增到285万美元之多，而且整个战争的消耗也越来越大。海湾战争只进行了42天，仅以美国为首的多国部队就耗资达600亿美元。战争发起的第一天，美国从海湾军舰上向伊拉克发射了100枚"战斧"式巡航导弹，每枚导弹价值130多万美元。在此次战争中，交战双方投入了4000多架飞机，1.7万余辆战车，400艘舰船以及5400门火炮。为支持作战，美军还动用了800架飞机和400艘舰船进行后勤运输，空运作战物资54万吨，海运物资340余吨。此外，在陆地上还抽调了500多辆汽车进行后勤支援。平均每天有4200吨物资运抵海湾，一个月的运输量超过了朝鲜战争时一年的运输量。美军单兵的日耗量为200余千克，相当于越战时的4倍，第二次世界大战时的20倍。整个海湾战争中，美国从国内运往中东的各种物资总量达到了1.86亿吨，等于把美国像亚特兰大这样一个中等城市搬运到了海湾。"9•11"事件后，美军进攻阿富汗在不到一个月的时间里就耗费了10亿美元，而且武器装备越先进，价格就越昂贵，战争的代价就越高。在伊拉克战争进行到第21天时，仅联军一方的战争经费就高达210亿美元，平均每天10亿美元。以上数据充分表明，消耗的日趋增加已经成为信息化战争的显著特征，并将随着信息化的不断深入进一步扩大。

三、信息化战争代表性战例——伊拉克战争

扫一扫：伊拉克战争

2003年3月20日，美英两国在未经联合国授权的情况下，发动了代号为"伊拉克自由行动"的伊拉克战争。这场战争是美国在反恐旗帜下进行的战争，以消除伊拉克大规模杀伤性武器为借口，同时也反映了美国企图利用"先发制人"战略在冷战后国际新秩序建立过程中发挥主导作用。

美英联军动用总兵力达466985人，各型舰艇船300余艘（作战舰艇120余艘、后勤辅助舰船180余艘），固定翼飞机1801架。伊军总兵力约35万余人，其中陆军（包括

共和国卫队）30万人，坦克约1500辆、火炮约1000门；空军3万人，各型飞机594架；防空军2万人，高炮2000门、防空导弹发射架200部；海军仅2500人，无作战舰艇；此外，"萨达姆敢死队"等非正规部队还有6万多人。

此次战争，美英联军以"斩首行动"空袭巴格达拉开序幕，先后实施了"斩首行动"、"震慑行动"、夺占城市、搜索清剿和战后维稳等行动。在美英联军合围巴格达的情势下，终因伊军战斗力薄弱、战斗意志不强，很快分崩离析，战事呈现一边倒的态势，经过43天的作战，美英联军基本控制了伊拉克全境，达到了用武力推翻萨达姆政权的目的。据不完全统计，这场战争美军共花费200亿美元，美英联军以亡168人（其中英军31人）、伤554人、失踪3人的代价，歼灭伊军1.08万人、俘虏7000人，同时造成伊拉克平民1000多丧生、5000多受伤，美英联军虽然顺利地达成了战争目的，但战后恢复伊拉克秩序却使其大伤脑筋，不仅付出了远远比战争还要大的伤亡代价，而且陷入了伊拉克这个"泥坑"，在伊拉克反恐又成为美军面临的沉重负担。2011年12月14日，美国总统奥巴马宣布伊拉克战争正式结束，当年12月18日，美军全部撤出。美军撤离了，却丢给伊拉克一个集中了政治局势不稳、安全形势严峻、国家重建缓慢等众多矛盾的烂摊子。面对此时伊拉克复杂的局面，这场战争已经很难用简单的"胜"与"败"来形容了。

伊拉克战争是一场实力对比悬殊、速战速决的战争。通过伊拉克战争，美军全方位检验了近年来新军事革命的成果，展示了信息化战争的新特点，尤其是在一体化联合作战和训练、城市作战、指挥控制及战后维稳等方面的经验和教训，对于我军加强军事斗争准备，加快部队信息化建设，推进中国特色军事变革具有重要的借鉴意义。这场战争带来的启示主要体现在以下几个方面：①正确的战略指导是快速达成战争目的的可靠保证；②加强一体化联合作战研究和训练是提高部队实战能力的基本途径；③舆论战在现代战争中具有特殊作用；④战后维稳是赢得战争全面胜利的重要保证。

四、战争形态的发展趋势

（一）战争的主体日趋多元

传统的战争主要发生在国家和政治集团之间，战争打击的目标主要是对方的军事力量和战争潜力，战争的主体是军队。而在信息时代，由于信息技术和信息系统高度发展，使整个世界的政治、经济、科技和文化的联系日益密切，国家的安全受到来自多个方面、多种势力的威胁，表现出易遭攻击的脆弱性。战争的主体既可能是军队，也可能是社会团体，还可能包括恐怖组织、贩毒集团等。科学技术的进步，不但使制造常规弹药易如反掌，而且制造核化生武器的技术也正在被越来越多的人了解和掌握。这种情况使国家安全面临严峻的挑战，使发动和从事战争的主体呈现出多元化的特征。

（二）战争的威力极大提升

未来，大量信息化武器和新概念武器的出现和运用，将使未来信息化战争威力极大提升。

1. 信息化时代的军事技术将把常规作战效能推到极致

未来信息化战争的常规作战效能将是建立在军事工程革命、军事探测革命、军事通信革命和军事智能革命已经完成或基本完成的基础之上。在这四大军事技术革命中，军事工程革命的起步最早。军事工程革命已经使传统武器装备跨越空间和速度基本达到物理极限。军事探测革命将使得侦察、探测的空域、时域和频域范围大大扩展，使对作战行动的感知、定位、预警、制导和评估达到几乎实时和精确的程度。军事通信革命将在未来信息化战争中实现军事信息的无缝链接和实时传输，使各指挥机构和部队、各侦察和作战平台之间达到在探测、侦察、跟踪、火控和指挥方面的信息畅通，真正实现实时指挥和控制。军事智能革命将真正实现作战指挥活动和作战武器装备的自动化和智能化。智能化指挥系统将使指挥控制活动的准确性和时效性大幅度提高。作战平台将集发现、跟踪、识别和自主发射为一体。智能化弹药将具有自动寻的和发射后不管功能，远程打击的精度将达到米级。同时大量高度智能化的机器人将投放战场，使指挥活动和作战行动的效率极大提高。

2. 大量新概念武器的使用将使信息化战争的作战效能具有亚核战争效果

随着科学技术的进一步发展，大量新概念武器会不断出现和应用于战争。这些新概念武器具有完全不同的杀伤和破坏机理，它们不以大规模杀伤对方人员的生命为目标，而是通过使对方的作战人员和武器装备丧失作战功能，或通过改变敌国的生态和自然环境来达成战争目的。新概念武器中具有大面积破坏与毁伤效果的主要有次声波武器、电磁脉冲武器、激光武器和气象武器等。次声波武器具有洲际传送能力，并且可以穿透10多米厚的钢筋混凝土，因此作用范围极广。在高空施放的电磁脉冲弹可以在瞬间使大范围的电子设备丧失功能。在信息化战争中，大量新概念武器装备虽然不具备核武器那种大规模、大范围的物理杀伤和破坏作用，但它们所拥有的系统集成能力、战场控制能力、精确摧毁能力和能够高效达成战略目的的能力是核武器所无法相比的。从这个意义上说，信息化战争将具备亚核战争的威力。

（三）战争的层次更加模糊

未来信息化战争的战略、战役和战术层次会逐渐模糊。一方面，战役、战术行动具有战略意义。大量信息化、智能化装备和系统的集中运用，武器装备的作战效能越来越高，精确战、信息战等作战行动对敌方军事、政治、经济和心理的打击越来越大，因而小规模的作战行动和高效益的信息进攻行动就能有效达成一定的战略目的，使战争进程更为短暂，战争与战役甚至战斗在目的上的趋同性更为突出。另一方面，作战行动将主要在战略层次展开。信息化战争不再是从战术、战役到战略依次突破，而是一开始打击的对象就集中于关乎敌方政治、经济和军事命脉的重要战略目标。大规模的信息进攻和超视距的非接触作战将成为信息化战争的主要行动样式。

思考题

1. 什么是新军事革命？它的主要内容有哪些？
2. 信息化战争有哪些基本特征？
3. 结合伊拉克战争，谈谈你对信息化战争的认识。

红色风景线

张家口六中晋察冀军区司令部旧址

张家口六中晋察冀军区司令部旧址，位于河北省张家口市第六中学校园内，三座呈"品"字形排列的欧式风格的小楼始建于20世纪初，是1945年8月至1946年10月张家口第一次解放期间的"晋察冀军区司令部"所在地。1999年，被河北省委、省政府命名为"河北省爱国主义教育基地"。

图4-5 张家口晋察冀军区司令部旧址

现主楼已部分复原，共计10个展室，分为"光荣的革命传统""收复张家口和边区首府的建立""张家口解放区的建设""晋察冀军区司令部在张家口""张家口的解放""弘扬爱国主义精神"六部分内容。陈列着反映当时晋察冀军民光荣斗争史的革命文物和有关资料，并有新时期张家口第六中学师生以革命传统和爱国主义教育为主题的"寻、学"活动展。这些图片、文物、资料，再现了聂荣臻等老一辈无产阶级革命家开创敌后抗日模范根据地"晋察冀"及在张家口期间的革命实践活动和为中国革命建立的丰功伟绩，讴歌了中国共产党领导下的晋察冀军民为争取民族独立、人民解放英勇奋斗的史实和坚忍不拔、百折不挠的优秀品格。"寻、学"活动展则展现了晋察冀传人"寻先辈足迹、学革命精神"的爱国之情和报国之志。

旧址陈列馆对外开放后，每逢"七一""八一""十一"等重要节日，到基地进行革命传统教育、上党课、举办入团仪式、搞纪念活动的团体络绎不绝，成为张家口市红色旅游、军事旅游的品牌。如今，基地的教育作用已远远超过了其本身的价值，其影响也在日益扩大。

驻足景仰，仿佛穿越历史的隧道，思绪在时光中回溯。这三座小楼是百年中国沧桑巨变的见证，是中华民族百年史诗的浓缩，是晋察冀儿女血水铸造的丰碑，是启迪后人心灵的革命教科书。正是从这个意义上，我们确信：薪火传承，精神永恒！我们自豪：晋察冀与时代同在！

> 要密切关注世界军事科技和武器装备发展动向,突出抓好重点领域军民科技协同创新,推动重大科技项目一体论证和实施,努力抢占科技创新战略制高点。
>
> ——习近平

第五章　信息化装备

信息化装备是建立在现代信息技术成就的基础上,以信息技术为核心的武器装备,广泛应用于军事领域的各个方面。在信息化局部战争中,信息化装备正发挥着越来越重要的作用,极大地影响着战争的进程和结局。

第一节　信息化装备概述

信息化装备是信息化战争的物质基础，是信息化军队作战能力生成的重要基石。人作为信息化战争的主体，必须了解和掌握信息化装备的基本原理和运用方式，实现与装备的紧密结合，才能使信息化装备发挥最大效能。

一、信息化装备的内涵及分类

（一）信息化装备的内涵

信息化装备，是指采用现代信息技术，具有单一或多种信息功能的装备。如精确制导武器、综合电子信息系统及加装数据链和相关信息系统的飞机、舰船等。信息化装备是当前武器装备发展的最新、最高级形态。信息化装备是以信息技术为主导，具备高效的信息获取、传递、处理、利用及对抗能力。信息要素在装备运用中支配着能量要素、物质要素的效能发挥。

（二）信息化装备的分类

信息化装备的主体是各军种信息化作战平台、精确制导武器、信息战装备以及新概念武器等软硬杀伤力量，用于支撑作战行动的各种信息化设施、系统也是信息化装备的重要组成部分。由此，可将信息化武器装备分为信息化作战平台、综合电子信息系统、信息化杀伤武器三大系统。

信息化作战平台是指装有大量电子信息设备，以信息和信息技术为核心的坦克、火炮、飞机、舰艇等武器载体，是信息化弹药所依托的平台，是综合电子信息系统的节点和发挥打击威力的重要物质基础。

综合电子信息系统是综合运用以电子计算机为核心的各种技术设备，实现军事信息收集、传递、处理自动化，保障对军队和武器实施指挥与控制的人—机系统。

信息化杀伤武器是指以信息技术为主导，以机械化为基础，具有信息获取、传输、处理、控制与对抗等功能的武器装备。

二、信息化装备对现代作战的影响

（一）侦察行动多维立体

在传统战争中，由于受信息技术发展限制，侦察装备水平不高，侦察距离和高度有限。但自 20 世纪 80 年代以来，随着信息技术和装备的飞速发展和广泛应用，使侦察行动产生了本质的变化，从地上到地下、从太空到深海、从电磁空间到网络空间，遍布各式侦察监视装备：地基预警监视雷达，可不间断警戒空中随时出现的目标；地下传感器，能够时刻关注过往人员与车辆的动静；太空侦察卫星，大范围、高精度监视地面的一举一动；海洋中的声呐，可悄悄地捕获水面舰艇和潜艇的航迹；电磁空间的侦察装备，可实时截获成千上万种电子目标信号；网络空间的侦察设备，可全面掌控互联网络的舆论动态和敌情威胁。可真正实现"眼观六路、耳听八方"。

（二）打击效果精确高效

传统的坦克、火炮等武器装备多是粗放型的，往往注重追求杀伤人员的数量和破坏规模的最大化，缺乏对弹药爆炸时释放能量的有效控制，打击范围误差很大。信息化装备则是精确型的，强调对敌的精确杀伤，避免引起不必要的附带毁伤，能够达到"攻其一点，不及其余"的效果。据相关权威资料显示："就杀伤破坏效果而论，精度每提高 1 倍，相当于增加了 3 颗弹，增加了 7 倍当量；精度每提高 2 倍，相当于增加了 8 颗弹，增加了 26 倍当量。"由此可以预见，信息化装备精确打击所产生的效果对现代作战的影响之大。

（三）部队响应瞬时高速

传统武器由于受科学技术发展水平的制约，信息化程度非常低，在信息的传递、处理和利用等方面效率较为低下，常常是"欲速不达"。信息化装备则充分把先进信息技术融合到每个作战单元和平台，实现了反应快、机动快、打击快、转移快的目标，使部队真正做到了实时响应。从一定意义上讲，响应速度的加快等效于时空距离的缩短，作战效能的提升。因此，作战中，对抗双方谁的信息截获所需时间更少、信息传递速度更快，谁就能先敌一步、优先机动、优先实施打击、优先撤离战场，从而实现"消灭敌人而不被敌人消灭"的目的。

(四)防护行动全维联合

现代作战,交战双方面对敌全时空、全频谱、全天候的侦察监视和电磁火力打击,如果不能有效地保护自己,就可能出现"发难者先遭难"的结局。在这种情况下,防护的地位显得特别重要。信息化装备由于具有高度完善的信息互联、互通、互操作能力,能够将遍布陆、海、空、天、电、网等全维空间的防护力量和平台进行有机衔接,形成一个多维立体的联合防护体系,使防护行动全维联合,极大地提升防护效果,确保不被敌方"先发制人"。

(五)指挥控制智能灵敏

现代信息技术的高速发展及应用,使武器装备的机动速度、有效射程、命中精度等作战能力已经接近极限。敌对双方的作战效能释放程度,在很大程度上取决于指战员对作战力量指挥调度和武器装备平台操作控制的水平上。而要驾驭这种高度信息化的现代战争,广泛应用人工智能、大数据、云计算等信息技术的信息化装备成为必然选择。信息化装备以其强大的计算能力、通信能力、信息表示能力和网络操作能力,使战场信息有机融合为一体,为作战筹划提供辅助决策,实现指挥控制的智能化。

三、信息化装备的发展趋势

从近期发生的科索沃战争、伊拉克战争和阿富汗战争等局部战争可以看出,现代作战已经成为信息技术的较量,谁具备更为先进的信息技术,尤其是军事信息技术,谁就能在战争中获得更大的作战主动权。现代战争已进入信息技术时代,武器装备正在向着逐渐与信息技术融合的方向发展。

(一)信息化程度继续加速提升

众所周知,信息化装备效能的提升,不同于机械化装备完全依靠机械能、化学能等战斗威力的增大,主要是依赖电子信息设备系统对目标的精准识别和指引,提升打击的时效和精度。可以说,装备的信息化能够倍增传统武器装备系统的作战能力。因此,世界各军事强国都把加速提升装备信息化程度作为主要发展方向,纷纷采取措施、加大投入,深研新型信息技术和信息化装备,加速提升武器装备信息化程度。如经过几次局部战争后,美军尤其注重武器装备信息化程度的提升,在继续对现役主战武器装备进行全面信息化改造的基础上,重点加强了对一些新型的信息化程度较高的平台的研制。

（二）作战功能日趋一体多能

随着信息化装备的不断增多和普及，如何更有效地发挥这些信息化装备效能，成为世界各国军队关注的热点。世界各军事强国纷纷调整信息化装备发展思路，不再一味追求信息化装备型号品种的多样性，转而研发一体多能的信息化作战平台、系统，力求能够将侦察预警、跟踪识别、火力打击、综合防护等多种功能集成于一个平台或一个系统，使之无缝衔接、一体联动，最大限度地提升信息化装备的作战效能。如在新一代空中武器平台发展方面，作战飞机逐渐向具备侦察、电子对抗、歼击和轰炸等多种功能一体的方向发展，不但具有较强的侦察预警能力和电子干扰能力，而且有强大的空中作战能力和对地攻击能力。

（三）隐身性能和机动能力飞速发展

在信息化战争中，由于大量信息化装备的使用，尤其是精确制导武器的广泛运用，使得各种武器装备的战损率大幅飙升。为了提高自身的战场生存能力，世界各国信息化装备不得不向高隐身性和高机动性方向发展。各国都加紧研发和运用先进隐身涂料、隐形技术等，使信息化装备红外辐射能量降低、电磁信号泄露范围减小、雷达反射面积缩小，削弱敌红外、电子和雷达等侦察探测能力，使敌方难以发现、跟踪、识别和攻击。在提高装备隐身性的同时，各国也在紧锣密鼓地提高信息化装备的机动性。如美国在高超声速武器装备研制方面已取得突破性进展，经过多次试验，X–43A超高速无人驾驶飞机最高飞行时速已达1.2万千米，接近10倍声速。

（四）太空作战功能渐趋完善

太空作为未来信息化战争的战略制高点，已经成为提升信息化装备作战效能的新的增长点，世界近期几次局部战争一再证明太空信息化装备的重要作用。世界军事强国争相发展太空力量，太空信息化装备功能渐趋完善。一方面加速完善情报支援能力。太空信息化装备以其超大视野和无国界限制的有利条件，已能够为低层空间作战力量提供全天时、全天候、近实时的战略战役战术情报支援，能够决定作战能力的有效发挥，对抢占战略制高点作用极为重要。另一方面，太空对抗装备成为发展新重点。由于太空信息化装备在现代作战的巨大作用，必将成为敌打击的首先目标。因此，世界各军事强国都加大投入，发展太空对抗装备。如美空军已投入巨大人力、物力和财力，积极发展以干扰、致盲、摧毁敌方太空信息化装备等为主要目标的反卫星武器系统。在不久的将来，以空间控制与反控制为焦点的太空信息化平台攻防对抗将登上战争舞台。

★ 第二节　信息化作战平台

信息化作战平台是信息化装备的重要组成部分，是信息化战争的重要武器。按照作战空间不同，主要分为地面信息化作战平台、水面（下）信息化作战平台、空中信息化作战平台、太空信息化作战平台等。

一、地面信息化作战平台——坦克

地面信息化作战平台主要是指具有高度信息化水平的坦克、步兵战车、装甲输送车、自行火炮等陆上武器装备。坦克是地面信息化作战平台的典型代表，除了集成最新的火炮技术、装甲技术、发动机技术之外，还搭载了众多诸如数字化电台、数据链系统、热成像仪、激光测距仪、自卫电子干扰系统、敌我识别系统等信息化设备，战斗力成倍增强，真正成为信息化武器。

现代战争中，坦克仍然是陆战武器之王，其优越的火力、机动和防护性能是其他装甲车辆平台无法替代的，并且人们也发现坦克是核打击时代最适合执行作战任务的地面作战平台。

（一）坦克的定义及分类

坦克是由武器系统、防护系统、信息系统和越野机动平台组成的装甲战斗车辆，拥有强大的火力、越野机动力和装甲防护力，可在各种天候和复杂地形条件下遂行作战任务。

现代坦克大多使用旋转式炮塔，一般装备数挺防空机枪（高射机枪）、同轴机枪（并列机枪）和一门中口径或大口径火炮，有些现代坦克装备了反坦克导弹、防空导弹和电子对抗武器，主要用来与敌方坦克或其他装甲车辆作战，也可以压制、消灭反坦克武器，摧毁工事、歼灭敌方有生力量。

大体按两个时期划分。20 世纪 60 年代以前，通常根据坦克自身重量和火炮口径，将坦克划分为轻型、中型和重型三类。轻型坦克一般自重 10～20 吨，火炮口径小于 75 毫米；中型坦克自重 20～40 吨，火炮口径小于 100 毫米；重型坦克自重 40～60 吨，火炮口径在 100 毫米以上。20 世纪 60 年代以后，世界各国普遍将摧毁敌方坦克、装甲车辆为首要任务的坦克称为主战坦克，用于侦察、扫雷、两栖作战等任务的坦克称为特种坦克。也可以按照底盘类型将坦克分为履带式坦克和轮式坦克。

（二）典型主战坦克

1. 美国 M1A2 主战坦克

M1A2 主战坦克（图 5-1）是美国陆军现代主战坦克的代表，其前身 M1A1 坦克曾经参加了海湾战争，展现出了良好性能。M1A2 装备了一门 120 毫米口径的滑膛炮，其车长拥有先进的车长独立式周视热成像瞄准镜，可以全天候、无死角观察外界情况，夜间最大观瞄距离为 2000 米，车上还装有车际信息系统和定位导航系统，用于保障坦克集群的指挥控制和协同作战。该坦克采用了先进的数字式坦克火控系统，该火控系统能够命令火炮稳定地跟踪、瞄准目标，使坦克可以攻击相对本车正在运动的目标，极大地提高了 M1A2 坦克在运动中的作战能力。M1 系列坦克采用了燃气轮机，相比较为常见的坦克柴油发动机，具有启动快、功率大、不易熄火、寿命长、操作简单、维修方便等优点，缺点是燃气轮机的耗油量比柴油机高出约 20%～30%，导致 M1A2 坦克在续航里程方面与同级别对手相比没有优势。

图 5-1 M1A2 主战坦克

2. 俄罗斯 T-90 主战坦克

T-90 主战坦克（图 5-2）是俄罗斯的新一代主战坦克，它是在 T-72 的基础上改进而成的，是现今世界上最优秀的主战坦克之一。T-90 装备了一门 125 毫米口径的滑膛炮，和欧美等国家使用的 120 毫米主炮相比，口径更大、火力更强，其坦克主炮可以发射多种弹药。此外，T–90 还能够发射激光制导反坦克导弹，最大有效射程达 5 千米，可以击穿 750 毫米厚的均质钢装甲，并且具有攻击包括直升机在内的敌方低空飞行目标的能力。T–90 坦克除装配了复合装甲外，还装有"窗帘–1"防护装置，能够在被敌方激光瞄准系统锁定的情况下实施报警，并对反坦克导弹等制导武器实施干扰，同时控制坦克烟幕弹的发射。T–90 坦克的机动性能很强，它装有一台 12 缸柴油发动机，最高速度可达 65 千米/小时，在加载副油箱之后，坦克的最大行程超过 500 千米。由于 T–90 主战坦克比 M1A2 等主战坦克轻得多，所以拥有更强的地形适应能力。

图 5-2 T–90 主战坦克

3. 中国 99A 主战坦克

99A 主战坦克（图 5-3）是我国首台信息化坦克，实现了战场态势共享、协同攻防、状态监测、系统重构等功能，并且软件、元器件全部自主可控。99A 坦克配备的 125 毫米主炮不但威力强、精度高，而且兼容多个弹种，可毁伤具有不同特性的目标。在被动防护方面，99A 坦克除了在车体周围加装先进的复合装甲，顶部也披上新型复合装甲，能全方位抵挡来自敌方坦克、反坦克导弹以及武装直升机的火力打击。在主动防护方面，99A 坦克拥有激光告警装置及主动激光自卫武器系统，能在提供来袭武器的预警信息的同时压制敌方坦克观瞄仪器。99A 坦克安装着最大输出功率为 1500 马力的柴油发动机，CH–1000 型液力机械综合自动传动装置，可以使 50 多吨的坦克达到 75 千米/小时的最大公路速度，60 千米/小时的最大越野速度，具备手动挡和自动挡操纵能力，实现自动换挡，并可通过方向盘以任意半径连续转向甚至原地转向。

图 5-3 99A 主战坦克

（三）典型战例——海湾战争中的坦克战

1991年2月24日，海湾战争的地面战争打响，美军的M1A1坦克、M60坦克和英国的挑战者坦克在阿帕奇武装直升机、A-10攻击机、A-6攻击机的掩护下，兵分三路攻入科威特城。至26日，多国部队已经推进到伊拉克南部的幼发拉底河地区，取得了阶段性胜利。

2月27日，在伊拉克重镇巴士拉和南部地区数千米长的战线上，美军3个装甲师的470辆M1A1坦克和330辆M2步战车，同拥有300辆T-72坦克的伊军展开了一场规模浩大的坦克战。

美军的数百架阿帕奇武装直升机向伊军T-72坦克发射了地狱火激光制导导弹，大量T-72坦克顿时被摧毁；地面上大批美军M1A1坦克向T-72坦克发起攻击，并首次使用贫铀穿甲弹，使T-72坦克完全无还手之力，M1A1坦克120毫米火炮发射的贫铀穿甲弹在先进火控系统的指引下，可以在T-72坦克的射程之外将其击毁。在美军强大的陆空协同打击下，T-72只能任其宰割。

2月24日9时到2月28日18时结束，整个地面作战历经100个小时，以伊拉克军队的彻底失败而告终。

（四）坦克的发展趋势

1. 不断改进火力、装甲和动力系统

强大的破坏性、高度的生存性、良好的适应性是坦克的三大优势，未来坦克将继续发扬自身火力突击、装甲防护、快速机动能力。

未来坦克将不断改进大口径坦克加农炮，研发新弹种，让坦克炮拥有更强的穿甲、破甲能力，以及远距离打击能力；在装甲防护上，摒弃不断增加钢板厚度的做法，大规模采用复合装甲或新的装甲材料，提高坦克的抗打击性能，并增强坦克防核生化袭击能力；采用高效能、大功率柴油发动机或燃气轮机，提高坦克的公路速度与越野速度，增加续航里程，增强越野通行能力。

2. 自动化、信息化程度持续提高

未来坦克将随着工业发展，不断提高坦克在驾驶、武器操作、维修补给等方面的自动化水平。自动化系统能够让坦克成员数量减少，在自动化设备的帮助下，可以由一个人承担以往许多人协作完成的工作，并获得更高的工作效率。二战时期，德国虎Ⅰ坦克有5名车内成员，而现代美国M1A2坦克成员数量为4人，我国99A坦克仅为3人。

在信息化方面，未来坦克将重点改进发展电子侦察、无线通信、卫星导航、火控计算机等信息化设备，让坦克获得更广阔的视野、更远的交战距离、更快的反应速度，并能够通过数据链与其他武器平台无缝连接、密切协同。

3. 向智能化、无人化作战平台迈进

智能化、无人化是自动化和信息化发展的必然趋势。未来坦克能够利用各种高度智能的信息系统实现自主态势感知、自主规划、自主导航，甚至是自主作战，人机交互几乎接近零，这样自主式无人坦克可代替有人坦克执行多种任务，且适用于城区作战、反恐作战、山地丛林战及其他特种作战环境，尤其在高辐射、高生物战剂和高化学战剂环境中无须人员身处险境即可完成任务，避免了人员伤亡。

二、水面（下）信息化作战平台——军舰

扫一扫：现代高性能舰艇

水面（下）信息化作战平台，主要是指具有信息化作战能力的水面（下）舰艇，军舰是水面（下）信息化作战平台的主体，担负着海上主要作战任务。

（一）军舰的定义与分类

军舰是军用舰艇的简称，是指主要在海洋进行作战或实施勤务保障的军用舰、艇、船的统称。

通常分为水面舰艇和潜艇两大类；按舰艇的基本使命划分的类别，可分为战斗舰艇、登陆作战舰艇和勤务舰船；同一类舰艇中，按担负基本任务的不同划分的舰艇种别，如战斗舰艇类有：航空母舰、巡洋舰、驱逐舰、护卫舰、导弹艇、鱼雷艇、潜艇等。

军事小百科

舰　名

舰名通常用人名、地名、星辰名、水族名、鸟兽名、植物名，以及荣誉称号等命名。小型舰艇，通常不授予舰名，只使用舷号，即标示在舰艇两舷水线以上的序号。中国人民解放军海军以中国行政省（区）或直辖市命名航空母舰，以省会、副省级城市命名驱逐舰，以地级市命名护卫舰，以山名命名登陆舰，以湖名命名补给舰。目前，河北省有7个城市被用来为海军舰艇命名，分别有1艘导弹驱逐舰——石家庄

舰（舷号116），6艘护卫舰：衡水舰（舷号572）、邯郸舰（舷号579）、沧州舰（舷号537）、秦皇岛舰（舷号505）、保定舰（舷号511）、定州舰（舷号603）。

航空母舰简称航母，因为它一般是海军战斗舰艇中外形尺寸和吨位最大的舰种，又被称为海上"巨无霸"，以舰载机为主要武器，并作为舰载机编队的大型海上活动基地，用于攻击水面、水下、空中及岸上目标，并支援其他兵力作战。

驱逐舰是装有导弹、舰炮、鱼雷、深水炸弹和直升机等武器系统，具有多种作战能力的中型水面战斗舰艇。现代驱逐舰装备有防空、反潜、对海、对地等多种武器，既能在海军舰艇编队内担任进攻性的突击任务，又能担任作战编队的防空、反潜护卫任务，还可在登陆、抗登陆作战中实施支援，以及承担巡逻、警戒、侦察、海上封锁和海上救援等任务。

军事小百科

驱逐舰

早期的驱逐舰是为了打击雷击舰（排水量几百吨的鱼雷艇，而非后来出现的鱼雷快艇）而产生的，英文是Torpedo boat destroyer，简称为Destroyer，当时日本将其翻译为驱逐舰，一直沿用至今。初期的驱逐舰排水量往往只有一两千吨。第二次世界大战后，随着海战航空时代的来临，驱逐舰成功地将战列舰和大型巡洋舰"驱逐"出战争舞台，驱逐舰当主角的时代到来了。驱逐舰作为目前大多数国家的主力水面战斗舰，其排水量成倍增加。我国现役的驱逐舰排水量大都在六七千吨级，舰身长度也在150米上下；最新的055型驱逐舰的排水量高达万吨以上，长约180米，已经超过了历史上不少巡洋舰的吨位。甲午海战中，英制穹甲巡洋舰"致远"号排水量为2300吨、长约76米，"吉野"号排水量为4100吨、长约110米；现代美国"提康德罗加"级巡洋舰满载排水量约9500吨，长约172米。可见，驱逐舰与巡洋舰之间的界线已经越来越模糊，更多时候体现的是一种习惯叫法，已经不能单纯依据名称判定吨位大小。

护卫舰是一种以护航、反潜或警戒巡逻为主要任务的中小型水面战斗舰艇。它分布最广、建造数量很多，是多数国家作为主力战舰使用的舰种。护卫舰是以反舰/防空导弹、中小口径舰炮、水中武器（鱼雷、水雷、深水炸弹、反潜火箭弹等）为主要武器的中型战斗舰艇。它可以执行护航、反潜、防空、侦察、警戒巡逻、布雷、支援登陆和保障陆军濒海翼侧等作战任务，曾被称为护航舰或护航驱逐舰。在现代海军编队中，护卫舰是在吨位和火力上仅次于驱逐舰的水面作战舰艇，但由于其吨位较小，自持力较驱逐舰弱，远洋作战能力逊于驱逐舰。

军事小百科

潜 艇

也称为潜水艇，是用于水下活动和作战的战斗舰艇。按作战任务，分为战略导弹潜艇和攻击潜艇；按动力，分为常规动力潜艇和核动力潜艇。常规动力潜艇以柴油机、电动机为推进动力，通常在水面状态航行时使用柴油机推进；在水下状态航行时使用电动机推进，或利用通气管装置使用柴油机推进，或利用加装的不依赖空气推进系统（AIP系统）推进。核动力潜艇，简称核潜艇，以核能为推进动力。战略导弹潜艇也称为弹道导弹潜艇，以核能为推进动力，以潜地弹道导弹为主要武器，用于对敌方陆上军事、政治、经济中心等战略目标实施核突击，是国家战略力量和核打击力量的重要组成部分。攻击潜艇以鱼雷、反舰导弹、巡航导弹为主要武器，用于攻击敌水面舰船、潜艇以及陆上重要目标，有常规动力攻击潜艇和核动力攻击潜艇两类。

（二）典型水面战斗舰艇

1. 美国阿利·伯克级驱逐舰

该级舰（图5-4）装备宙斯盾战斗系统（无源相控阵）雷达，是世界上最先配备四面相控阵雷达的驱逐舰。舰长约155米，宽约20米，标准排水量约6900吨，最大航速31节，续航力为4200海里（20节）。主要武器包括：1座MK-45型127毫米62倍径舰炮，12座八联装MK-41垂直发射系统（前4后8），共96个发射单元，可装填"标准-2"远程防空

图5-4 阿利·伯克级驱逐舰

导弹、"海麻雀"ESSM 短程防空导弹、"战斧"巡航导弹、"阿斯洛克"反潜导弹，2座四联装"鱼叉"反舰导弹，2座三联装 324 毫米 MK-32 鱼雷发射装置。

2. 中国 055 型驱逐舰

该型驱逐舰（图 5-5）具有较高的信息化水平及隐形性能，装备新型有源相控阵雷达，可组织远、中、近三层先期预警防御网，并有较强的防空、反导、反潜、反舰、攻陆和电子战能力。舰长约 180 米，宽约 23 米，标准排水量 11000 吨，最大航速 30 节。主要武器包括：1 座 130 毫米 70 倍径舰炮，总计 112 单元通用垂直发射系统（前 64、后 48），可装填防空导弹、反潜导弹、巡航导弹，1 座 11 管 30 毫米近防炮，1 部 24 管红旗-10 近程防空导弹发射器，2 座三联装 324 毫米鱼雷发射装置。相比阿利·伯克级驱逐舰，055 型驱逐舰平台具有后发优势。

图 5-5 中国 055 型驱逐舰

3. 美国里根号航空母舰

该舰（图 5-6）是美国尼米兹级核动力航空母舰的第九艘，全舰长 332.85 米，飞行甲板宽 78.34 米，整个甲板面积达到 1.8 万平方米，排水量为 9.7 万吨，水线以上有 20 层楼高，航速 30 节，两座核反应堆发动机可以让"里根"号连续运行 20 年无须添加燃料。舰上有 3 座小教堂、2 家便利商店，还设有健身房和邮局。全舰可搭载各型战机 85 架，使用的机种包括：F/A-18 黄蜂式战斗/攻击机、F/A-18E/F 超级大黄蜂式战斗/攻击机、E-2C 鹰眼式空中预警机、C-2 灰狗式运补机、S-3 维京式反潜机、EA-18G 咆哮者式电子战飞机、SH-60 海鹰式或 MH-60 黑鹰式多用途直升机等。

图 5-6 美国里根号航空母舰

4. 中国辽宁号航空母舰

其前身（图5-7）是苏联海军的库兹涅佐夫元帅级航空母舰次舰瓦良格号，2005年开始由中国海军建造并改进。2012年正式更名辽宁号，交付中国人民解放军海军。舰长304.5米，舷宽75米，标准排水量54500吨，续航力为7000海里（18节）/3850海里（32节）。舰载机是以苏–27为原型进行改进的歼–15。

图5-7 中国辽宁号航空母舰

（三）战例应用——马尔维纳斯群岛战役

马尔维纳斯群岛之战是英国和阿根廷于1982年4月2日至6月14日在南大西洋进行的一场局部战争，是第二次世界大战结束以来一次规模较大、持续时间较长的现代化海空作战。

1982年4月2日，阿军4000人在马岛登陆，岛上英军投降。3日，阿军占领南乔治亚岛；同日，英内阁做出派遣特混舰队重占马岛的决策。英特混舰队舰船40余艘，载地面部队约4000人，"鹞"式飞机20架和各种直升机45架，于4月5日分别由英国朴茨茅斯和英属直布罗陀启航驶往南大西洋。4月7日，英国宣布对马岛周围200海里实施全面海空封锁。4月25日，英军特种突击队攻占南乔治亚岛。4月30日，英国宣布进入200海里封锁区的所有阿军舰艇将被作为敌舰击沉。

4月26日，阿军"贝尔格拉诺将军"号巡洋舰与两艘驱逐舰组成特混舰队开往战区南方。不久，这支阿军舰队就进入了英军潜艇的潜伏区域，英军攻击型核潜艇征服者号一直与阿舰队保持声呐接触。5月2日，征服者号收到英国战时内阁批准攻击的电令后，发射鱼雷将"贝尔格拉诺将军"号击沉，而此时"贝尔格拉诺将军"号还在200海里封锁区之外。

5月4日，阿军飞机以空舰导弹击沉英"谢菲尔德"号驱逐舰。5月12日，由18艘军舰和3000名陆军组成的英军第三梯队从安普顿启航。5月21日，英军在圣卡洛斯港登陆，阿军进行抗登陆。阿军飞机先后以炸弹击沉英护卫舰"热心"号、"羚羊"号和驱逐舰"考文垂"号，以空舰导弹击沉由商船改装的"大西洋运送者"号直升机运输舰。但阿军抗登陆作战并没有奏效。6月14日，英国攻占马岛首府斯坦利港，守岛阿军停止抵抗，英国重新控制了马岛。

此战英军被击沉舰船6艘，击伤12艘，损失飞机30余架，伤、亡、被俘1200余人；

阿军被击沉舰船 5 艘，击伤 6 艘，损失飞机 100 余架，伤、亡、被俘 1.37 万人。

（四）军舰的发展趋势

1. 隐身性成为重要指标

海上作战首要问题是发现敌方军舰，这也曾经是一个难题。从最初的桅杆瞭望，到使用载人气球、水上飞机升空观测，再到使用舰载、机载雷达实施侦察，海上对舰船的发现距离越来远，隐匿舰船行踪也越来越难。现代在大量各种体制雷达的探测威胁下，隐身性能对军舰的生存和达成作战突然性有着非常重要的意义，因此，现代化军舰在外形上已与第二次世界大战前后的军舰有了很大不同，为了减少雷达反射面积，简洁、封闭的舰体成为各国水面战斗舰艇的主流。未来军舰仍将继续重视自身的隐身性，除采取新的技术措施防止雷达探测外，在反红外侦察、防水下声呐侦察方面将不断加强。

2. 采用综合电力推进系统

目前军舰动力装置一般采用柴油机、蒸汽轮机、燃气轮机、核反应堆和联合动力装置等多种形式，未来的水面舰艇将更多采用综合电力推进系统。该系统用电能传输代替了机械传输，其主机可以安装在舰内任何地方，推进系统也可以更加灵活地布置，有利于舰型和布局设计。该系统比传统动力拥有更好的节能性，可以显著提高军舰的续航能力，还能够为新概念武器（高能激光武器、电磁炮等）直接提供所需的电力。

3. 智能化水平空前提高

未来军舰的智能化既体现在舰船本身的运行和操作上，也体现在所搭载的信息系统和各种武器上。未来军舰将使用综合电力系统为所有部位提供动力，电气化推动自动化程度的提高，又使得智能化操作可以变得更为普遍，智能化动力操控、航线规划、观通导航，以及智能化止损、灭火等将成为标准配备。此外，未来军舰将更多地搭载智能化武器，包括更为智能的复合制导导弹、鱼雷，智能化的目标侦察、跟踪、分选系统，以及智能化的综合电子战系统等。

三、空中信息化作战平台——飞机

扫一扫：
太空飞机

空中信息化作战平台主要包括气球、飞艇、飞机等，其中气球作为升空侦察平台最早应用于战争，直到现代仍然作为低成本无人升空平台使用；作战飞机的出现晚于气球，却是现代信息化战争中毫无争议的空中主角。

(一)作战飞机的定义与分类

作战飞机是指装有机载武器或特种设备,直接用于作战或作战保障的军用飞机,包括歼击机、歼击轰炸机、强击机、轰炸机、侦察机、预警机、电子对抗飞机等。

歼击机是以空空导弹、航空火箭弹和航炮为基本武器,具有空战能力的作战飞机。通常用于攻击敌方空中目标,必要时也可用于攻击敌方地面、水面目标。很多国家也称其为战斗机。

歼击轰炸机是以空空导弹、空地导弹、航空炸弹、航炮和航空火箭弹为基本武器,兼有空战和轰炸能力的作战飞机。

强击机是以空地导弹、航空炸弹、航空火箭弹和航炮为基本武器,具有低空、超低空攻击能力的作战飞机。很多国家也称其为攻击机。

轰炸机是以空地导弹、航空炸弹、航空鱼雷为基本武器,具有轰炸能力的作战飞机。分为战略轰炸机和战术轰炸机。

侦察机是指装有航空侦察设备,专门用于遂行空中侦察任务的作战飞机。分为战略侦察机和战术侦察机。

预警机,又称预警指挥机,是指装有机载预警雷达和其他电子侦察设备,专门用于搜索、监视空中、地面或海上目标,并可指挥引导己方飞机遂行作战任务的作战飞机。

电子对抗飞机,又称电子战飞机,是指装有电子对抗设备、器材和反辐射武器系统,专门用于对敌方电子信息系统和装备实施电子对抗侦察、电子干扰和反辐射攻击的作战飞机。包括电子对抗侦察飞机、电子干扰飞机和反辐射攻击飞机。

(二)典型作战飞机

1. 美国 F-22 战斗机

F-22 战斗机(图 5-8)是单座双发高隐身性第五代战斗机。优良的隐身性是该机的一大特点,飞机两侧进气口和喷气口都做了抑制红外辐射的隐形设计,全部武器都隐蔽在 4 个内部弹舱之中,其最小雷达反射面为 0.005～0.01 平方米左右。该机采用了推力矢量技术,发动机喷口能在纵向偏转 ±20 度,使 F-22 具备了极佳

图 5-8 F-22 战斗机

的机动性和短距起降能力。最大飞行速度为2.25马赫，实用升限近2万米，航程2960千米，作战半径760千米。主要武器包括：4个外挂点，2个主弹舱、2个侧弹仓，空对空挂载为6枚AIM–120和2枚AIM–9导弹。F–22战斗机单机造价近2亿美元，高昂的造价使其产量受到极大限制。2011年12月13日，最后一架F–22量产型下线，至此F–22的生产线处于关闭状态。

2. 中国歼–20歼击机

歼–20（图5-9）是中国自主研制的重型隐身歼击机，也是世界首款采用鸭式气动布局的第五代战斗机，这使其拥有更强的机动性。该机最大飞行速度为2.8马赫，实用升限20千米，最大航程6000千米，作战半径2000千米。歼–20的主弹舱拥有6个挂架，可携带6枚导弹；2个侧弹仓可各携带1枚导弹，此外还装有4个外挂点。歼–20是目前亚洲地区制造的最先进的战机。

图5-9 歼–20歼击机

3. 美国B–2轰炸机

B–2轰炸机（图5-10）是当今世界上唯一一款隐身战略轰炸机，其隐身性并不局限于应对雷达侦测，也包括降低红外线、可见光与噪音等不同信息的泄露，使其被发现和锁定的可能性降到最低。最大飞行速度为0.95马赫，实用升限15200米，最大航程11100千米，有效载荷23000千克。B–2轰炸机的两个旋转弹架能携带16枚AGM–129型巡航导弹，也可携带80枚MK82型，或16枚MK84型普通炸弹，或36枚CBU–87型集束炸弹，当使用核武器时可携带16枚B63型核炸弹，并且AGM–129型巡航导弹也可装载核弹头。

图5-10 B–2轰炸机

4. 中国轰-6K 轰炸机

轰-6K（图5-11）是我国自主研发的新一代中远程轰炸机，具备远程奔袭、大区域巡逻、防区外打击能力，由轰-6改装而成，主要改进了发动机、机载武器、雷达等系统，安装了前视红外探测装置和光学瞄准设备，加装了GPS+北斗卫星导航系统和数据链系统，取消了尾部的无线电操作员舱，改为电子舱，装备了大功率电子干扰设备。轰-6K最大载弹量为15000千克，可一次性挂载6枚长剑-10空地巡航导弹，也可选择挂载激光制导炸弹，最大航程9500千米，在航程和作战半径方面与美、俄战略轰炸机相比仍有明显差距。

图5-11 中国轰-6K 轰炸机

（三）战例应用——贝卡谷地空战

黎巴嫩战争中的贝卡谷地空战是空战史上具有划时代意义的一个著名战例，此战充分显示了信息化武器在空战中的巨大作用。

1982年6月9日上午，以色列空军放出了大批无人机飞向贝卡谷地。贝卡谷地的叙军雷达捕捉到以色列的无人机后，叙军指挥员随即命令防空导弹拦截，萨姆-6导弹一枚枚射向以军无人机。但出乎叙军意料的是，以色列空军的90多架F-15、F-16、F-4战斗机和A-4攻击机随即对贝卡谷地的叙军萨姆导弹阵地进行了猛烈攻击，顷刻间叙利亚人苦心经营10年，耗资20亿美元才建立起来的防空导弹阵地变成了一片废墟。

得知贝卡谷地的导弹阵地遭到攻击后，叙利亚立即派出60余架米格-23和米格-21战机，对贝卡谷地上空的以军空军编队进行反击。然而螳螂捕蝉黄雀在后，以色列空军对此早有准备，其F-15战斗机、F-16战斗机、E-2C预警机和电子战飞机组成的混合机群，在叙机可能的来袭方向上建立了一道空中拦截线。叙利亚战机飞临贝卡谷地上空后，率先遭到以军电子战飞机的强电磁干扰。叙机机载雷达荧光屏上看不见以军飞机，耳机里听不清地面指令，一开始就处于不利地位，在随后的大规模空战中损失惨重。

整个贝卡谷地空战中，以色列空军运用高新技术，以微弱损失取得辉煌战绩，在全世界引起极大震动。从此，空战进入了高技术时代，世界空战史揭开了新的一页。

（四）作战飞机的发展趋势

1. 隐身性进一步加强

未来作战飞机的隐身技术领域将不断扩展，重点方向是进一步拓展隐身的频段范围和红外隐身性，隐形材料向反雷达探测和反红外探测兼容的方向发展。此外，还会继续降低飞机隐身技术的成本，由于目前采用隐身技术的成本很高，如吸波结构材料和吸波涂料的价格非常昂贵，导致隐身飞机的造价昂贵。因此，如何在技术上突破，降低隐身飞机的制造成本，也是今后隐身技术发展的重要方面。

2. 机动性不断增加，航程更远

高速度、远距离一直是飞机的两大优势，未来作战飞机将进一步扩大这两个优势。①未来作战飞机将采用新的发动机技术和新型机身设计，超声速巡航的速度会有质的飞跃；②未来作战飞机超声速巡航的时间更长，减少对空中加油的依赖，大幅提高作战半径。

3. 无人化趋势不断增强

无人机可突破人的生理限制，具有更高的过载和续航能力，并且具有零伤亡、成本低等显著优势。如无人机可在长达数天的时间里不落地，持续滞空遂行任务。此外，优秀飞行员的培养周期很长，而无人机却很好地避开了这一问题，在战时损失飞行员很难短时间弥补，损失无人机只考虑工业生产能力即可。基于以上原因，未来战机无人化的进程将进一步加快，并且随着人工智能的不断发展，一旦能够满足态势感知、目标识别、自主控制和协同作战的作战要求，各种类型的作战飞机都将趋于无人化。

军事小百科

太空信息化作战平台

也称为天基信息化作战平台，是指以人造地球卫星、宇宙飞船、航天飞机、空间站搭载武器的信息化平台。目前，太空信息化作战平台以人造地球卫星为主，并且大多具有军民通用性，在军事上以提供作战保障为主要任务，包括侦察卫星（图6-12）、通信卫星、导航卫星等不同种类。侦察卫星分为成像侦察卫星、电子侦察卫星、海洋监视卫星、导弹预警卫星、核爆炸探测卫星等。通信卫星是用作无线电通信中继站的卫星。导航卫星是为卫星信号接收者提供位置、授时信息的卫星。

图 5-12 侦察卫星

第三节　综合电子信息系统

综合电子信息系统，由信息获取、信息传输、信息处理、信息管理、信息应用等部分组成，是用于保障军队作战和日常活动的电子信息系统。典型的综合电子信息系统有指挥控制系统、预警系统、导航系统等。

一、指挥控制系统

（一）概念与发展历程

扫一扫：指挥控制系统

指挥控制系统是指对作战人员和武器系统实施指挥和控制的信息系统，指挥控制系统综合运用以计算机技术为核心的信息技术，以保障各级指挥机构对所属部队及武器平台实施科学、高效的指挥控制为目的，实现作战信息从获取、传输、处理到利用的自动化。按层次，分为战略级指挥控制系统、战役级指挥控制系统和战术级指挥控制系统；按军兵种，分为陆军指挥控制系统、海军指挥控制系统、空军指挥控制系统、火箭军指挥控制系统等。

每个生物体都可以看作一个系统，比如说人类，我们的眼睛、耳朵、鼻子等感觉器官可以为我们收集信息，而后通过神经传递至我们的大脑。大脑处理信息后做出判断和决定，再依靠神经系统控制肌肉做出动作。人类集成一个社会群体之后也可以看作一个系统，有的人负责收集信息，有的人负责传递信息，有的人负责处理信息，有的人负责做出决断，有的人负责实施行动。

在战争中，人们构成的武装集团同样需要利用一整套信息流程来组织实施作战。并且，随着人类的进步和科学技术的发展，指挥员所辖的部队数量越来越大、专业兵种越来越多、分布范围越来越广，信息的流转难度也随之增加，指挥员为了消除阻力，提高对信息流转的控制能力，就需要不断更新手段和方式。从农业时代的令旗、号角、锣鼓、烟火，到工业时代的电报、电话、信号弹、望远镜，都在反映着这种变化。

随着有线及无线通信等指挥手段的广泛使用，使得指挥员对战场的远程控制成为可能，出现了指挥控制的概念。到了信息时代，指挥控制系统便应运而生，中国军队称之为指挥信息系统，美军则称之为 C^4ISR 系统。C^4ISR 由英文单词 Command 指挥、Control 控制、Communication 通信、Computer 计算机和 Intelligence 情报、Surveillance 监视、Reconnaissance 侦察的第一个字母组成的。

（二）军事应用

如果说机械化战争是"以大吃小"的话，那么信息化战争更多地表现为"以快吃慢"。美国人约翰·博伊德提出了 OODA 环（图5-13），由"观察—判断—决策—行动"构成的循环，在作战中谁的循环更快，谁就能占得先机。所以在作战中，总是想方设法加快己方的循环过程，而延长敌方的循环时间。

指挥控制系统在缩短 OODA 循环中发挥着巨大的作用，它可以使部队作战"更快、更强、更智能"。因此，

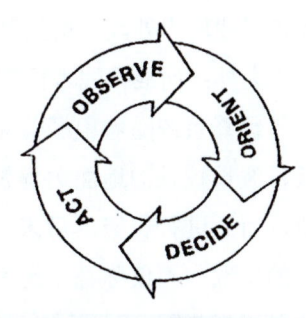

图 5-13　OODA 环

熟练运用指挥控制系统是作战指挥人员的一项重要工作，可以帮助我们赢得对敌作战时的"信息优势、决策优势、行动优势"。

指挥控制系统在作战中的运用，主要包括辅助掌握情况、辅助作战决策、辅助控制协调等三个方面。

辅助掌握情况是指挥控制系统作战运用的首要内容。它主要利用的是指挥控制系统多元化的信息获取能力、快速的信息融合能力和按需的信息分发能力，形成各指挥要素对战场态势的一致理解。

辅助作战决策主要利用系统的海量信息存储功能、并行联合作业功能、智能化辅助决策功能，综合分析敌情、我情、战场环境，为筹划作战提供量化分析、作战计算、计划生成、作战仿真、战场态势生成等，从而提高指挥员和参谋人员的工作效率。比如，在决策时，指挥员可以对当前的作战时间、作战对手、武器装备以及战场环境等条件进行信息查询，在查询结果中查找以往相似的战例，借鉴使用或变通使用其成功的决策。这样的话，就可大大地提高指挥员的决策效率。

辅助控制协调主要是充分发挥系统在掌握情况、督导行动、评估效果、调整行动等方面所具有的快捷、准确、高效等特点，为指挥员及其指挥机关组织指挥作战、督导部队夺取胜利提供手段支撑。

二、预警系统

（一）概念与发展历程

预警系统是指综合多种侦察设备、设施、手段，分析查明敌实施突袭的企图、征候、动向等情况后做出预先警报的信息系统。按照不同的预警级别，可以分为战略预警系统、战役预警系统、战术预警系统。从战略级到战术级，预警系统的作用跨越了平时、战时，涵盖了战场内外。战略预警系统的工作在和平时期也从未间断，预警的范围也常常在"战区"之外；而战役战术预警系统一般聚焦于战场，其行为属于作战预警的范畴。

预警系统随着电子信息技术的发展而产生。早期的预警系统主要依托于频率相对较低、波长较长的地面远程警戒雷达，由人工分析识别雷达截获的信号，做出威胁分析判断，而后进行告警。后来，空基、天基平台陆续加入预警行列，预警机、预警卫星等装备的出现，不仅弥补了地面预警平台受地球曲率影响存在盲区的缺陷，并且极大拓展了预警探测范围。

（二）军事应用

1. 预警机

预警机在军事上的重要性，在近几场局部战争中得到充分体现，预警机已经成为空、海军中不可或缺的空中预警系统。

1982年6月9日，以色列出动90余架F-15、F-16战斗机超低空通过叙利亚地面警戒雷达盲区，突袭叙利亚设在贝卡谷地的防空导弹阵地。与此同时，以色列的4架E-2C预警机在战区西部的地中海上空巡逻，负责监视叙利亚战机的动静。当以色列飞机猛袭叙利亚的导弹阵地时，叙利亚起飞60余架战斗机迎战，但这些飞机刚从机场起飞，即被以色列的E-2C发现，并随即向以色列空军发出告警。随后，E-2C在监视空战的同时，指挥电子干扰机对叙方的雷达进行干扰，指挥自己的攻击机对"萨姆-6"防空导弹阵地进行有效的攻击。最终，叙利亚的19个"萨姆-6"导弹阵地全部被摧毁，55架飞机被击落，而以色列战斗机无一损失。

2. 天基雷达

天基雷达用卫星作为雷达的搭载平台，被称为"太空之眼"。天基雷达居高临下，能超越国界的限制，监视地球表面的大部分地区而不会引起侵犯领空的争议；天基雷达发射无线电波，以太阳能为能量来源，不仅能够不分昼夜24小时地工作，且可以穿透云、雾、雨、雪实施侦察监视，因此能够全天时、全天候地工作，而不受天候和时间的限制。

美国"发现者Ⅱ"天基雷达预警系统将由 24 颗或更多的低轨道侦察卫星和 42 个地面信息管理与接收站组成。该雷达能分辨出地面 0.3～3 米大小的物体；能够自动发现速度为 4～100 千米/小时的运动目标；可保证对战区的高频率观测，这可使敌方无法进行隐蔽的机动与转移。

3. 大型相控阵雷达

大型相控阵雷达是一种覆盖距离远、分辨率高、跟踪目标多的多功能预警探测系统，它可用于对各类空间卫星、航天飞行器、战略弹道导弹的监视、跟踪、识别，可获取卫星轨道和导弹弹道数据，对空间飞行器进行精确探测和跟踪，实时监视和侦察飞行器、空基武器变化状态，进而进行分类，是太空监视、导弹预警、反导袭击的重要预警系统。

美国的大型地面相控阵雷达是美国国家战略预警系统的组成部分。如部署在大福克斯的相控阵边境截获雷达目标特征测量系统，该系统使用的是"AN/FPQ-6"相控阵雷达，平时执行空间跟踪任务，当发现目标后，则自动转为执行监视和攻击判定任务，可从 2000 个空间目标的运行数据中判明导弹、卫星或空间垃圾，计算出目标轨道，推定出导弹弹着点。

三、导航系统

扫一扫：
北斗导航
系统

（一）概念与发展历程

导航是指引导陆地、海洋、空中和空间载体从一地向另一地运动的活动及其技术的统称。包括天文导航、惯性导航、无线电导航、卫星导航、重力导航、地磁导航等。通常通过测定载体的位置和速度相关信息实现。

卫星导航系统是目前应用最为广泛的导航系统，它是以人造卫星为导航台的无线电导航系统，由导航卫星、地面时、用户终端设备组成，为陆地、海洋、空中和空间载体提供导航、定位和授时服务的应基无线电导航系统。如中国的北斗系统（BD）、美国的全球定位系统（GPS）、俄罗斯的格洛纳斯系统（GLONASS）、欧洲的伽利略系统（GALILEO）。

使用国外的卫星导航定位系统必将受制于人，如 GPS 受到美国军方的严格控制，美军可以根据需要随时采取干扰、降低精度甚至在某区域关闭 GPS 信号，限制他人使用。因此，只有发展自主控制权的卫星导航定位系统才能够在未来战争中提供有效可靠的导航定位保障服务。

（二）军事应用

1. 定位服务

随着高技术武器装备的发展使用，现代战争无论在时空规模，还是在作战形式上都发生了根本性的变化。卫星导航定位由于具有全天候、大范围、高精度等特点，在高技术战争中的地位越来越突出。卫星导航系统能够广泛应用于陆地、海上、空中，为部队、单兵、装备平台提供有效的导航定位手段。

卫星导航手持机可用于徒步行进的单兵和分队。导航手持机体积小、重量轻、操作简单、携带方便，装备步兵使用后，不受地理和气候条件的影响，随时快速确定自己的精确位置，便于迅速准确地到达目的地。卫星导航终端设备也可以安装于战车、军舰、战机之上，为其提供准确的位置服务。

2. 制导服务

卫星导航系统还可以用于导弹的精确制导，众多制导武器都结合卫星制导方式来修正惯导的误差积累。比如，美国战斧巡航导弹采用 GPS 制导来修正飞行路线后，其误差可降至 1～3 米。卫星导航系统可以大大降低耗弹量，提高导弹武器效费比。如果对目标的定位精度从 15 米提高到 5 米，那么耗弹量将减少 2/3 以上。

3. 授时服务

没有统一的时间，就不可能实现真正意义上的联合作战。作战指挥、信息融合、战场感知、精确打击都要求有统一的时间参考。卫星导航系统以其高精度、全天时、全天候、大范围、低成本的特点，已经成为当今标准时间频率信号传递的最主要手段。

比如，用户通过北斗系统的授时功能，可与中国军用时间标准保持高精度同步，可广泛应用于各种武器发射、高速传输、测量控制、信息化系统平台的时间传递与同步，与定位功能结合使用可实现多兵种在统一时空坐标系下的高度协同作战。

第四节　信息化杀伤武器

信息化杀伤武器，实质是利用信息技术和计算机技术，使武器装备在火力打击方面实现信息采集、融合、处理、传输、显示的网络化、自动化和实时化。相比机械化杀伤武器，其具有打击精确、反应实时、处理智能、超视距等特点，对目标杀伤效果大幅度提高。信息化杀伤武器涵盖精确制导武器、新概念武器和核生化武器等。

一、精确制导武器

精确制导武器是采用精确制导技术、直接命中概率较高的武器。如各类导弹以及制导炸弹、制导炮弹、制导鱼雷等。通常采用非核弹头，用于打击坦克、装甲车、飞机、舰艇、雷达、指挥控制通信中心、桥梁和武器库等点目标。我国精确制导武器发展十分迅速，从总体上讲，已发展到第三代，而一些世界军事强国已发展到第四代。精确制导武器主要分为导弹和精确制导弹药两大类。

（一）导弹

导弹是 20 世纪 40 年代出现的武器。第二次世界大战后期，德国首先在实战中使用了 V-1 和 V-2 导弹，从欧洲西岸隔海轰炸英国。V-1 是一种亚音速的无人驾驶武器，射程 300 多千米，很容易用歼击机及其他防空措施来对付。V-2 是最大射程约 320 千米的液体导弹，由于可靠性差及弹着点的散布度太大，对英国只起到骚扰的作用，作战效果不大。但 V-2 导弹对以后导弹技术的发展起了重要的先驱作用。20 世纪 70 年代中期以来，导弹进入全面发展更新阶段。为提高战略导弹的生存能力，一些国家着手研究小型单弹头陆基机动战略导弹和大型多弹头铁路机动战略导弹，增大潜射对地导弹的射程，加强战略巡航导弹的研制。发展应用"高级惯性参考球"制导系统，进一步提高导弹的命中精度，研制机动式多弹头。在此期间，战术导弹的发展出现了大范围更新换代的新局面。其中几种以攻击活动目标为主的导弹，如反舰导弹、反坦克导弹和反飞机导弹，发展更为迅速，约占 70 年代以来装备和研制的各类战术导弹的 80% 以上。

导弹依靠自身动力装置推进，由制导系统导引、控制其飞行弹道，将战斗部导向并摧毁目标的武器。具有射程远、速度快、精度高、威力大等特点。导弹摧毁目标的有效载荷是战斗部（或弹头），可为核装药、常规装药、化学战剂、生物战剂，或者使用电磁脉冲。其中装普通炸药的称为常规导弹，装核弹的称核导弹。导弹是一种可以指定攻击目标，或能追踪目标动向的飞行武器。导弹的制导通常分为两类：一类根据信号传送媒体的不同，分为有线制导、雷达制导、红外线制导、雷射制导、电视制导等，另外一类根据导弹的制导方式的不同，分为惯性制导、乘波制导、主动雷达制导和指挥至瞄准线制导等。

导弹武器的作战使命，一是实战，二是威慑。由于导弹武器是现代高科技的结晶和化身，具有不同于一般进攻性武器的突出特点，尤其是其威力大、射程远、精度高、突防能力强的显著特性，使其成为具有超强进攻性和强大威慑力的武器，成为维持战略平衡的支柱、不对称作战的主角和"撒手锏"、信息化战争的主战装备、实现精确作战的必备武器、各类武器平台作战能力的提升器、现代作战防御系统的主要拦截器等。

1. "爱国者"-3 防空导弹

该导弹（图5-14）系全天候多用途地空战术导弹，用于对付现代装备的高性能飞机，并能在电子干扰环境下击毁近程导弹，拦截战术弹道导弹和潜射巡航导弹。导弹长5.31米，弹径0.41米，弹重1吨，最大飞行速度6倍音速，最大射程80千米，战斗部为高能炸药破片杀伤型。

2. AIM-9X 空空导弹

响尾蛇系列最新型，于2003年末正式开始服役。AIM-9X（图5-15）以固态推进火箭与弹头，配合全新设计红外线影像寻标头与导引系统，弹体，缩小的弹翼与控制面以及燃气舵等，将响尾蛇导弹的能力提升到一个全新的境界。

图5-14 "爱国者"防空导弹

3. AGM-88E "哈姆"反辐射导弹

"哈姆"反辐射导弹（图5-16）的最新型号，弹长417厘米，直径25.4厘米，翼展112厘米，重量361千克，采用多模导引装置，可在60度的前视范围内搜索拦截目标，具备对抗敌机关机的能力。可集到在F/A-18C/D、F/A-18E/F、EA-18G和龙卷风ECR飞机，也可与F-35、EA-6B、F-16飞机兼容。

图5-15 AIM-9X 空空导弹

面对尖锐激烈的国际斗争环境，为了维护国家的独立与领土完整，出于自卫，中国自20世纪50年代末开始研制导弹。经过多年的努力，于1980年5月18日成功地发射了洲际弹道导弹，1982年10月成功地发射了潜地导弹，中国已经

图5-16 AGM-88E "哈姆"反辐射导弹

研制并装备了不同类型的中远程、洲际战略弹道导弹及其他多种类型的战术导弹。东风系列导弹便是其中的佼佼者,涵盖了一系列近程、中远程和洲际弹道导弹。由于冷战期间,美苏签署《中导条约》销毁双方的中程弹道导弹,因此东风系列也是目前世界上唯一覆盖各种类型弹道导弹的陆基弹道导弹系列,其射程覆盖30～15000千米。

4. 东风-21D反航母导弹

东风-21D(图5-17)反航母导弹(DF-21D)是中国自主研发的一种新型中程弹道导弹,是世界第一种反舰弹道导弹,它主要用于对航母等舰只进行致命的战略战术打击,可以直接远距离击沉移动中的航母,攻击误差仅仅只有十几米,通过发射多枚该类型导弹(以防止"爱国者"导弹的拦截),使航母或护航舰只失去战斗力。

图5-17 东风-21D反航母导弹

5. 东风-51弹道导弹

东风-51弹道导弹(DF-51)(图5-18)是一种固定井射重型多弹头洲际导弹,我国第一种重型洲际导弹,两级固(液)体火箭发动机,运载负荷约1万千克,最大射程约1.5万千米,能够携带14枚50万吨或8枚100万吨的热核弹头,部署加固地下井。该弹采用外层空间小动能变轨技术,改进固体燃料,缩小弹体,发射平台,是固定地井发射的重型多弹头洲际导弹,代替东风-41的井射型号。

图5-18 东风-51弹道导弹

(二)精确制导弹药

精确制导弹药包括制导炸弹、制导炮弹和制导子弹。

制导炸弹又称可控炸弹,是投放后能对其弹道进行控制并导向目标的航空炸弹,被誉为"灵巧炸弹"。制导炸弹是在普通航弹的基础上增加制导装置而成的,增大了起稳定性的尾翼翼面,一般没有推进系统或仅装有小动力推进系统。主要特点是结构简单、使用方便、射程远、命中精度高、造价低、效费比高,是世界各国机载高精武器中数量最多的一种空地武器。当前，制导炸弹已发展到第四代，制导方式主要采用以卫星定位系统为主的复合制导方式。美国的 JDAM 联合直接攻击弹药、GBU–28 激光制导钻地炸弹，日本的 GCS–1 制导炸弹。

1. GBU–28 激光制导炸弹

该制导导弹（图 5-19）属于美国"宝石路"Ⅲ激光制导炸弹系列。弹体分为制导舱、战斗部舱、尾舱。其中，制导舱装有智能化的引信，引信的核心部件是微型固态加速计。该加速计可随时将炸弹钻地过程中的有关数值与内装程序进行比较，以确定钻地深度。当炸弹碰到地下掩体时，会自动记录穿过的掩体层数，直到到达指定掩体层后才会爆炸。

图 5-19 GBU–28 激光制导炸弹

GBU–28 能钻入地下 6 米深的加固混凝土建筑物或 30 米深的地下土层。

制导炮弹是利用自身制导装置，发射后能在弹道末段实施控制、引导的炮弹。是一种高新技术炮弹，采用激光半主动制导方式，使火炮这类间接瞄准杀伤武器具备远距离精确打击点目标（装甲目标）的能力，炮弹散布误差可达 1 米以内，首发命中率可达 90%。主要对付坦克、装甲车辆、舰艇等目标。制导炮弹主要有三种类型：激光制导炮弹，如美国"铜班蛇"制导炮弹、俄罗斯的"红土地–M2"制导炮弹；毫米波制导炮弹，如法国研制的"灰背隼"81迫击炮弹、美"萨达姆"系统；红外制导炮弹，如瑞典的"斯特勒克斯"制导炮弹。

2. M712 铜斑蛇激光制导炮弹

该制导炮弹（图 5-20）由 155 毫米火炮发射，系激光末制导，使火炮在远距离上准确打击点状目标成为现实。前观（目标照射组）发现目标后，通知炮兵，同时使用激光照射器照射目标，炮兵依据激光照射器编码和目标距离，给炮弹装定目标编码和定时器，并发射。弹丸出膛后，惯性开关接通电源，定时器开始工作。弹上尾翼随炮弹旋转而张开。弹丸到达最大弹道高后，定时器打开弹翼增程，弹丸到达目标区后，弹上寻的器接收目标反射

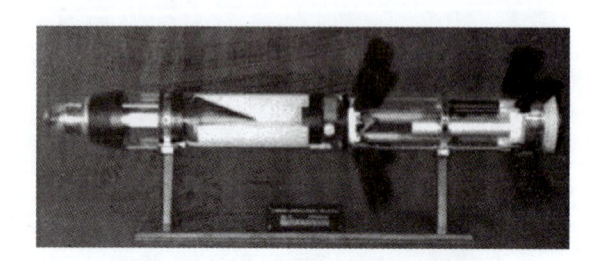

图 5-20 M712 铜斑蛇激光制导炮弹

激光波束，引导弹丸沿波束飞行，直至命中目标。

制导子弹是指加入了制导技术的子弹，通过在弹头中加入光学传感器和尾翼引导，可以在飞行中改变轨迹并击中超远距离的目标。制导子弹前端有一个光学传感器，用于搜索、追踪射向目标的激光制导点，内部传感器能将目标的数据实时传送给制导和指挥元件，后者可以通过一个 8 位的中央处理器计算出理想的飞行弹道并控制电磁传动装置，使子弹以曲线弹道击中目标（即使目标躲在墙后也可打中）。目前，美军已研发出具备"拐弯"能力、最远射程可达 5000 米的高精度子弹。

二、新概念武器

扫一扫：新概念武器

新概念武器是指在工作原理和杀伤机理上有别于传统武器、能大幅度提高作战效能的一类新型武器。新概念武器的研究和应用，将为未来高科技战争带来革命性的影响和变化。

（一）定向能武器

定向能武器是指武器的能量是沿着一定方向传播的，在该方向的一定距离内具有杀伤破坏作用、在其他方向没有杀伤破坏作用的武器，主要包括激光武器、微波武器和粒子束武器。

激光武器是一种利用沿一定方向发射的激光束攻击目标的定向能武器，分为战术激光武器和战略激光武器两种。激光武器具有快速、灵活、精确、抗电磁干扰能力强等优异性能，在光电对抗、防空和战略防御中可发挥独特作用。与传统武器相比，激光武器具有独特的优势。①快速，激光传播速度高达每秒 30 万千米；②选择性好，激光本身不会爆炸，可以打击靠近友方的目标；③反应灵活，只需转动一面镜子，便可以大幅改变发射方向，比其他任何武器都易于操纵；④可以连续发射，一个激光器可以在短时间内击毁多个目标，做到以寡敌众；⑤价格低廉，虽然激光器本身价格不菲，但每次发射的成本却只需几千美元，相对于那些高价值的打击目标来说十分廉价。激光武器的缺点是不能全天候使用，受大雾、大雪、大雨等不良天气影响大，且激光发射系统属精密光学系统，在战场上的生存受到严峻挑战。

微波武器又叫射频武器或电磁脉冲武器，是利用高能量的电磁波辐射攻击和毁伤目标的武器。由于威力大、速度高、作用距离远，而且看不见、摸不着，往往伤人于无形。因此，被誉为现代战场上的"无形杀手"。微波武器的工作机理是：基于微波与被照射物之间的分子相互作用，将电磁能转变为热能。特点是不需要传热过程，即刻使被照射目标材料中的很多分子运动起来，使之内外同时受热，产生高温从而烧毁目标材料。较低功率的轻型微波武器，主要作为电子对抗手段和"非杀伤武器"使用，高能微波武器则是一种威力极强的大规模毁灭性武器。微波武器波束宽，作用距离更远，受气候影响更小，而且只需大致指向目标，不必精确跟踪、瞄准目标，便于控制，使敌方更加难以对抗。

粒子束武器是利用高速粒子的能量破坏战场目标的武器。基本工作机理是：利用加速器将电子、质子或离子等粒子加速到光速的 0.6～0.7 倍后发射出去，当粒子在前进方向上遇到目标时，粒子所带有的巨大动能就传输到目标上，使其遭到毁坏，运用粒子束武器对付带有核弹的洲际导弹十分有效。粒子束武器拦截速度快，所发射的粒子束的速度接近于光速，可在瞬间到达目标，打击运动目标基本不考虑提前量。发射率高，粒子束武器主要依靠射束的能量来杀伤破坏目标，只要采用科学的储能装置，把大量能量先贮存起来，就能够连续发射，不受"弹药"供应的限制。杀伤力极大，粒子束不仅能量高度集中，能在极短的时间里把粒子束流的能量集中在目标的一小块面积上，而且具有很强的穿透能力，不仅会引起目标熔化、损坏并导致断裂，还可能穿透到目标的内部，引起内部机件和电子设备的损坏，或导致目标战斗部提前起爆。变换射向灵活，当粒子束武器需要改变射击方向时，只要改变一下粒子加速器粒子束流出口处的导向电磁透镜中的电流方向即可，使用一台粒子束武器即可拦截或攻击多个目标，而且转变射向时不用降低发射速度。粒子束武器具有全天候作战能力，其发射的是高速质子、电子、离子或中性粒子束流，这些粒子都具有一定的静止质量，所以粒子束流能够穿透云、雨、雾、霾，受天气影响较小，可以全天候作战。

（二）动能武器

扫一扫：电磁炮

动能武器就是能发射出超速运动的具有极大动能的弹头，通过直接碰撞方式摧毁目标的武器，可用于战略反导、反卫星和反航天器，也可于战术防空、反坦克和战术反导。主要有动能拦截弹、电磁炮和群射火箭。

动能拦截弹有大气层外用的导弹动能拦截弹、大气层内用的导弹动能拦截弹、反卫星导弹等。大气层外用的导弹动能拦截弹射程约为 160 千米，可以 9 千米/秒的相对速度碰撞和摧毁目标，一枚动能拦截弹可携带几十个能独立摧毁目标的弹头，探测器采用红外寻的，这种动能拦截弹比核弹头重量轻、成本低，没有自相摧毁效应，从而大大提高了反导系统的效费比。大气层内用的导弹动能拦截弹多采用两级火箭，飞行速度为 5～6 千米/秒，射程为 200 千米，拦截高度为 15～50 千米，这类拦截弹主要有陆基反导弹导弹、动能弹道导弹防御系统、增程动能拦截弹。反卫星导弹是专门用于攻击卫星的导弹，典型的有美国的"空对天攻击导弹"和俄罗斯的"非核杀伤反卫星导弹"。

电磁炮是一种利用电磁力沿导轨发射炮弹的武器,以其独特的优势在军事上具有十分广泛的应用及不可估量的发展前景,主要表现在:

用于反卫星和反导弹。目前,美国国防部和美国空军正在联合主持一项天基动能武器研究计划,名曰"电磁轨道系统"。由安装在模拟空间环境的真空室里的电磁炮发射的小型弹头的速度已达每秒 8.6 千米。用于反装甲。电磁炮的巨大动能,可穿透现有坦克的各种装甲,用于增大常规火炮射程。如在普通火炮炮管口部加装电磁加速器,可大大提高火炮的射程。此外,随着电磁发射技术的发展,今后的电磁炮不仅能用来发射炮弹,还可用来发射无人飞机、载人飞机,发射导弹、卫星,甚至航天器等。

群射火箭是美国研制的一种子弹式旋转稳定的无控火箭。它采用普通钢质壳体,直径 2.54～7.62 厘米,长 25.4～38.1 厘米,外形犹如 60 毫米迫击炮弹。飞行速度可达 1.5 千米/秒,在 1.2 千米的射程内摧毁再入段洲际弹道导弹弹头。设想中的火箭发射装置是一个圆筒形的发射器,由几十个发射管集合而成,可横向旋转 360 度。群射火箭发射后,在来袭弹头再入大气层的临空弹道上形成一个多层次密集的火箭阵雨,与来袭的弹头相撞并将其摧毁。

(三)非致命武器

非致命武器是指为达到使人员或装备失去功能、能力而不消灭其物理实体而专门设计的武器。非致命武器可分为反装备非致命武器和反人员非致命武器两大类。

反装备非致命武器,是对人员不造成杀伤、专门用于对付敌方的武器装备的武器。主要有:①超级润滑剂,是采用含油聚合物微球、聚合物微球、无机润滑剂等做原料复配而成的摩擦系数极小的化学物质,主要用于攻击机场跑道、航母甲板、铁轨、高速公路、桥梁等目标,可有效破坏飞机起降和列车、军用车辆的机动;②材料脆化剂,是一些能引起金属结构材料、高分子材料等迅速解体的特殊化学物质,这类物质可对敌方武器装备的结构造成严重损伤并使其瘫痪,可以用来破坏敌方的飞机、坦克、车辆、舰艇以及铁路、桥梁等基础设施;③超级腐蚀剂,是对特定材料具有超强腐蚀作用的化学物质。设想一下,对坦克手来说,刀枪不入的复合装甲在这种腐蚀剂的作用下变软该是多么可怕的事情;④超级黏胶,是一些具有超级强黏结性能的化学物质。国外正在研究将它们用于破坏装备传感装置和使发动机熄火的武器。同时,将超级黏胶与材料脆化剂、超级腐蚀剂等复配,以提高这些化学武器的作战效能。

反人员非致命武器可使敌方战斗减员,使敌方造成沉重的伤员负担。目前国外正在研究的反人员非致命武器主要有化学失能剂、刺激剂、黏性泡沫等。

（四）人工智能武器

扫一扫：军用机器人

近年来，人工智能、无线网络和控制技术的快速发展，为军用自主无人智能技术发展带来了深刻变革，军用无人系统自主技术水平和能力快速提升，对未来武器装备发展和作战模式的颠覆性影响日益显现，受到越来越多国家的高度关注。人工智能武器主要包括军用机器人、军用人工智能车辆和智能化士兵装备等。

军用机器人是具有人的某些功能、似人而非人的机器。主要用于完成战场上某些危险的、笨重的战斗保障任务，如侦察警戒、布雷与扫雷、弹药装填、消除核生化沾染等。由于技术上还不成熟，这些机器人大都未能大量装备部队投入使用。不过，理论、实验和作战经验表明，军用机器人有超人的效能，以战斗机器人为代表的军用机器人在未来的信息化战场上必将发挥不可忽视的作用。

军用人工智能车辆，从原理上讲也属于军用机器人，只是其行走机构不是关节式的而是滚动式的，因而其运动速度比军用机器人快，主要用于遥控侦察、自主式巡逻和警戒、自主式反装甲和防空。

智能化士兵装备主要指智能化步枪、制导枪弹和智能作战服等新型装备，在人工智能技术方面并取得新突破。智能化步枪和制导枪弹的使用，将掀起步枪远距离精确射杀的革命，同时可减轻部队训练强度和减少弹药消耗；智能作战服通过将负重智能分布于全身，增强士兵的综合作战效能。

（五）基因武器

基因武器，也称遗传工程武器或 DNA 武器。它是运用先进的遗传工程技术，用类似工程设计的办法，按人们的需要通过基因重组，在一些致病细菌或病毒中接入能对抗普通疫苗或药物的基因，或者在一些本来不会致病的微生物体内接入致病基来制造成的生物武器。它能改变非致病微生物的遗传物质，使其产生具有显著抗药性的致病菌，利用人种生化特征上的差异，使这种致病菌只对特定遗传特征的人种产生致病作用，从而有选择地消灭敌方有生力量。主要有抗药性生物战剂基因武器、人种基因武器、转基因动物武器和毒素基因武器四大类。

（六）地球物理武器

广义的地球物理武器是指以地球物理场作为打击和消灭敌人的武器，它与现代战争中使用的常规武器（如飞机、大炮、原子弹和氢弹等）不同，是通过干扰或改变我们周围的各种地球物理场（如电磁场、地震波场、重力场等）来达到瓦解和消灭对方有生力量的一种非常规武器。包括堵塞、干扰和破坏敌方通信，通过改变战区的气候和生态环境，摧毁对方的飞机、军舰、潜艇、导弹、卫星，甚至诱发地震、洪水和干旱等。

三、核生化武器

（一）核武器

核武器是利用核裂变装置爆炸能量引发氘、氚等轻核的自持聚变反应，利用瞬时释放的光热辐射、冲击波和感生放射性造成杀伤和破坏作用，以及造成大面积放射性污染，阻止对方军事行动以达到战略目的的巨大杀伤力武器。核武器由核战斗部、投射工具和指挥控制系统等构成。其中的核战斗部，也称核弹头，是核武器主要构成部分。核武器包括氢弹、原子弹、中子弹、三相弹、反物质弹等与核反应有关系的杀伤武器。到目前为止，已经发展到第四代。

扫一扫：恐怖的核武器爆炸

第一代核武器，即原子弹，是以重核铀或钚裂变的核弹。主要由中子轰击铀–235或钚–239，使其原子核裂开产生能量，包括冲击波、瞬间核辐射、电磁脉冲干扰、核污染、光辐射等杀伤作用。迄今为止，原子弹是唯一一种用于实战的核武器。第二次世界大战期间，美国于1945年8月6日在日本广岛投下原子弹，对日本军国主义进行毁灭性的打击。三天后，长崎遭受了同样的厄运。战后统计，广岛市全市建筑物总计76327幢，全毁48000幢，半毁22178幢；当日死亡78150人，受伤和失踪51408人。长崎市的52000余幢住宅中，有14146幢被烧毁、5441幢严重毁坏，其余受到轻微损坏；据估计，20多万人中，约有35000人死亡，6万人受伤。就这样，两座几十万人口的城市，顷刻之间变成了一片焦土，街道狼藉，尸横遍野，造成了致命的破坏。同时，加快了日本军国主义的投降和第二次世界大战的结束。

第二代核武器，即氢弹，是以核裂变加核聚变引爆的核弹。氢弹爆炸实际上是两次核反应 (重核裂变和轻核聚变)，所以说氢弹的威力比原子弹要更加强大。如装载同样多的核燃料，氢弹的威力是原子弹的4倍以上。世界上最大的一次核爆炸是苏联于1961年10月30日在新地岛进行的热核氢弹爆炸，当量5000万吨，爆炸威力半径700公里，总覆盖面积为8.26万平方千米。核爆炸后，4000千米内的飞机、导弹、雷达、通信等设备全部受到不同程度的影响。

第三代核武器，即中子弹，是一种特殊类型的小型氢弹。其原理是核裂变加核聚变，用内部的中子源轰击钚–239产生裂变，裂变产生的高能中子和高温促使氘氚混合物聚变。

特点是中子能量高、数量多、当量小，具有"只杀伤人员而不摧毁装备、建筑，不造成大面积污染"灵巧作战能力。中子弹最适合杀灭坦克、碉堡、地下指挥部里的有生力量。

第四代核武器，即核定向能武器，如反物质弹、激光引爆核炸弹、干净的聚变弹、同质异能素武器等。突出特点是某一种效果显著、定向发射、不产生剩余核辐射。核武器可以有选择地攻击目标，可控制杀伤破坏作用。

（二）化学武器

化学武器是指利用化学物质的毒性以杀伤有生力量的各种武器和器材的总称，由三部分组成：①以其直接毒害作用干扰和破坏人体的正常生理功能，造成人员失能、永久伤害或死亡的毒剂；②装填并把它分散成战斗状态的化学弹药或装置，如钢瓶、毒烟罐、气溶胶发生器、各种炮弹、炸弹、航弹、火箭弹及导弹等；③用以把化学弹药或装置投送到目标区的发射系统或运载工具，如火炮、飞机、火箭等。化学武器是一种大规模杀伤性武器。与常规武器相比，它有杀伤范围广、扩散速度快、威力大；杀伤途径多；持续作用时间长；种类多；只杀伤人员和生物，不破坏武器装备和军事设施；受气象、地形条件影响较大等特点。

军用毒剂是化学武器的基本组成部分，按毒理作用分为6类：①神经性毒剂：主要用于破坏人体神经，使人产生胸闷、瞳孔缩小、视力模糊、流口水、多汗、肌肉跳动等症状，严重时出现呼吸困难、大小便失禁，甚至抽筋而死；②糜烂性毒剂：主要用于引起皮肤起泡糜烂的，使人在短时间内立即出现支气管炎、流鼻涕、咳嗽，严重时呕吐、便血，甚至死亡；③窒息性毒剂：主要用于损伤肺组织，使人首先感到强烈刺激，然后产生肺水肿窒息而死；④全身中毒性毒剂：主要用于破坏人体细胞的功能，使人舌尖麻木、严重时很快感到胸闷、呼吸困难、瞳孔放大、强烈抽筋而死；⑤刺激性毒剂：主要用于刺激呼吸道和皮肤，使人立即流泪、打喷嚏、皮肤发痒；⑥失能性毒剂：主要用于刺激神经、瘫痪四肢，使人产生幻觉，判断力和注意力减退，出现狂躁、激动、口干、皮肤潮红等症状。

（三）生物武器

生物武器是大规模杀伤性武器之一，依靠散布生物战剂制造"人工瘟疫"，使对方军队、居民、牲畜以及农作物受到感染，引起人、畜疾病流行或死亡，农作物遭受损失，从而削弱对方战斗力，破坏战争潜力。生物武器不同于核化武器和常规武器，其特点是：①致病力强，可造成失能或死亡。生物战剂的致病方法，少量战剂用于人体就可以引起发病甚至死亡，如1克A型肉毒杆菌毒素可使800万人致死；②污染范围广，不易被及时发现。施放生物战剂，如在气象、地形等适宜的条件下可造成大范围的污染,用一架飞机喷洒生物战剂,即可造成几百至几千平方千米的污染区;③传播途径多,有传染性,可造成疾病流行。生物战剂的传播途径很多,可经空气、水、食物、污染物体及媒介昆虫等传播,通过呼吸道、消化道、皮肤创伤及黏膜等部位侵入人体;④危害作用时间长。生物战剂气溶胶危害时间通常为数小时(白天约2小时,夜间约8小时),散布在水或土壤中的生物战剂危害时间比气溶胶要长,散布的带菌昆虫与鼠类,传染性可保持数天或数月,有的生物战剂能在受感染的动物体内长期存活,甚至传代;⑤有局限性,受自然因素影响较大,没有立即起到杀伤作用。生物战剂的攻击效果受风速、风向、温度、湿度、降雨、降雪、日光以及地貌等条件的影响也很大。生物战剂侵入人体后,不会立即使人致病,要经过一个潜伏期,时间长短取决于战剂种类和侵入人体的剂量等,一般短者数十分钟,长者十几天。

思考题:

1. 信息化装备对现代作战有哪些影响?
2. 坦克的发展趋势是什么?
3. 军舰的发展趋势是什么?
4. 作战飞机的发展趋势是什么?

红色风景线

乐亭李大钊纪念馆

乐亭李大钊纪念馆,位于河北省乐亭县新城区,占地130亩,建筑面积6880平方米,由纪念馆和故居组成。1995年被河北省委、省政府命名为"河北省爱国主义教育基地";1997年,被中宣部命名为"全国爱国主义教育示范基地"。2010年,被中央纪委监察部命名为"全国廉政教育基地"。

李大钊纪念馆主要由李大钊生平事迹陈列展览、李大钊纪念碑林组成,该馆馆藏李大钊的有关文物、资料等3000多件(套)。

李大钊故居,位于乐亭县大黑坨村,始建于清光绪七年(1881年),是李大钊诞生和幼年、少年成长的地方。在这里,李大钊接受了严格的家教,对他以后思想性格的形成产生了很大影响。1982年7月23日,经省政府批准为河北省重点文物保护单位。1988年1月13日,经国务院批准为全国重点文物保护单位。

李大钊纪念馆建筑风格融地方特色、民族风格与现代建筑格调为一体，主体建筑由黑、白、灰三色组成，朴素、简明、大方，并与园林绿化相结合，体现了李大钊朴实无华的性格特征和崇高的精神风范。

李大钊纪念馆既是李大钊生平伟绩陈列馆，又是爱国主义教育示范基地；既是研究李大钊的重要基地，又是独特的旅游景区。2004年，被国家发改委等确定为全国百个红色旅游经典景区、首条精品旅行线路；2007年11月被国家旅游局评为国家4A级旅游景区。

李大钊纪念馆充分发挥在精神文明建设中的文明窗口作用，2001年至2009年，连续四次被河北省评为精神文明单位，2005年，被中央评为精神文明建设先进单位。

下篇

军事技能

> 深入推进依法治军、从严治军，是全面推进依法治国总体布局的重要组成部分，是实现强军目标的必然要求。
>
> ——习近平

第六章　共同条令教育与训练

中央军委颁发的《内务条令》《纪律条令》《队列条令》是全体军人必须共同遵守的法规，被称为"共同条令"。共同条令对我军的内务建设、纪律建设和队列生活做出了严格的规范，具有很高的权威性、普遍的适用性和严谨的科学性。在普通高等学校进行中国人民解放军共同条令教育与训练，对于大学生养成良好军事素养，增强组织纪律观念，培养令行禁止、团结奋进的优良作风，都将起到积极的作用。

★ 第一节　共同条令教育

一、《内务条令》教育

（一）主要内容

《内务条令》包括总则，军人宣誓，军人职责，内部关系，礼节，军人着装，军容风纪，等 15 章 325 条。并有中国人民解放军军旗式样、军徽式样等 10 项附录。

（二）《内务条令》总则

总则是条令基本精神和原则的高度概括，是条令的总纲，主要规定了军队的性质、军队的使命任务、军队的强军目标、内务建设的指导思想四个方面的内容。

（三）军人宣誓

军人宣誓，是军人对自己肩负的神圣职责和光荣使命的承诺和保证。军人誓词是：

我是中国人民解放军军人，我宣誓：

服从中国共产党的领导，全心全意为人民服务，服从命令，忠于职守，严守纪律，保守秘密，英勇顽强，不怕牺牲，苦练杀敌本领，时刻准备战斗，绝不叛离军队，誓死保卫祖国。

二、《纪律条令》教育

（一）主要内容

《纪律条令》是规定军队纪律的条令，是全军维护和巩固纪律的依据，包括总则，纪律的主要内容，奖励，表彰，处分，特殊措施，控告和申诉，首长责任和纪律监察，附则等 9 章 262 条。并有三大纪律、八项注意等 8 项附录。

（二）军队纪律

中国人民解放军纪律，是建立在政治自觉基础的严格纪律，是军队战斗力的重要因素，是保持人民军队性质、宗旨、本色，团结自己、战胜敌人和完成一切任务的保证。全体军人在任何情况下都必须严格遵守。主要内容可以概括为十个方面：

（1）遵守政治纪律，对党忠诚，立场坚定；
（2）遵守组织纪律，民主集中，服从组织；
（3）遵守作战纪律，服从命令，听从指挥，英勇善战；
（4）遵守训练纪律，按纲施训，从难从严；
（5）遵守工作纪律，爱岗敬业，忠于职守；
（6）遵守保密纪律，严守规定，保守秘密；
（7）遵守廉洁纪律，干净做事，清白做人；
（8）遵守财经纪律，依法管财，科学理财，节俭用财；
（9）遵守群众纪律，拥政爱民，军民一致；
（10）遵守生活纪律，志趣高尚，行为规范。

（三）奖励

奖励的目的在于鼓励先进，维护纪律，调动官兵的积极性、创造性，发扬爱国主义、共产主义和革命英雄主义精神，保证作战、训练和其他各项任务的完成。奖励应当坚持的原则：严格标准，按绩施奖；发扬民主，贯彻群众路线；精神奖励和物质奖励相结合，以精神奖励为主，注重发挥物质奖励的激励作用。

对个人的奖励项目分为嘉奖、三等功、二等功、一等功、荣誉称号、八一勋章等六种。依次以嘉奖为最低奖励，八一勋章为最高奖励。根据需要，中央军委可以设立其他勋章。

对单位的奖励项目分为嘉奖、三等功、二等功、一等功、荣誉称号等五种。以上奖励项目，依次以嘉奖为最低奖励，荣誉称号为最高奖励。

（四）处分

处分的目的在于严明纪律，教育违纪者和部队，强化纪律观念，维护集中统一，巩固和提高部队战斗力。处分应当坚持依据事实，惩戒恰当；惩前毖后，治病救人；纪律面前人人平等的原则。

对义务兵的处分项目分为：警告、严重警告、记过、记大过、降职或者撤职、降衔、除名、开除军籍。对士官的处分项目分为：警告、严重警告、记过、记大过、降职或者撤职、降衔、开除军籍。

对军官（文职干部）的处分项目分为：警告、严重警告、记过、记大过、降职（级）或者降衔（级）、撤职、开除军籍。

三、《队列条令》教育

（一）《队列条令》

《队列条令》是规定部队和单个军人队列动作的条令，是军队队列生活的准则和队列训练的基本依据。

《队列条令》主要内容包括总则，队列指挥，队列队形，单个军人的队列动作，分队、部队的队列动作等 10 章 89 条。

（二）队列训练

队列训练是按照《队列条令》的规定，对单个军人和部（分）队进行的训练。加强队列训练，对于培养良好的军姿、严整的军容、过硬的作风、严格的纪律性和协调一致的动作，落实全面从严治军要求，促进军队正规化建设，巩固和提高战斗力，具有十分重要的作用。

（三）单个军人队列动作

1. 立正、稍息

（1）立正

要领：两脚跟靠拢并齐，两脚尖向外分开约 60 度；两腿挺直；小腹微收，自然挺胸；上体正直，微向前倾；两肩要平，稍向后张；两臂下垂自然伸直，手指并拢自然微曲，拇指尖贴于食指第二节，中指贴于裤缝；头要正，颈要直，口要闭，下颌微收，两眼向前平视（图 6-1）。

（2）稍息

要领：左脚顺脚尖方向伸出约全脚的三分之二，两腿自然伸直，上体保持立正姿势，身体重心大部分落于右脚；携枪（筒）时，携带的方法不变，其余动作同徒手；稍息过久，可以自行换脚，动作应当迅速。

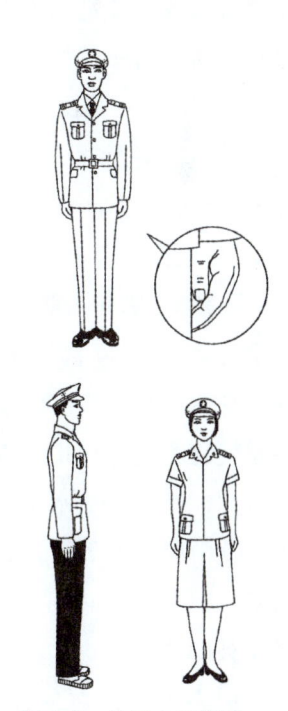

图 6-1　徒手立正姿势

2. 停止间转法

（1）向右（左）转

要领：以右（左）脚跟为轴，右（左）脚跟和左（右）脚掌前部同时用力，使身体协调一致向右（左）转90度，身体重心落在右（左）脚，左（右）脚取捷径迅速靠拢右（左）脚，成立正姿势。转动和靠脚时，两腿挺直，上体保持立正姿势。

半面向右（左）转，按照向右（左）转的要领转45度。

（2）向后转

要领：按照向右转的要领向后转180度。

3. 行进

（1）齐步

要领：左脚向正前方迈出约75厘米，按照先脚跟后脚掌的顺序着地，同时身体重心前移，右脚照此法动作；上体正直，微向前倾；手指轻轻握拢，拇指贴于食指第二节；两臂前后自然摆动，向前摆臂时，肘部弯曲，小臂自然向里合，手心向内稍向下，拇指根部对正衣扣线（着海军藏青色春秋常服、冬常服时，拇指根部对正双排扣中间位置），并高于春秋常服或者冬常服最下方衣扣约5厘米（着夏常服、水兵服时，高于内腰带扣中央约5厘米；着作训服时，与外腰带扣中央同高），离身体约30厘米；向后摆臂时，手臂自然伸直，手腕前侧距裤缝线约30厘米（图6-2）。行进速度每分钟116～122步。

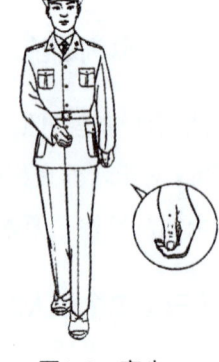

图6-2 齐步

（2）正步

要领：左脚向正前方踢出约75厘米，腿要绷直，脚尖下压，脚掌与地面平行，离地面约25厘米，适当用力使全脚掌着地，同时身体重心前移，右脚照此法动作；上体正直，微向前倾；手指轻轻握拢，拇指伸直贴于食指第二节；向前摆臂时，肘部弯曲，小臂略成水平，手心向内稍向下，手腕下沿摆到高于春秋常服或者冬常服最下方衣扣约15厘米处（着夏常服、水兵服时，高于内腰带扣中央约15厘米处；着作训服时，高于外腰带扣中央约10厘米处），离身体约10厘米；向后摆臂时左手心向右、右手心向左，手腕前侧距裤缝线约30厘米（图6-3）。行进速度每分钟110～116步。

图6-3 正步

（3）跑步

要领：听到预令，两手迅速握拳（四指蜷握，拇指贴于食指第一关节和中指第二节），提到腰际，约与腰带同高，拳心向内，肘部稍向里合。听到动令，上体微向前倾，两腿微弯，同时左脚利用右脚掌的蹬力跃出约85厘米，前脚掌先着地，身体重心前移，右脚照此法动作；两臂前后自然摆动，向前摆臂时，大臂略垂直，肘部贴于腰际，小臂略平，稍向里合，两拳内侧各距衣扣线约5厘米（着海军藏青色春秋常服、冬常服时，两拳内侧各距双排扣中间位置约5厘米）；向后摆臂时，拳贴于腰际（图6-4）。行进速度每分钟170～180步。

图6-4 跑步

（4）便步

要领：用适当的步速、步幅行进，两臂自然摆动，上体保持良好姿态。

（5）踏步

要领：两脚在原地上下起落（抬起时，脚尖自然下垂，离地面约15厘米；落下时，前脚掌先着地），上体保持正直，两臂按照齐步或者跑步摆臂的要领摆动（图6-5）。

图6-5 踏步

4. 立定

要领：齐步、正步和礼步时，听到口令，左脚再向前大半步着地，脚尖向外约30度，两腿挺直，右脚取捷径迅速靠拢左脚，成立正姿势。跑步时，听到口令，继续跑2步，然后左脚向前大半步（两拳收于腰际，停止摆动）着地，右脚取捷径靠拢左脚，同时将手放下，成立正姿势。踏步时，听到口令，左脚踏1步，右脚靠拢左脚，原地成立正姿势；跑步的踏步，听到口令，继续踏2步，再按照上述要领进行。

5. 步法变换

步法变换，均从左脚开始。

齐步、正步互换，听到口令，右脚继续走1步，即换正步或者齐步行进。

齐步换跑步，听到预令，两手迅速握拳提到腰际，两臂前后自然摆动；听到动令，即换跑步行进。

齐步换踏步，听到口令，即换踏步。

跑步换齐步，听到口令，继续跑2步，然后换齐步行进。

跑步换踏步，听到口令，继续跑 2 步，然后换踏步。

踏步换齐步或者跑步，听到"前进"的口令，继续踏 2 步，再换齐步或者跑步行进。

6. 坐下、蹲下、起立

（1）坐下

要领：左小腿在右小腿后交叉，迅速坐下（坐凳子时，听到口令，左脚向左分开约一脚之长；女军人着裙服坐凳子时，两腿自然并拢），手指自然并拢放在两膝上，上体保持正直。

（2）蹲下

要领：右脚后退半步，前脚掌着地，臀部坐在右脚跟上（膝盖不着地），两腿分开约 60 度（女军人两腿自然并拢），手指自然并拢放在两膝上，上体保持正直（图 6-6）。蹲下过久，可以自行换脚。

（3）起立

要领：全身协力迅速起立，左脚取捷径靠拢右脚（蹲下时，右脚取捷径靠拢左脚），成立正姿势或者成持枪、肩枪（筒）立正姿势。

图 6-6　蹲下

7. 整理着装

要领：两手（持自动步枪时，将枪夹于两腿间）从帽子开始，自上而下，将着装整理好（必要时，也可以相互整理）；整理完毕，自行稍息；听到"停"的口令，恢复立正姿势。

8. 脱帽、戴帽

（1）脱帽

要领：双手捏帽檐或者帽子前端两侧，将帽取下，取捷径置于左小臂，帽徽向前，掌心向上，四指扶帽檐或者帽前端中央处，小臂略成水平，右手放下（图 6-7）。

（2）戴帽

要领：双手捏帽檐或者帽子前端两侧，取捷径将帽迅速戴正。

图 6-7　脱　帽

176

★ 第二节　分队的队列动作

一、分队队列动作

（一）集合、离散

1. 集合

集合，是使单个军人、分队、部队按照规范队形聚集起来的一种队列动作。

集合时，指挥员应当先发出预告或者信号，如"全连注意"或者"×排注意"，然后，站在预定队形的中央前，面向预定队形成立正姿势，下达"成××队——集合"的口令。所属人员听到预告或者信号，原地面向指挥员成立正姿势；听到口令，跑步到指定位置面向指挥员集合（在指挥员后侧的人员，应当从指挥员右侧绕过），自行对正、看齐，成立正姿势。

（1）班集合

班横队（二列横队）集合要领：基准兵迅速到班长左前方适当位置，成立正姿势；其他士兵以基准兵为准，依次向左排列，自行看齐。成班二列横队时，单数士兵在前，双数士兵在后。

班纵队（二路纵队）集合要领：基准兵迅速到班长前方适当位置，成立正姿势；其他士兵以基准兵为准，依次向后排列，自行对正。成班二路纵队时，单数士兵在左，双数士兵在右。

（2）排集合

排横队集合要领：基准班在指挥员前方适当位置，成班横队迅速站好；其他班成班横队，以基准班为准，依次向后排列，自行对正、看齐。

成排纵队集合要领：基准班在指挥员右前方适当位置，成班纵队迅速站好；其他班成班纵队，以基准班为准，依次向右排列，自行对正、看齐。

（3）连集合

连横队集合要领：队列内的连指挥员或者基准排，在指挥员左前方适当位置，成横队迅速站好；各排和连部成横队，以连指挥员或者基准排为准，依次向左排列，自行对正、看齐。

连纵队集合要领：队列内的连指挥员或者基准排，在指挥员前方适当位置，成纵队迅速站好；各排和连部成纵队，以连指挥员或者基准排为准，依次向后排列，自行对正、看齐。

连并列纵队集合要领：队列内的连指挥员或者基准排，在指挥员左前方适当位置，成纵队迅速站好；各排和连部成纵队，以连指挥员或者基准排为准，依次向左排列，自行对正、看齐。

2. 离散

离散，是使列队的单个军人、分队、部队各自离开原队列位置的一种队列动作。

（1）离开

口令：各营（连、排、班）带开（带回）。

要领：队列中的各营（连、排、班）指挥员带领本队迅速离开原列队位置。

（2）解散

口令：解散。

要领：队列人员迅速离开原列队位置。

（二）整齐、报数

1. 整齐

整齐分为向右（左）看齐和向中看齐。

向右（左）看齐要领：基准兵不动，其他士兵向右（左）转头（持枪时，听到预令，迅速将枪稍提起），眼睛看右（左）邻士兵腮部，前四名能通视基准兵，自第五名起，以能通视到本人以右（左）第三人为度；后列人员，先向前对正，后向右（左）看齐；听到"向前——看"的口令，迅速将头转正，恢复立正姿势。

向前看要领：当指挥员指定"以×××为准（或者以第×名为准）"时，基准兵答"到"，同时左手握拳高举，大臂前伸与肩略平，小臂垂直举起，拳心向右（图6-8）；听到"向中看——齐"的口令后，其他士兵按照向左（右）看齐的要领实施；听到"向前——看"的口令后，基准兵迅速将手放下，其他士兵迅速将头转正，恢复立正姿势。

一路纵队看齐时，可以下达"向前——对正"的口令。

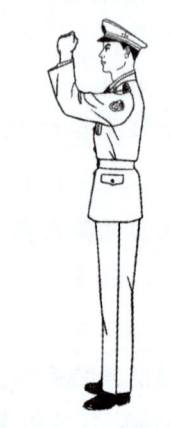

图 6-8　基准兵姿势

2. 报数

要领：横队从右至左（纵队由前向后）依次以短促洪亮的声音转头（纵队向左转头）报数，最后一名不转头；数列横队时，后列最后一名报"满伍"或者"缺×名"；连集合时，由指挥员下达"各排报数"的口令，各排长在队列内向指挥员报告人数，如"第×排到齐"或者"第×排实到××名"。

（三）出列、入列

单个军人和分队出列、入列，通常用跑步，5 步以内用齐步，1 步用正步，或者按照指挥员指定的步法执行；然后，进到指挥员右前侧适当位置或者指定位置，面向指挥员成立正姿势。

1. 单个军人出列、入列

要领：出列军人听到呼点自己姓名或者序号后应当答"到"，听到"出列"的口令后，应当答"是"。

位于第一列（左路）的军人，按照本条上述规定，取捷径出列。

位于中列（路）的军人，向后（左）转，待后列（左路）同序号的军人向右后退 1 步（左后退 1 步）让出缺口后，按照本条的上述规定从队尾（纵队时从左侧）出列；位于"缺口"位置的军人，待出列军人出列后，即复原位。

位于最后一列（右路）的军人出列，先退 1 步（右跨 1 步），然后，按照本条有关规定从队尾出列。

听到"入列"口令后，应当答"是"，然后，按照出列的相反程序入列。

2. 班（排）出列、入列

要领：听到"第×班（排）"的口令后，由出列班（排）的指挥员答"到"，听到"出列"的口令后，由出列班（排）的指挥员答"是"，并用口令指挥本班（排），按照本条的有关规定，以纵队形式从队尾（位于第一列的班取捷径）出列。

听到"入列"的口令后，由入列班（排）指挥员答"是"，并用口令指挥本班（排），以纵队形式从队尾（位于第一列的班取捷径）入列。

（四）行进、停止

横队和并列纵队行进以右翼为基准，纵队行进以左翼为基准（一路纵队行进以先头为基准）。

1. 行进

指挥员应当下达"×步——走"的口令。听到口令，基准兵向正前方前进，其他士兵向基准翼标齐，保持规定的间隔、距离行进。纵队行进时，排、连通常成三路纵队，也可以成一、二路纵队。行进中，需要时，用"一二一"（调整步伐的口令）、"一二三四"（呼号）或者唱队列歌曲，以保持步伐的整齐和振奋士气。

2. 停止

指挥员应当下达"立——定"的口令。听到口令，按照立定的要领实施，分队的动作要整齐一致；停止后，听到"稍息"的口令，先自行对正、看齐，再稍息。

（五）方向变换

1. 横队和并列纵队方向变换

停止间，通常是左（右）转弯或者左（右）后转弯，必要时可以向后转。

行进间要领：一列横队方向变换时，轴翼士兵踏步，并逐渐向左（右）转动；外翼第一名士兵用大步行进并同相邻士兵动作协调，逐步变换方向（愈接近轴翼者，其步幅愈小），其他士兵用眼睛的余光向外翼取齐，并保持规定的间隔和排面整齐，转到90度或者180度时踏步并取齐，听口令前进或者停止。

数列横队和并列纵队方向变换时，第一列轴翼士兵停止间用踏步、行进间用小步，外翼士兵用大步行进，保持排面整齐，边行进边变换方向，转到90度或者180度后，听口令前进或者停止；后续各列按照上述要领，保持间隔、距离，取捷径进到前一列转弯处，转向新方向跟进。

2. 纵队方向变换

停止间，通常是左（右）转弯，或者左（右）后转弯，必要时可以向后转。

行进间要领：一路纵队方向变换，基准兵在左（右）转弯时，按照单个军人行进间转法（停止间，左转弯走时，左脚先向前1步）的要领实施，在左（右）后转弯时，用小步边行进边变换方向，转到90度或者180度后，照直前进；其他士兵逐次进到基准兵的转弯处，转向新方向跟进。

数路纵队方向变换时，按照数列横队和并列纵队方向变换的要领实施。

第三节　现地教学

一、走进军营

组织大学生走进军营活动是了解军营生活、感受军营严谨生活、感受训练氛围、磨炼坚强意志有效途径。

2017年9月30日，《中国人民解放军军营开放办法》（以下简称《办法》）经中央军委批准印发实行。《办法》规定，驻大中城市市区或者郊区的师、旅、团级单位，以及具有独立营区的建制营、连级单位，经批准可以组织军营向社会开放；军营开放活动主要面向中国公民，一般在国庆节、建军节、国际劳动节、全民国防教育日、全民国家安全教育日、抗日战争胜利纪念日、烈士纪念日和军兵种成立纪念日等时机组织进行。《办法》明确，军营开放的内容包括：军史馆、荣誉室等场所，部队可以公开的军事训练课目和武器装备，基层官兵学习、生活、文化活动等设施。

二、学唱军营歌曲

学生军训是普通高等学校学生入学第一课，是大学生树立正确人生观、世界观、价值观，提高综合素质的重要途径。在军训期间演唱军营歌曲，可以使学生受到优秀军营文化的熏陶，影响其理想信念，激发训练热情。

教唱歌曲，要向学生介绍歌曲的主题思想、特点、风格、要求、情绪、演唱形式、演唱速度、节拍等。如果是历史歌曲，还可介绍一些歌曲产生的年代及作者的简单情况等，以调动学唱者的兴趣，启发大家充分地表现歌曲内涵。

指挥唱歌需要指挥者控制好大家唱歌的节奏，更主要的是运用指挥的手势、表情或动作来启发调动大家的情绪，把歌曲的快慢、强弱、声音、情绪等方面的变化处理好，把歌曲的主题思想准确而生动地表现出来。

在学会的基础上，可以组织一定形式的拉歌、赛歌活动，这既能体现革命乐观主义精神，也可以活泼训练气氛，提高竞争意识，培养集体荣誉感，增强凝聚力。拉歌组织要注意热情、团结，健康向上。

三、走进爱国主义教育基地

为推动爱国主义教育工作，1994 年 8 月 23 日，中宣部颁布了《爱国主义教育实施纲要》。1996 年月 11 月，国家教委、民政部、文化部、国家文物局、共青团中央、解放军总政治部决定命名和向全国推荐近百个爱国主义教育示范基地。截止到 2018 年底，全国爱国主义教育示范基地达到了 430 余个，其中位于河北省的全国主义教育示范基地有 18 个，详见下表。

河北省爱国主义教育基地名录

序号	基地名称	命名批次	命名时间
1	乐亭李大钊纪念馆	第一批	1997 年 06 月 11 日
2	涉县 129 师司令部旧址		
3	白求恩、柯棣华纪念馆		
4	清苑冉庄地道战遗址		
5	西柏坡中共中央旧址		
6	董存瑞烈士陵园		
7	华北军区烈士陵园	第二批	1997 年 06 月 11 日
8	潘家峪惨案纪念馆		
9	中国人民抗日军事政治大学陈列馆		
10	河北省博物馆		
11	唐山抗震纪念馆		
12	城南庄晋察冀军区司令部旧址	第三批	2005 年 11 月 21 日
13	晋冀鲁豫烈士陵园		
14	马本斋纪念馆		
15	潘家戴庄惨案纪念馆		
16	山海关长城博物馆	第四批	2009 年 05 月 22 日
17	冀南烈士陵园		
18	热河烈士陵园		

思考题：

1. 共同条令的基本内容是什么？
2. 为什么要贯彻执行共同条令，它具有什么重要意义？
3. 中国人民解放军的《军人誓词》是什么？
4. 奖励和处分是《纪律条令》的主体部分，其主要内容有哪四个方面？
5. 分队队列动作包括哪几项？

红色风景线

清苑冉庄地道战遗址

清苑冉庄地道战遗址地处华北平原中部，位于保定QQ市西南30千米处的清苑区冉庄镇，是第二次世界大战中，中国共产党领导下的华北抗日斗争中一处重要战争遗址。1995年被省委、省政府命名为"河北省爱国主义教育基地"；1997年被中宣部命名为"全国爱国主义教育示范基地"。

抗战期间，勤劳智慧的冀中人民同日本侵略者进行了艰苦卓绝的斗争，从1938年开始挖地道，构建了近16公里长、巧夺天工的"地下长城"，先后歼敌2100余人。目前，冉庄地道战遗址保护区面积约30万平方米，房屋500余处；现仍保留着20世纪三、四十年代冀中平原村落环境风貌，完整保留着高房工事、牲口槽、地平面、锅台、石头堡、面柜等各种作战工事，并对冉庄抗日村公所、抗日武装委员会等进行了复原陈列，使人如置身于战争岁月。地下完整保留着当年作战用的地道3000米，以及卡口、翻眼、囚笼、陷阱、地下兵工厂等地下作战设施。

冉庄地道战纪念馆成立于1959年，聂荣臻元帅题写了馆名。冀中冉庄地道战展厅于1991年建成，杨成武将军题写了牌匾。展厅占地面积980平方米，厅内珍藏着大批宝贵文物，主要有挖地道使用过的镐、铁锹、辘轳和照明灯；民兵集合、作战使用过的铜锣、军号、牛角号；士兵工厂制作的土枪、土炮、翻火子弹及使用过的工具；烈士遗物、遗诗、资料、照片、奖旗及抗日支前用具等。新馆采用现代设计语言与实造景相结合的手法，充分展示冉庄地道战的创建、构造特点和战术战法。同时，充实了大量的革命文物、照片、图表、雕塑、绘画创作，利用丰富的展陈手法和幻影成像、三维图像、光电感应等高新技术让展览更具观赏性和参与性，从而进一步增强教育效果。建馆至今已有上万家媒体对冉庄进行宣传报道，电影《地道战》、电视剧《地道战》等十余部影视剧在此拍摄。

> 武器装备是军队现代化的重要标志，是军事斗争准备的基础，是国家安全和民族复兴的重要支撑，是国际战略博弈的重要砝码。
>
> ——习近平

第七章　射击与战术训练

轻武器，通常指由单兵或班组携行战斗的武器。主要包括各种枪械，单兵杀伤武器、便携式反坦克武器和单兵防空导弹等。战术是指导和进行战斗的方法。其主要内容包括战斗基本原则以及兵力部署、战斗指挥、协同动作、战斗行动的方法和各种保障措施等内容。在普通高等学校进行射击与战术训练，了解轻武器的战斗性能，掌握射击动作要领；学会单兵战术基础动作，了解战斗班组攻防的基本动作和战术原则，可以培养学生良好的战斗素养和顽强拼搏的过硬作风。

★ 第一节　轻武器射击

■ 一、轻武器常识

轻武器的分类是多种多样的，按武器的口径，可将轻武器分为大口径武器和小口径武器；按武器的自动方式，可分为半自动武器和全自动武器。

（一）性能与构造

81式7.62毫米自动步枪与81式7.62毫米班用机枪，组成81式7.62毫米班用枪族，这是我国自行研制的第一代枪族化武器系统，其活动机件及供弹具等均可互换通用，互换率达80%以上。

1. 战斗性能

81式自动步枪（图7-1）是一种近距离消灭敌人的自动武器，它能发射枪榴弹，具有点面杀伤和反装甲能力，是近战中消灭敌人有生力量的自动武器和反装甲的辅助武器。对单个目标在400米距离内射击最佳；集中火力可射击500米以内敌人的飞机、伞兵以及集团目标；弹头飞行到1500米仍有杀伤力；在300米内使用枪榴弹可杀伤有生力量和击毁装甲目标及坚固工事。

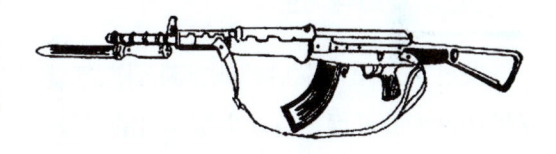

图7-1　81式自动步枪

2. 主要构件

81式自动步枪由刺刀（匕首）、枪管、瞄准具、导气装置、机匣、枪机、复进机、击发机、弹匣和枪托十大部分组成（图7-2）。

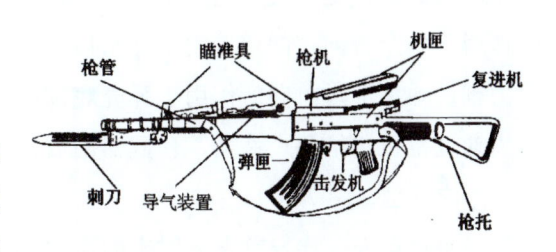

图7-2　81-1式自动步枪十大部件

（二）保养

要保养好武器装备必须做到"两勤四不"，即勤检查、勤擦拭，不碰摔、不生锈、不损坏、不丢失。

1. 检查

主要检查武器外部是否有污垢、锈痕和碰伤，尤其是准星和表尺是否弯曲和松动；检查枪膛内是否有污垢、生锈和损伤；检查各机件运行是否灵活，有无锈痕和损坏，特别是击针；检查附品是否齐全完好，子弹有无锈蚀、凹陷、裂缝和松动。

2. 擦拭上油

常用枪支每日小擦一次，每周大擦一次。实弹射击后，除当天擦拭上油外，在三至四天内每天均应擦拭一次。

擦拭枪膛时，把浸好油（碱性剂或肥皂水）的布条缠在擦拭杆上，尔后从枪口插入枪膛，沿枪膛全长平稳地来回擦拭，擦净后，用干净布擦干枪膛。擦拭弹膛时，应从枪管尾部向前擦拭；对机件的孔、槽、沟难以擦拭的部位，可用通条、铣子、木签等缠上布条擦拭。枪擦拭完后，将金属部分和枪管内用布条薄薄地涂上一层枪油。

二、简易射击学理

（一）发射与后坐

发射，是指由发射药或推进剂燃气能量等产生的膨胀力，将射弹等从导轨或身管装置推送出去的过程。自动步枪发射的过程是：扣动枪的扳机，击针撞击子弹底火，使起爆药发火，火焰通过导火孔引燃发射药，产生大量的火药气体，在膛内形成很大压力，迫使弹头脱离弹壳，沿膛线旋转加速前进，直至推出枪口。

发射时，武器向后运动的现象就是后坐。后坐形成的原因是：发射药燃烧时，气体同时作用于各个方向，向前作用于弹头后部的压力推送弹头前进；向后作用于弹壳底部的压力通过枪机传给整个武器，使武器向后运动，形成后坐（图7-3）。

后坐对单发（连发首发）射击的命中影响极小，对连发射击的命中却有一定的影响。

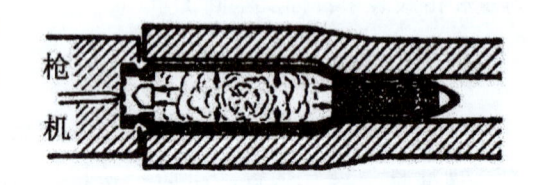

图7-3 火药气体压力的作用产生后坐

因为连发射击时，第一发子弹射出后，由于枪身的明显后坐变动了原来的瞄准线，使第二发以后的射弹产生偏差。但只要射手据枪要领正确，适应连发武器射击时的后坐规律，就能减小后坐对连发命中的影响，提高连发射击精度。

（二）弹道

弹道，是指射弹的质心从发射开始点到终点运动的轨迹。

弹道形成的原因是：弹头脱离枪口后，一方面受到地心吸力的作用，逐渐下降，另一方面受到空气阻力的作用，越飞越慢。因此形成一条不均等的弧线，升弧较长较直，降弧较短较弯曲（图7-4）。

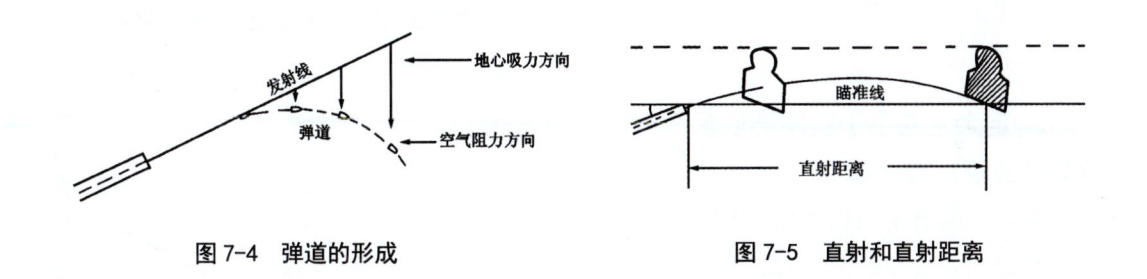

图7-4 弹道的形成

图7-5 直射和直射距离

（三）直射和直射距离

由于弹道是弧线，而瞄准线是直线，所以它们不在一条水平线上。瞄准线上的弹道高在实际表尺距离上不超过目标高的射击，叫直射。这段表尺距离就是直射距离。用同一武器射击时，目标高度不同，直射距离也不同。目标越高，直射距离越大；目标越低，直射距离越小。用不同类型的武器对同一类型目标射击时，弹道越低伸，直射距离越大，反之，则越小（图7-5）。

（四）选定表尺分划和瞄准点

弹道是弧线，而不是直线，如果用枪管直接瞄向目标射击，射弹就会打低打近。为了命中目标，必须将枪口抬高，使枪身轴线和瞄准线之间形成一定的角度，即瞄准角（图7-6）。

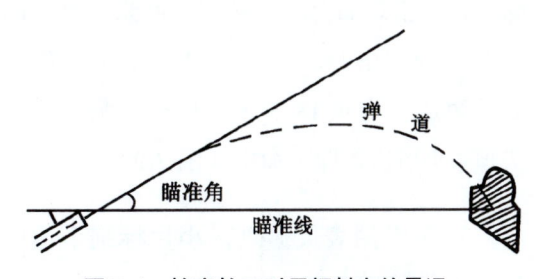

图7-6 抬高枪口对目标射击的景况

瞄准角的大小，是根据射弹在不同距离上的降落量来确定的。距离越远，降落量越大，所需要的瞄准角就越大；距离越近，降落量越小，其瞄准角也就越小。瞄准具就是根据上述原理设计成的。各个距离上枪口抬高多少，在表尺上刻有相应的分划，只要按照目标的距离装（选）定表尺分划瞄准射击，就能命中目标。选定表尺分划和瞄准点的方法是：

1. 定实距离表尺分划，瞄目标中央

这是最基本的选定方法。当目标距离为百米整数时，可根据目标的距离装定相应的表尺分划，瞄准点选在目标中央。如自动步枪对100米距离人胸目标射击时，定表尺"1"，瞄准目标中央射击，即可命中目标中央（图7-7）。

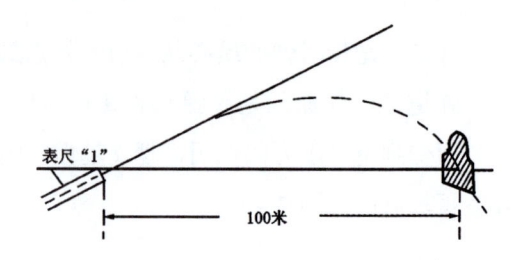

图 7-7 定实距离表尺分划射击景况

2. 定大于或小于实距离表尺分划，适当降低或提高瞄准点

在实际的射击和训练中，特别是在实战中很难遇到百米整数的目标。当目标距离不是百米整数时，通常选定大于实距离表尺分划，根据武器在该距离上的弹道高，相应降低瞄准点射击。如自动步枪在250米距离上对人胸目标射击时，定表尺"3"，在250米处的弹道高为21厘米，这时，瞄准目标下沿中央射击，即可命中目标（图7-8）。

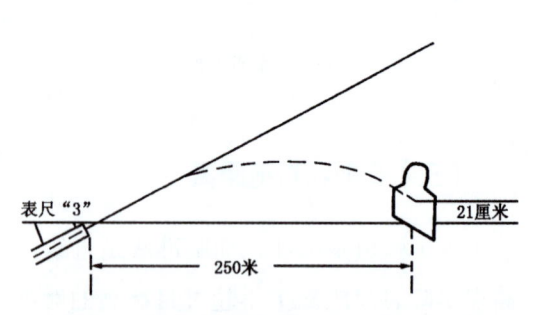

图 7-8 定大于实距离表尺分划射击景况

有时也可选定小于实距离的表尺分划，根据武器在该距离上的负弹道高，相应提高瞄准点射击。如自动步枪对250米距离上的人头目标射击时，定表尺"2"，在250米处的弹道高为负18厘米。此时，瞄准目标头顶中央射击，即可命中（图7-9）。

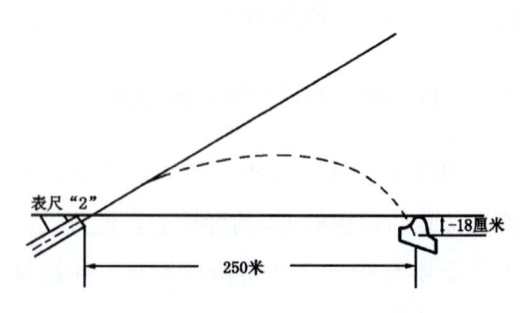

图 7-9 定小于实距离表尺分划射击景况

3. 定常用表尺分划，小目标瞄下沿中央，大目标瞄中央

战斗中，由于时间紧迫，而目标的距离也在不断地变化，有时来不及选定表尺。因

此，对 300 米距离以内的目标射击时，通常定常用表尺（表尺"3"）分划，小目标瞄下沿中央，大目标瞄中央射击，即可命中。如自动步枪定常用表尺对 300 米以内人胸目标（高 50 厘米）射击时，瞄目标下沿中央，则整个瞄准线上最大弹道高为 35 厘米，没有超过目标高，目标只要在 300 米距离内，都会被射弹杀伤（图 7-10）。

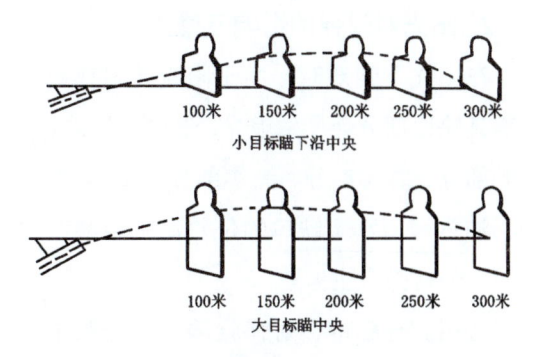

图 7-10 定常用表尺分划对 300 米以内目标射击景况

（五）外界条件对射击的影响及修正

射击通常在自然环境中进行，风、阳光、温度等自然条件都会使射弹产生偏差。射手应根据射弹击起的尘土、水花的位置、曳光迹和目标状况的变化等情况，判断射弹是否命中目标或偏差量的大小，并进行正确的修正。

修正方向偏差时，可用改变瞄准点的方法进行修正，射弹偏右，瞄准点向左修；射弹偏左，瞄准点向右修。修正高低偏差时，可用提高、降低瞄准点或增减表尺分划的方法进行修正，射弹偏高时，降低瞄准点或减小表尺分划；射弹偏低时，提高瞄准点或增大表尺分划。

1. 风对射弹的影响及修正

风对射击有一定的影响，尤其是从左右刮来的横（斜）风。风力越大，目标距离越远，偏差也就越大。风从左吹来，射弹偏右；风从右吹来，射弹偏左。射击时，为了使射弹能准确地命中目标，必须根据射弹受风影响的偏差量，将瞄准点向风吹来的方向修正。通常情况下，一般的风（横和风），100 米距离内不用修，200 米距离修四分之一个人体，300 米距离修半个人体，400 米距离修一又四分之一个人体（81 式自动步枪修一又二分之一个人体）。强风时修正量加倍，弱风或斜风时修正量减半（图 7-11）。

从前后吹来的风（纵风），一般对射弹没有影响，如果风力较大，也可适当提高或降低瞄准点射击。风从前方吹来，提高瞄准点；风从后方吹来，降低瞄准点。

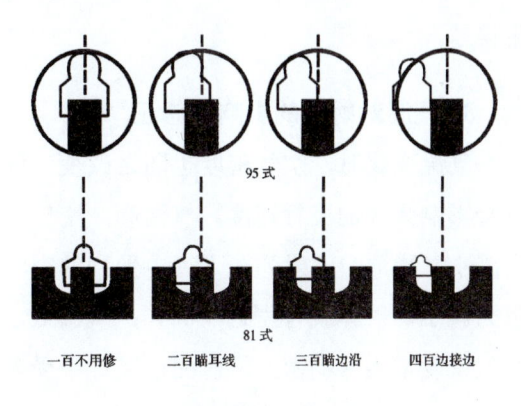

图 7-11

2. 阳光对射弹的影响及修正

在阳光下瞄准时，由于阳光照射作用，瞄准具缺口部分会产生虚光，形成三层缺口：虚光部分、真实部分、黑实部分（图7-12）。如不注意辨清真实缺口的位置，就容易产生误差，使射弹产生偏差。

若用虚光瞄准，射弹就偏向阳光照来的方向。如阳光从右上方照来时，缺口左边和上沿产生虚光，用虚光部分瞄准，准星实际上偏右高，射弹偏右上（图7-13）。

若用黑实部分瞄准，射弹就偏向阳光照来的相反方向。如阳光从右上方照来，用黑实部分瞄准，准星实际上偏左低，射弹偏左下（图7-14）。如果缺口和准星尖同时产生虚光时，若用虚光部分瞄准，射弹偏低，若用黑实部分瞄准，射弹偏高。

要想克服阳光的影响，平时要注意保护好瞄准具，不使其磨亮而反光；训练时可在不同方向的阳光下练习瞄准，采取遮光瞄准不遮光检查或不遮光瞄准遮光检查的方法，反复练习，确实辨清真实缺口的位置和正确瞄准的景况；在平正准星与缺口的关系时要细致，但瞄准时间不宜过长，以免眼花而产生误差。

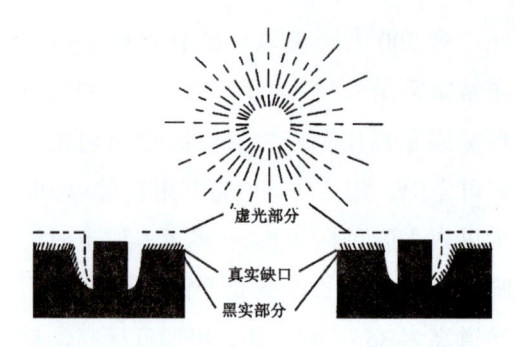

图7-12 缺口部分产生虚光，形成三层缺口

图7-13 用虚光部分瞄准，射弹偏向阳光照来的方向

图7-14 用黑实部分瞄准，射弹偏向阳光照来的相反方向

3. 气温对射弹的影响及修正

气温变化时，空气密度也随之改变，同时会影响弹头的飞行速度。气温高，空气密度减小（稀薄），射弹在飞行中受到的空气阻力就小，射弹就打得远（高）；气温低，空气密度增大（稠密），射弹在飞行中受到的空气阻力就大，射弹就打得近（低）。

使用武器时，射手应在当时当地的气温条件下校正武器的射效，并以校正时的气温条件为准。射击时，若气温差别不大，在 400 米内对射弹命中的影响较小，不必修正。若气温差别很大或对远距离目标射击时，应适当提高或降低瞄准点。

三、武器操作

武器操作主要指射击动作和方法，由据枪、瞄准、击发组成。在完成射击准备之后，一旦发现目标，就应正确地据枪，快速构成瞄准线，指向瞄准点，实施果断的击发。

（一）据枪

为了获得更好的射击效果，应力求利用地物和构筑依托物实施射击。依托物的高度应以射手的身体而定，一般为 30 厘米左右，依托物内侧应陡些。在紧急情况下，还应善于利用不同高度的依托物实施射击。

卧姿有依托据枪时，将枪下护盖或下护木放在依托物上，枪与身体要对正目标，身体右侧与枪身略成一线，两脚打开略宽于肩，两手协同保持枪面平正，左手握下护盖或小握把（81 式自动步枪握弹匣弯曲部），手腕挺直，向下稍向后用力，左肘着地前撑，将肘皮控制在内后侧；右手虎口向前握握把，食指第一节靠在扳机上，用手掌肉厚部分和余指合力握住握把，握力约在 10～20 千克，右手腕内合下塌挺住。右大臂内合夹紧，与地面略成垂直，右肘着地外撑，肘皮控制在内前侧。两肘稳固地支撑于地面，保持上体稳固。两手协同将枪托上三分之二抵于肩窝，抵肩位置不能过高或过低，使枪托与肩窝紧密结合，通过肩部用整个身体承受武器后坐。胸部稍挺起，身体稍前跟，上体正直自然下塌，下塌后枪身不得前移，枪托抵肩确实，两脚内侧紧蹬地面，头稍前倾，自然贴腮（图 7-15）。

图 7-15　卧姿有依托据枪

（二）瞄准

瞄准，是指为使射弹射向目标，赋予射击武器身管轴线一定方向角和射角的操作过程。它是整个射击过程的重要环节，能否正确使用机械瞄准具和瞄准镜进行正确的瞄准是能否命中目标的关键。

机械瞄准具的正确瞄准

使用觇孔式瞄准具时，右眼通视觇孔准星，使准星尖位于觇孔中央（图7-16），并指向瞄准点，就是正确瞄准。81式自动步枪瞄准时，右眼通视缺口和准星，使准星位于缺口中央，准星尖与缺口上沿平齐（图7-17），指向瞄准点就是正确瞄准。

正确瞄准的景况是，准星与觇孔（缺口）的平正关系看得清楚，而目标看得较模糊（图7-18）。有依托据好枪后，瞄准线应自然指向瞄准点下方，上体下塌确实后，瞄准线应自然指向瞄准点。若未指向瞄准点，切忌用手或臂等局部力量调整或强扭枪身改变据枪动作进行修正，也不可迁就或勉强，而应调整整个姿势或依托物的高低。修正方向时，可左右移动两肘或整个身体；修正高低时，可前后移动身体或调整依托物的高低。

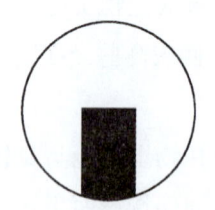

图7-16　准星与觇孔的正确关系　　　图7-17　准星与缺口的正确关系

图7-18　正确的瞄准景况

（三）击发

击发是准确射击的关键。击发时，右手食指第一节均匀正直地向后扣压扳机，余指握握把和右手腕用力保持不变。均匀，是指食指扣扳机的力量增加要均匀。正直，是指食指用力的方向要沿着扳机运动的方向，正直向后。

注意：击发时，要注意不能因害怕枪响而闭眼睛，养成不闭眼睛的习惯。决不允许猛扣扳机，猛扣扳机会使枪身扭动，射弹就会产生偏差。打点射时，要保持正常心态，不要因猛扣猛松扳机而造成据枪变形。只要按要领击发，枪响松手，就会操纵好点射。

四、实弹射击

实弹射击是检验训练效果、提高射击技能的重要途径。通常在完成武器操作训练后进行。轻武器射击场地一般设置靶壕、射击地线、出发地线和指挥保障区。

射击准备时，射手应当按照规定进行验枪，认真听取并遵守指挥员明确的射击有关规定和注意事项，牢记自己射击的编组、序号和靶位。

听到指挥员"第 X 组，向出发地线前进"的口令后，在第一名射手的带领下进至出发地线，而后由发弹员向射手发放子弹。射手应当检查子弹、清点数量，并装入弹匣、放进子弹袋。听到"向射击地线前进"的口令后，射手前进至射击地线，对正自己的射击位置，自行立定。听到"卧姿装子弹"的口令后，射手迅速装上弹匣，选定表尺，完成射击准备，自行开始射击。

听到"停止射击"的口令后，射手应当立即停止射击；听到"停止射击——退子弹起立"的口令后，射手应当立即停止射击，卸下实弹匣，退出膛内子弹，换上空弹匣，迅速起立。听到"验枪"的口令后，射手应当按照规定验枪，将剩余子弹上交地段指挥员。

射击完毕后，根据指挥员口令，按规定路线带回至指定地点。

★第二节 战 术

一、单兵战术基础动作

战术基础动作是单个士兵遂行战斗任务的基本技能，是单兵战术训练的基础。士兵只有熟练掌握单兵战术基础动作，才能在战斗中根据战场情况随机应变，有效地发扬火力消灭敌人或躲避敌人火力杀伤。

（一）持枪

持枪是指士兵在战斗中携带枪支的动作和方法。在不同的地形和距离条件下，士兵应根据敌情和任务灵活采用不同的持枪动作，力争做到便于运动、便于卧倒、便于观察和便于射击。

持枪通常在立正的基础上进行。也可两脚分开，左脚在前，右脚在后，成丁字步，两脚打开距离约与肩同宽。持枪可分为单手持枪（图7-19）和双手持枪（图7-20）。无论是单手还是双手持枪，士兵都要保持高度的敌情观念，两眼目视前方，一旦发现敌情或可疑情况，立即出枪进行射击（或按命令实施射击）。

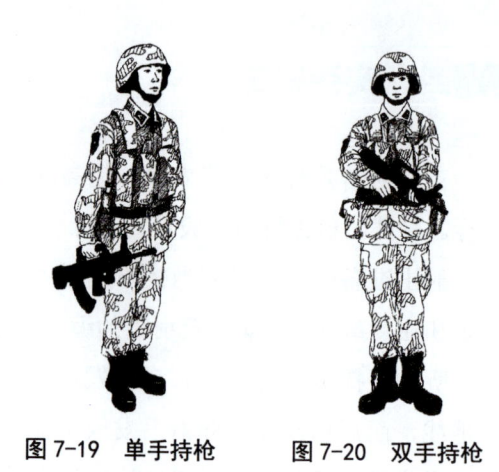

图 7-19　单手持枪　　图 7-20　双手持枪

（二）卧倒、起立

卧倒、起立是单兵的基础动作，依据持枪方法的不同分为单手持枪卧倒、起立，双手持枪卧倒（图7-21）、起立和徒手卧倒、起立。

单手持枪卧倒、起立在单手持枪的基础上进行。卧倒时，左脚向前迈出一大步，左腿弯曲，上体前倾，注视前方，左手顺左脚方向伸出，按照左手、左膝、序着地，迅速卧倒。卧倒后，将枪向目标方向送出，右手移握握把，安装瞄准镜时，不采取单手持枪卧倒的方法。起立时，右手移握提把，收枪的同时转为侧身，屈回左腿，收回左小臂，尔后用左臂和两腿的撑力撑起身体，右脚向前一大步，左脚再向前大半步，右脚靠拢左脚的同时成单手持枪立正姿势。

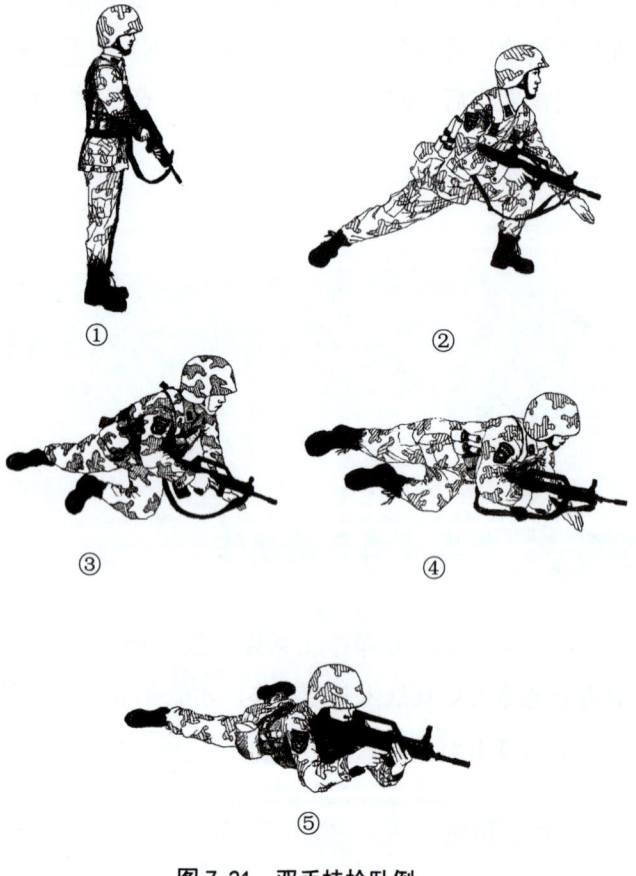

① ②
③ ④
⑤

图 7-21　双手持枪卧倒

双手持枪卧倒、起立在双手持枪的基础上进行。卧倒时，左脚向前迈出一大步，左腿弯曲，上体前倾，两眼注视前方，右手握握把，左手松开下护盖顺左脚方向伸出，按左手、左肘、左膝、左肘的顺序着地，迅速卧倒。卧倒后，右手将枪向目标方向送出，左手接握下护盖，全身伏地，据枪射击。起立时，右手握握把，收枪的同时转为侧身，屈回左腿，收回左小臂，尔后用左臂和两腿的撑力撑起身体，右脚向前一大步，左脚再向前大半步，右脚靠拢左脚的同时，左手接握下护盖，成双手持枪立正姿势。

徒手卧倒时的动作与单手持枪卧倒动作基本相同，只是卧倒后，两手掌心向下放置于头部的两侧或交叉于胸前，两腿自然伸直，分开约与肩同宽。

徒手起立时，按单手持枪的动作进行。也可双手撑起身体，同时左（右）脚向前迈步起立。

（三）战斗运动

战斗运动是士兵在战场上运动的基本方法，分为屈身前进、匍匐前进和滚进。主要介绍屈身前进与匍匐前进。

1. 屈身前进

屈身前进是士兵在战场上接敌时最常用的一种运动动作。在距敌较远，有超过人身高或超过大部人身高的遮蔽物，以及敌情不明或敌火威胁不大的情况下采用屈身慢进（图7-22）。运动时，通常是双手持枪（也可单手持枪），上体前倾，两腿弯曲，以降低身体重心，屈身程度视遮蔽物的遮蔽程度而定，头部一般不可高出遮蔽物。前进时，注意观察敌情，保持正常速度前进。在距敌较近，通过开阔地或敌火力控制区时采用屈身快进（图7-23），也称跃进，在先观察敌情和地形，选择好路线和暂停位置的基础上，起立快速前进。运动中，通常是双手持枪（也可单手持枪），并注意继续观察敌情。前进的距离掌握在15～30米为宜。当进至暂停位置或运动中遇敌火力威胁时，应迅速就地隐蔽或卧倒，做好射击或继续前进的准备。

图 7-22　屈身慢进

图 7-23　屈身快进

2. 匍匐前进

士兵在敌火力威胁较大、自身处于卧倒状态下，如发现近处（10米以内）有地形可利用时，可采用匍匐前进（图7-24）的运动姿势向其靠近。

图7-24 匍匐前进

（四）利用地形

地形是地貌和地物的总称。其中，地貌是指地球表面的各种起伏的状态，如山地、丘陵、平原、盆地等；地物是分布在地面上的人工或自然形成的物体，如土坎、田埂、土坑、土包、房屋、树木、道路等。

利用地形地物时，应根据遮蔽物的高低、大小、距敌远近，是否被敌发现及敌火力威胁程度等情况，采取适当的姿势，迅速隐蔽地接近，由下而上地占领，周密细致地观察，不失时机地出枪（筒）。对不便于射击的位置应加以改造，在一地不要停留过久，视情况灵活地变换位置。

1. 对堤坎、田埂的利用

堤坎、田埂有纵向、横向之分。横向的利用背敌斜面或残缺部位，火箭筒（机枪）手通常将脚架支在背敌斜面上，筒口距地面不得小于20厘米；纵向的通常利用弯曲部或顶端一侧，依其高度取适当姿势。堤坎高于人体时，应挖踏脚孔或阶梯。如利用堤坎对空射击时，通常利用其顶部，并根据其高度取不同姿势（图7-25）。

图7-25 利用堤坎、田埂

2. 对土（弹）坑的利用

通常利用其前沿，根据敌情、坑的大小、深度，以跳、滚、匍匐等方法进入，并取适当姿势；对空射击时，以坑沿作依托或背靠坑壁进行射击。火箭筒手应利用坑的右前沿作依托，以防射击时喷火自伤（图 7-26）。

图 7-26　利用土（弹）坑

3. 对土堆（坟包）的利用

通常利用独立土堆（坟包）的右侧；如视界、射界受限制或右侧有敌火力威胁时，也可利用其左侧或顶端。双土堆（坟包）利用其鞍部。对空射击时，通常利用其后侧或顶端（图 7-27）。

图 7-27　利用土堆（坟包）

4. 对堑壕、交通壕（沟渠）的利用

对堑壕、交通壕的利用在防御战斗中较多。通常利用其掩体、壕壁或拐弯处隐蔽身体，依其上沿或拐角作射击依托。

5. 对树木（线杆）的利用

通常利用其右后侧，根据树木的大小取适当姿势。大树（直径 50 厘米以上）可取多种姿势，较小的树通常采取卧姿。机枪手通常采取卧姿，根据树的粗细和地形情况，脚架可超过树木。火箭筒手卧姿射击时，应将筒口前伸超过树木或离开树木 20 厘米，以便使火箭弹脱离筒口时尾翼能张开（图 7-28）。

图 7-28　利用树木（线杆）

6. 对丛林、高苗（草）地的利用

通常利用靠近敌方的边缘内，按其高低、稠密情况取适当姿势。

7. 对墙壁、墙角、门窗的利用

（1）墙壁：按其高度取适当姿势，矮墙可利用顶端或残缺部，墙高于人体时，可挖射孔或将脚垫高。机枪手利用墙壁射击时，可将脚架折回（土墙不宜折回，以免活塞进土发生故障）（图 7-29）。

图 7-29　利用墙壁

（2）墙角：通常利用右侧，左小臂紧靠墙角，取适当姿势。火箭筒手利用墙角射击时，筒口距墙角不小于 20 厘米（图 7-30）。

（3）门窗：门通常利用左侧；窗可利用左（右）下角（图 7-31）。

图 7-30　利用墙角

图 7-31　利用门窗

二、分队战术（步兵）

步兵分队战术是分队进行战斗的方法，班的战斗队形通常有一（二）路队形、三角队形、一字队形和梯形队形等。具体采取哪一种战斗队形，需要根据敌情、自然地形和任务性质来确定。

1. 一（二）路队形

一（二）路队形通常是在距敌较远，地形较为隐蔽，敌方火力威胁不大或通过狭窄地段时采用的战斗队形。班长口令是：距离（间隔）×步，成一（二）路跟我来！组长口令是：距离×步，跟我来！班（组）长向目标前进，各士兵按规定距离依次跟进（图 7-32）。

2. 三角队形

三角队形通常是在通过开阔地、密集火制区或向敌冲击时采用的战斗队形。班长口令是：目标（方向）×处，×组为准，成前（后）三角

图 7-32　班一路战斗队形

队形—散开—。组长口令是：成前（后）三角队移—散开—。基准组向目标前进，其余组（士兵）分别在其后两侧后（前）取适当距离成班前三角形战斗队形（图7-33）、班后三角形战斗队形（图7-34）、纵队班三角形战斗队形（图7-35）前进。

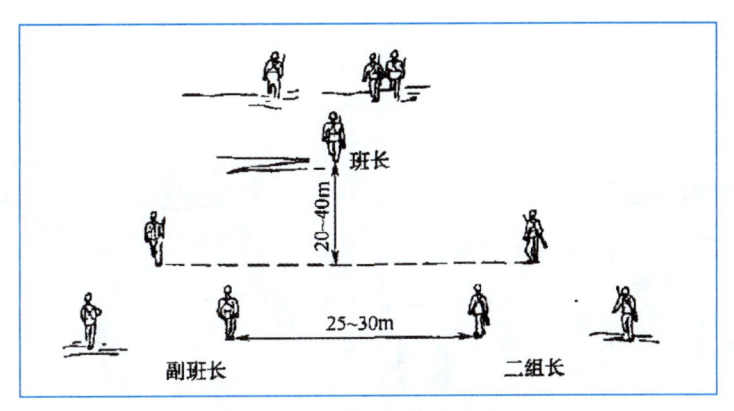

图 7-33　班前三角战斗队形

图 7-34　班后三角战斗队形

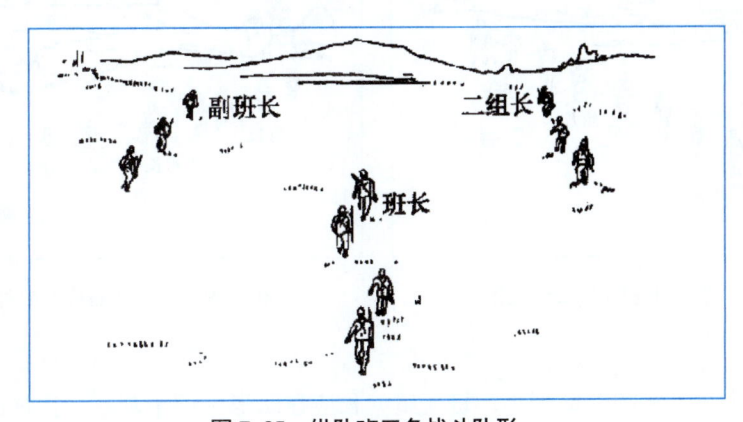

图 7-35　纵队班三角战斗队形

3. 一字队形

一字队形通常是在通过敌火控制的开阔地或冲击时采用的战斗队形。班长口令是：目标（方向）×处，×组为准，成一字队形—散开。基准组向目标前进，其余组（士兵）在其两侧或一侧散开成班一字战斗队形（图7-36）、纵队班一字战斗队形（图7-37）前进。

图7-36　班一字战斗队形 　　　　　图7-37　纵队班一字战斗队形

4. 梯形队形

梯形队形通常是在翼侧有敌情顾虑时采用的战斗队形。班长口令是：目标（方向）×处，×组为准，成左（右）梯形队形—散开。组长口令是：成左（右）梯形队形—散开。基准组向目标前进，其余组（士兵）在其左（右）后侧成班左梯形战斗队形（图7-38）或班右梯形战斗队形（图7-39）前进。

图7-38　纵队班左梯次战斗队形 　　　　　图7-39　纵队班右梯次战斗队形

总之，在上述几种战斗队形中，班（组）长应在队形中便于观察、指挥的位置上，配属的火器应在班（组）战斗队形中便于发挥火力的位置上。运动过程中，可根据敌情和自

热地形,灵活地变换队形。有时班(组)长只下达"成××队形—散开—"的口令,各组(士兵)即以班(组)长为准散开前进。停止时,班(组)长只下达"卧倒"或"占领射击位置"的口令,士兵应迅速利用地形做好射击准备。

思考题:

1. 轻武器的分类有哪些?
2. 轻武器保养需要注意什么?
3. 射击击发应注意什么问题?
4. 持枪的要领是什么?

红色风景线

全国第一个农村党支部纪念馆

全国第一个农村党支部纪念馆,位于衡水市安平县城西3.5千米的东黄城乡台城村,2002年被市委市政府命名为"未成年人思想道德教育基地",2008年被命名为"河北省廉政教育基地""农村党员培训基地",2009年被省委省政府命名为"河北省爱国主义教育基地"。

在中国共产主义先驱、中国共产党主要创始人之一李大钊的直接领导下,1923年8月,弓仲韬建立了全国第一个农村党支部——中共安平县台城特别支部,简称"台城特支"。1924年8月15日,弓仲韬又建立了河北省第一个中共县委——安平县委。为了缅怀革命前辈的丰功伟绩,继承和发扬党的光荣传统,进一步挖掘和利用好"两个第一"这一宝贵资源,安平县于2002年兴建了"两个第一"纪念馆。2009年7月对纪念馆进行了扩建,2009年底建筑工程完工,2010年9月内部展览和庭院绿化工作全部完工。新的纪念馆占地面积6160平方米,主展馆面积890平方米,展览面积607平方米,同时布设革命主题广场、绿化景区和必要的附属设施。

该博物馆已成为衡水市规模最大、规格最高、功能最全的爱国主义教育基地、党员培训基地、廉政教育基地和未成年人思想道德教育基地,年接待能力10万人次以上。

8

> 我军历来是打精气神的，以敢打敢拼闻名于世。过去我们钢少气多，现在钢多了，气要更多，骨头要更硬。
>
> ——习近平

第八章　防卫技能与战术防护训练

　　格斗是以克敌制胜为目的，以技击动作为主要内容，以套路和搏击为基本形式的军事项目，它是近战歼敌的有效手段。战伤救护，是在战斗现场对负伤人员实施的急救、隐蔽、集中和搬运等救护措施的总称，是及时抢救伤员、防止伤情加重、挽救伤员生命基本手段。防护，是士兵在作战中防备敌人各种火力和生、化、核武器的杀伤，有效保存自己的战斗行动。在普通高等学校进行防卫技能与战时防护训练，了解掌握必备的格斗、战伤救护及防护知识和技能，对于培养勇于面对和克服困难、应对突发伤害事件、加强自我防护的意识和能力具有重要意义。

★第一节　格斗基础

一、格斗常识

格斗具有悠久的历史传统和广泛的群众基础，是一项从实战出发，以取胜为目的，无规则限制，动作简练，实用性强，且深受广大官兵喜爱的军事体育项目。

格斗起源于生产劳动，随着战争的出现，格斗逐渐形成单独的战斗技能。到秦汉时期，格斗已发展为两大类别：一类是具有攻防格斗作用实用性较强的技术动作，它紧紧围绕军事技术的发展而发展；另一类则是适应表演需要，把攻防技术反复加工提炼而逐渐形成的套路技术，后来逐渐形成了现代武术。

新中国成立后，党和政府非常关心中华传统武术的挖掘和发展。1954年国家体委专门设立了民族形式体育委员会来负责挖掘整理传统武术。1957年开始，国家体委组织部分武术专家，到全国各地调查、挖掘和整理各种传统武术项目。1986年成立了我国武术的专门机构——中国武术研究院，使武术运动在科学化、系统化、规范化等方面得到了更加迅速地发展，并沿着增强人民体质，提高运动技术水平，建设社会主义精神文明和为国防建设服务的方向阔步前进。

二、格斗基本功

（一）格斗势

格斗势是实施攻防动作的准备姿势。正确的格斗姿势是进行有效攻击和严密防守的基础，是完成进攻和防守的最佳预备姿势。它的特点是身体暴露面积小，便于步法移动，便于进攻和防守，可以全身自如保持平衡，又可以在瞬间做出反应。

以左式为例，在立正的基础上，右脚后撤一步，身体稍向右转，膝微屈，右脚尖外斜45度，脚跟稍提起；左脚尖稍里扣，膝微屈，重心落于两脚之间；两手握拳前后拉开，拳眼向上，左臂弯曲，肘关节夹角在90～110度之间，肘尖下垂，左拳与鼻同高；右臂弯曲，肘关节夹角小于90度，大臂贴于右侧肋部；身体侧立，下颌微收，闭口合齿，收腹含胸，目视前方（图8-1）。

（二）步法

步法是格斗中身体向前、后、左、右移动的方法。灵活而敏捷的步法，不仅是调整重心和维持身体平衡的关键，也是进攻和防守中占据有利位置和发挥最优攻势的基础。因此，对步法的训练应特别注重在活、疾、稳、准上下功夫。

图8-1 格斗势

1. 进、退步

进、退步主要用于向前、向后及斜向移动。急进急退主要用于突然进步攻击和急退防守。

在格斗势的基础上，进步时（图8-2），右脚前脚掌用力蹬地，通过腰髋的牵引推动左脚向前滑动，左脚前移后，右脚随即前滑跟进一步，前移时，身体重心要平稳前移，两脚应贴地而行，膝关节切勿僵硬，两脚进步距离相同，着地后仍保持格斗势的基本姿势；退步时（图8-3），左脚前脚掌用力蹬地，右脚先后退一步，左脚随即后退一步，向后退步的步幅同前进步的步幅相同。急进急退时，动作要领与进、退步相同，但脚步启动更突然，进、退更迅速。进、退时，左、右脚移动的距离基本相等。

图8-2 进步

图8-3 退步

2. 横移步

横移步主要用于横向闪躲向我直线攻击的拳或腿。

在格斗势的基础上，左横移步时（图8-4），右脚前脚掌蹬地，左脚先向左前侧移动，右脚随即向左移动，右脚移动距离大于左脚；右横移步时（图8-5），左脚前脚掌蹬地，右脚先向右后侧移动，左脚随即向右移动，右脚移动距离大于左脚。移动中保持基本姿势不变。

图8-4 左横移步 　　图8-5 右横移步

3. 垫步

垫步（图8-6）主要用于急进出拳或出腿攻击和急退防守及反击。

在格斗势的基础上，前垫步时，右脚前脚掌蹬地并先向左脚后进一步，左脚随即向前进一步；后垫步时，左脚蹬地并先向右脚前后退一步，右脚随即后退一步。

图8-6 垫步

（三）拳法

拳法是格斗中主要的攻击方法。要求出拳迅速、有力、准确。可以原地击打，也可配合步法、身法使用。基本拳法有：直拳、摆拳、勾拳等。

1. 直拳

左直拳：在格斗势的基础上，右脚蹬地，使身体重心稍前移，左拳向前用力内旋击出，力达拳面，上体微向右转，目视前方，然后迅速收回，成预备姿势。

右直拳：在格斗势的基础上，右脚蹬地上体稍向左转，转腰送肩，用力出拳使拳直线向前击出，力达拳面，目视前方（图8-7）。

图8-7 右直拳

2. 摆拳

左摆拳：在格斗势的基础上，左脚蹬地，使身体稍向右转，左拳向左前伸出转向右下横击，左拳内旋，拳心向左稍向下，力达拳面；右拳收于右腮。

右摆拳：在格斗势的基础上，右腿蹬地，上体稍向左转，右拳向外、向前、向里横击，右拳内旋，力达拳面，目视前方（图8-8）。

图8-8 右摆拳

3. 勾拳

（1）平勾拳：分为左平勾拳和右平勾拳

左平勾拳：在格斗势的基础上，上体稍向右转，左肘关节外展抬起，大臂和小臂约成90度角，左拳经左向右击出，拳心向下，左脚跟外转，出拳后左臂迅速向胸靠拢，成预备姿势（图8-9）。右平勾拳的动作同左平勾拳，方向相反。

图8-9 左平勾拳

（2）上勾拳：分为左上勾拳和右上勾拳

左上勾拳：在格斗势的基础上，身体稍左转，微沉肘，重心略下沉，左脚蹬地，腰突然向右转，以蹬地、扭腰、送胯的合力，左拳由下向前上猛力击出，力达拳面，目视前方。出拳后迅速恢复成预备姿势（图8-10）。

右上勾拳：在格斗势的基础上，身体稍向右转微向前倾，右脚蹬地、扭腰、送胯，右拳向内，由下向前上猛击，力达拳面，并迅速收回成预备姿势。

图8-10　左上勾拳

（四）腿法

腿法具有打击力量大、范围广、隐蔽性强，能进行有效进攻与反击等特点。基本腿法通常有蹬腿、勾踢腿、弹腿等。

1. 蹬腿

左蹬腿：在格斗势的基础上，重心后移，左脚屈膝抬起，勾脚尖，由屈到伸，向前猛力蹬出，力达脚跟，左臂自然下摆于体侧，右拳护面，目视前方。动作完成后迅速收回成预备姿势。做左正蹬腿时可配合垫步前蹬。

右蹬腿：在格斗势的基础上，右脚蹬地，重心前移，右脚屈膝抬起，勾脚尖，以脚为力点，由屈到伸，向前猛力蹬出，右臂自然下摆于体侧，左拳收回到头部左侧，目视前方（图8-11）。

图8-11　右蹬腿

2. 勾踢腿

左勾踢：在格斗势的基础上，右脚微屈膝支撑身体，左脚向后抬起（一般大小腿夹角不超过90度），上体稍右转，收腹合胯带动左腿，勾脚尖向前向右弧线擦地勾踢，力达脚弓内侧（图8-12）。

图8-12　左勾踢

206

右勾踢：在格斗势的基础上，左腿弯曲，身体向左转 180 度，收腹合胯，右腿勾脚尖，由后向左前弧线擦地勾腿，力达脚弓内侧（图 8-13）。

3. 弹腿

左弹腿：在格斗势的基础上，重心移至右腿，右腿微屈支撑身体，左腿提膝上抬，大腿带动小腿向前上方弹击，脚背绷直，着力点在脚背，目视前方（图 8-14）。

右弹腿：在格斗势的基础上，重心移至左腿，左腿微屈支撑身体，右腿提膝上抬，大腿带动小腿向前上方弹击，脚背绷直，着力点在脚背，目视前方（图 8-15）。

图 8-13 右勾踢

图 8-14 左弹腿

图 8-15 右弹腿

4. 踹腿

左踹腿：在格斗势的基础上，右腿稍弯曲保持弹性，左腿屈膝抬起靠近胸前，大小腿夹紧，勾脚尖，小腿外摆，脚掌正对攻击目标，展髋、挺胸向前猛力踹出，力达脚掌，身体适当侧仰（图 8-16）。

右踹腿：在格斗势的基础上，左腿稍屈支撑，身体向左转 180 度，同时右腿屈膝高抬靠近胸前，大小腿夹紧，勾脚尖，小腿外提，脚掌对正攻击目标，展髋、挺胸向前猛力踹出，力达脚掌，身体适当侧仰（图 8-17）。

5. 鞭腿

左鞭腿：在格斗势的基础上，上体稍向

图 8-16 左踹腿

图 8-17 右踹腿

右转侧倾，同时左腿屈膝抬起，大小腿折叠，脚尖绷直，右腿支撑身体，左脚向右上方猛力弹踢，力达脚背或小腿下端，左臂自然下摆助力，右拳收于下颌处，目视前方。左脚迅速收回，落地成预备姿势。

右鞭腿：在格斗势的基础上，上体稍左转，同时右腿屈膝抬起，脚面绷直，膝关节弯曲大于90度，右脚向左前方猛力弹踢，右臂自然下摆助力，左拳收于下颌处，目视前方。右脚迅速收回，落地成预备姿势（图8-18）。

图 8-18 右鞭腿

（五）肘法

横击肘：在格斗势的基础上，右（左）脚蹬地向左（右）转体时，身体重心移至左腿同时，右（左）肘抬平，由右（左）成弧形击肘，力达肘尖，肘稍高于肩，眼看右（左）肘，击中目标后向右（左）转体，回到原来位置，恢复成预备姿势（图8-19）。

顶肘：在格斗势的基础上，右脚向后撤一大步，身体后转成右弓步同时左手抱推右拳，右肘向右水平顶击，肘与肩平，眼看右肘（图8-20）。

砸肘：在格斗势的基础上，右（左）脚蹬地向左（右）转体时，右肘抬起，由上向下砸击，力达肘尖，肘稍低于肩，眼看右（左）肘，击中目标后向右（左）转体，回到原来位置，恢复成预备姿势（图8-21）。

挑肘：在格斗势的基础上，右臂屈肘握拳，随即以蹬腿、拧腰、送胯之合力，由下向上猛力挑击，力达肘尖或肘前部（图8-22）。左挑肘动作相同，方向相反。

图 8-19 横击肘 　　图 8-20 顶肘 　　图 8-21 砸肘 　　图 8-22 挑肘

（六）膝法

正顶膝：在格斗势的基础上，身体重心移至前腿，收腹含胸的同时，两手成拳向后下回拉，右膝向前上方冲顶，力达膝部，两手与膝同高，眼看右膝。击中目标后右脚向后落地，恢复成预备姿势（图 8-23）。

侧顶膝：在格斗势的基础上，身体重心移至前腿，收腹含胸的同时，两手成拳向右后下回斜拉，右膝由向左前上方冲顶，力达膝部，两手与膝同高，眼看右膝。击中目标后右脚向后落地，恢复成预备姿势（图 8-24）。

图 8-23 正顶膝　　图 8-24 侧顶膝

（七）倒法

合理的倒地可以避免摔伤，增强防护能力，也可用于摆脱困境，变被动为主动，同时还可借跌扑技能攻击对方。

1. 预备姿势

在立正的基础上，右脚向右分开约与肩同宽，屈膝半蹲，两臂后摆，掌心相对，上体前倾（图 8-25）。

图 8-25 倒法预备势

2. 前倒

在立正的基础上，身体挺直自然前倒至约 45 度时，挥臂上举，尔后屈肘于胸前，两掌成杯状，掌心向前，在身体接触地面的同时，手掌叩拍地面，与小臂同时着地，两腿挺直，以手、小臂、脚尖将身体撑起（图 8-26）。

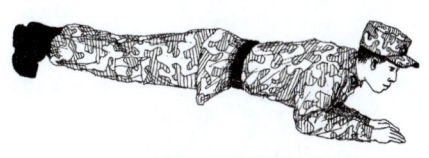

图 8-26 前倒

3. 前扑

在预备姿势基础上，两脚蹬地，向前上方跃起，同时挥臂上举展腹，两腿挺直后摆，倒地的同时，两掌成杯状，扣拍地面，以两掌、小臂及两脚前脚掌内侧将身体撑起（图8-27）。

4. 侧倒

在预备姿势基础上，左脚向前半步，右脚上前一步，同时，向右拧腰、挥臂（左臂在前上，右臂在后下）左脚顺势前扫上摆，两臂向左上挥摆，身体向左后猛转，右脚经体前，向左摆动，以右脚掌、左手臂和体侧着地，右臂上架护头，两腿成剪刀状（图8-28）。主要用于绊摔中侧倒时的自我保护，也是跌扑击敌的主要技能，倒地后还可用脚勾踹、绊绞。

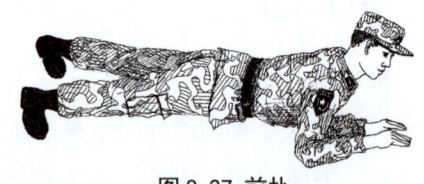

图8-27 前扑

图8-28 侧倒

5. 侧扑

在预备姿势基础上，两脚蹬地向前跃起，同时两臂前摆，侧身屈肘，团身收腿，以两手掌、两小臂、体右侧着地，倒地后，双腿屈膝分开（图8-29）。用于受到猛力打击向侧前摔倒时的自我保护，倒地后，也可用双脚勾踹。

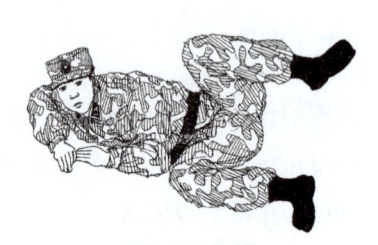

图8-29 侧扑

6. 后倒

在预备姿势基础上，两臂前摆击掌，上体微向前倾，随即上体后仰、髋部前送，两臂同时外展仰身，猛向后挥臂，左（右）脚蹬地，使手臂、双肩后侧同时着地，右（左）脚前上摆（图8-30）。多用于向后失去重心倒地时的自我保护，要求倒地时切记勾头、挺腹、憋气。

图8-30 后倒

三、捕俘拳

（一）动作名称

我军捕俘拳共分为四段16式。第一段为：挡击冲拳，拧臂绊腿，叉掌踢裆，下砸上挑。第二段为：下蹲侧踹，顺手牵羊，上步抱膝，插裆扛摔。第三段为：下拨勾拳，卡脖投耳，内外挂腿，踹腿锁喉。第四段为：内拨冲拳，抓手缠腕，砍脖提裆，别臂下压。

210

（二）动作要领

预备姿势：

当听到"捕俘拳——预备"的口令后，在立正的基础上，两脚迅速并拢，同时两手握拳，两臂微屈，拳眼向里，距胯约十厘米，头向左甩，目视左方（图 8-31）。

1. 挡击冲拳

要领：起右脚原地猛力下踏，左脚向左侧跨出一步，右拳提到腰际，拳心向上，在左转身的同时，左臂里格上挡，拳心向前，右拳从腰际旋转冲出，拳心向下，左拳位于额前约 20 厘米，成左弓步（图 8-32）

要求：踏脚时要全脚掌着地，有爆发力。

2. 拧臂绊腿

要领：左拳变掌切击右拳背，右拳收回腰际，右脚前扫（图 8-33 ①）；左手挡、抓、拧、拉收回腰际，同时右脚后绊，右拳猛力旋转冲出（图 8-33 ②）。

要求：前扫、后绊要协调有力，重心要稳。

图 8-31 预备姿势

图 8-32 挡击冲拳

图 8-33 拧臂绊腿

图 8-34 叉掌踢裆

3. 叉掌踢裆

要领：上右脚成右弓步，同时两拳变掌沿小腹向上架掌护头（图 8-34 ①）；两掌变勾猛向后击，同时起左脚，大腿抬平，脚尖绷直，猛力向前弹踢，迅速收回（图 8-34 ②）。

要求：两大臂夹紧，猛力后击；猛踢快收，重心要稳。

4. 下砸上挑

要领：两手变拳，左拳由上猛力下砸，与膝同高，同时左脚向前跨步，成左弓步（图8-35①）；右拳由裆前上挑护头，拳心向前，起右脚大腿抬平，脚尖绷直，头向左甩（图8-35②）。

要求：起身要快，重心要稳。

图8-35 下砸上挑

5. 下蹲侧踹

要领：上体正直下蹲，右脚猛力下踏，两小臂上下置于胸前，左臂在上，拳心向下，右臂在下，拳心向上（图8-36①）；迅速起身，两拳交错外格，起左脚大腿抬平，脚尖里勾，向左猛踹，迅速收回（图8-36②）。

要求：踏脚要有爆发力，下蹲、起身要快。

6. "顺手牵羊"

要领：左脚向前方落地屈膝，两拳变掌在左前方成抓拉姿势（图8-37①）；两手向右后猛拉，同时右脚前扫（图8-37②）。

要求：后拉、前扫要协调有力，重心要稳。

图8-36 下蹲侧踹

图8-37 "顺手牵羊"

7. 上步抱膝

要领：右脚向前落地的同时，左手变拳，小臂上挡（图8-38①）；左转身屈膝下蹲，两手变掌合力后抱，掌心相对，略低于膝，右肩前顶，成右弓步（图8-38②）。

要求：转体、合抱要协调一致。

图8-38 上步抱膝

8. 插档扛摔

要领：左手后上挡抓，右手前插，掌心向上（图8-39①）；左手向右下拧拉，大臂贴肋，小臂略平，拳心向上，同时右臂上挑，右肩上扛，身体稍向右转，右拳与头同高，拳心向前，重心大部落于右脚，成右弓步（图8-39②）。

要求：下拉、上挑、转体要协调一致。

图8-39 插档扛摔

9. 下拨勾拳

要领：左拳下拨后摆，左转身的同时，右拳由后向前猛力上击，拳心向内，与下颌同高，同时右脚向右自然移动，成左弓步（图8-40）。

要求：转身要快，勾拳要猛。

图8-40 下拨勾拳

10. 卡脖撅耳

要领：右脚掂步，左脚抬起，脚掌与地面平行，在左脚落地的同时，右脚上步成右弓步，左拳变八字掌置于胸前，右拳后摆（图8-41①）；向左转体成左弓步的同时左手下按，右拳由后向前下猛力横击（图8-41②）。

要求：掂步有力，转体、卡脖、拳击要协调一致。

图8-41 卡脖撅耳

11. 内外挂腿

要领：在起身的同时，左脚向右踞步，右脚前扫，两手合掌于右肩前（图8-42①）；两手猛力向左肩前拧拉，上体稍向左转，同时右脚后绊，成左弓步（图8-42②）。

要求：踞步、合掌、前扫要协调一致，重心要稳。

图8-42 内外挂腿

12. 踹腿锁喉

要领：右脚向右前方掂步，左脚向右跃起，然后起右脚，大腿抬平，脚尖里勾，两臂弯曲，置于胸前，右掌在前，左掌在后，掌心向下（图8-43①）；右脚侧踹，在落地的同时右手沿敌脖横插，左手抓握右手腕，右手变拳，猛力后拉、下压，成右弓步（图8-43②）。

要求：踹、锁要协调一致，重心要稳。

图 8-43　踹腿锁喉

13. 内拨冲拳

要领：上左脚右转身成右弓步，左臂顺势内拨护于腹前，右拳收于腰际，拳心向上（图8-44①）；左拳里拨后摆，右拳以蹬腿、扭腰、送胯之合力旋转冲出，成左弓步（图8-44②）。

要求：冲拳要有爆发力。

图 8-44　内拨冲拳

14. 抓手绷腕

要领：两拳变掌，左手抓握右手腕（图8-45①）；右掌上挑外拨，身体稍向右转，两臂用力后拉并扣压于腰际，成右弓步（图8-45②）。

要求：抓握要快而有力。

图 8-45　抓手绷腕

15. 砍脖提裆

要领：左手砍脖，右手抓裆，在右手后拉上提的同时左手猛力向前下推压，成左弓步（图8-46）。

要求：上提、推压要协调一致。

图 8-46　砍脖提裆

16. 别臂下压

要领：右转身成右弓步的同时两手变拳，右小臂上挡（图 8-47①）；上左脚成左弓步的同时，左臂微屈向前上方插掌并变拳。右手抓握左手腕；向右转体，两手下拉别压，成右弓步（图 8-47②）。

要求：拉压、转体要协调一致。

图 8-47　别臂下压①②

图 8-48　结束姿势

结束姿势：

左脚靠拢右脚，恢复立正姿势（图 8-48）。

★第二节　战场医疗救护

一、救护基本知识

战伤救护对及时抢救伤员、防止伤情加重、挽救伤员生命等均具有重要意义。以往战争中火线抢救的经验证明，50%左右的伤员是靠自救互救实施的。大学生军训应结合卫生知识教育，帮助大学生认识战伤救护工作的重要意义，广泛开展战伤救护知识和技术的宣传、学习和训练。

战场救护对于及早挽救指战员的生命，保证部队的战斗力，赢得战斗胜利，具有重要意义。因此，学习和掌握战场救护的基本知识是非常必要的。

二、个人卫生

个人卫生是集体卫生的基础，讲究个人卫生可以防止疾病传播，提高士兵的健康水平。为此，我军《内务条令》对个人卫生提出了总的要求，应做到：饭前便后洗手，不吃（喝）不洁净的食物（水），不暴饮暴食；勤洗澡，勤理发，勤剪指甲，勤洗晒衣服被褥；不随地吐痰和便溺，不乱扔果皮、烟头、纸屑等废弃物；保持室内和公共场所的清洁卫生提倡戒烟。

个人卫生的内容主要有皮肤的卫生，头发的卫生，手和脚的卫生，口腔和脸部的卫生，眼、耳、鼻的卫生，饮食的卫生，衣服和卧具的清洁等。

三、意外伤的救护

意外伤害事故是指不可预料的及当事人很难控制并造成人员伤亡的事件。这类事件会给日常生活中的人们造成极大伤害。因此，掌握对该类事故急救的基本原则和技能是必要的。

（一）突发性意外事故急救的基本原则

突发性意外事故急救的基本原则是指该类事故急救过程中必须遵循的基本要求。突发性意外事故急救应遵循如下原则：

（1）保持镇静

遇到意外伤害发生时，不要惊慌失措，要保持镇静，并设法维持好现场秩序。

（2）及时求助

如发生意外而现场无人时，应向周围大声呼救，请求来人帮助或设法联系有关部门，不要单独留下伤病员。

（3）分类抢救伤员

根据伤情对病员进行分类抢救，处理次序一般为：先重后轻，先急后缓，先近后远。

（4）服从领导统一指挥

现场抢救一切行动必须服从有关领导的统一指挥，不可我行我素、各自为政。

（二）几种常见急症及其处理

中暑、电击、溺水等是威胁人身安全的急症。遇到这种症状，要及时处理。

1. 中暑

中暑，是在高温和热辐射的长时间作用下，因机体散热困难、体内热量积蓄过多所致。

（1）中暑的表现

中暑均有高温接触史，症状表现为口渴、多汗、头晕、衰弱无力、心慌、高热、皮肤灼热、干燥，重症有昏迷、抽搐、呕吐、瞳孔缩小。

（2）中暑的抢救

①迅速将患者移至有空调的房间或阴凉通风处；

②用冰水或冰水加酒精浸湿和摩擦全身，并用电风扇吹，连续操作，一直到使体温降至38℃左右为止。或者在头颈、腋窝、腹股沟等浅表大血管区置冰袋，体表盖以湿毛巾，反复用冰水浇洒并用电风扇吹风。同时，必须配合全身按摩，使皮肤血管扩张；

③有条件可配合冰帽降温和药物降温；

④饮用盐水或静脉补液。

2. 电击

人体能导电，电流通过人体可引起皮肤接触处的灼伤，电流通过中枢神经和心脏会引起中枢神经抑制和循环衰竭，主要表现为呼吸停止和心室纤颤。雷击是电击的一种，处理方法与电击相同。

（1）电击的临床表现

严重的触电休克表现为呼吸停止，触电人呈昏迷状态，皮肤青紫而变冷，血压急骤下降，但心脏仍维持搏动。更严重者出现心室纤颤，除呼吸停止及昏迷外，心音和脉搏消失，皮肤触及电源处出现灼伤。

（2）急救方法

①首先应立即使触电者脱离电源；

②心脏按压，如触电人心跳停止，必须立即进行心脏按压，如呼吸停止则应立即进行人工呼吸；

③严重触电除立即采取急救措施外，应迅速转送医院治疗。

3. 溺水

（1）溺水造成死亡的原因

①水进入肺内，将空气排挤出去，引起肺水肿、窒息而死；

②水的刺激会引起会厌的痉挛性闭锁，也可以因迷走神经的抑制引起心脏突然停搏；虽只有很少的水进入肺内也可引起死亡，但此种病人被救活的机会较大；

③淡水溺水者由于大量淡水由肺部吸收入血内，使血液稀释和溶血后血钾升高，迅速导致心室纤颤。海水溺水者因肺内吸入的是含电解质较高液体，水分自血液入肺造成肺水肿遂心脏停搏。

（2）抢救方法

①溺水者尚有心跳、呼吸时，将溺水者俯卧，用衣服将其腹部垫高或横放在救护者屈曲的膝头上，头倒悬，并轻压溺水者的背部，使支气管、肺和胃内的水迅速排出（图8-49）；

②撬开溺水者的口腔，清除其中泥土唾液并将舌头拉出，以保持呼吸道通畅；

③病人呼吸、心跳停止时，则必须立即进行人工呼吸和心脏按压；

④用冰袋冷敷患者头部，降低脑部温度，以减少脑组织对氧的需要；

⑤迅速送医院救治。

图8-49 溺水抢救方法

四、心肺复苏

心肺复苏是指针对呼吸、心跳停止所采用的抢救措施。即以人工呼吸替代自主呼吸，以挤压心脏形成暂时人工循环并诱发心脏的自主搏动。

（一）判断心搏骤停

心搏骤停一旦发生，时间就是生命，抢救越早，复苏成功率越高。判断心搏骤停，首先应轻摇或轻轻拍打伤病员，同时呼叫其名字或大声呼喊，若无反应可判断为意识丧失。然后马上以手指触摸其双颈动脉，若意识丧失同时伴颈动脉搏动消失，即可判定为心搏骤停。应立即开始现场抢救，并紧急呼救以取得他人帮助。

（二）安置复苏体位

复苏体位是仰卧位，应在呼救的同时小心放置伤病员仰卧在坚硬的平地上。安置时，应一手托住伤病员颈部，另一手扶着他的肩部，使伤病员沿其躯体纵轴整体翻转到仰卧位。

（三）开放气道

心搏骤停后，全身肌肉松弛，可发生舌根后坠，使气道受阻。为了保持呼吸道通畅，可采用仰头抬颏法，也可采用仰头举颈法或双手托颌法开放伤病员气道。

注意：在开放气道同时应用手指挖出伤病员口中异物或呕吐物，有假牙者应取出假牙。

（四）判断自主呼吸

判断伤病员有无自主呼吸，可以通过"一看二听三感觉"的方法。即看伤病员胸部有无起伏，用耳及面部贴近伤病员口鼻，分别听和感觉有无气体呼出，如没有应立即进行口对口人工呼吸。

（五）重建呼吸

帮助伤病员重建呼吸最为有效的方法就是人工呼吸。人工呼吸时保持伤病员抬头抑颏，抢救者以右手拇指和食指捏紧伤病员的鼻孔。深吸一口气后，用自己的双唇将伤病员的口完全包绕，然后用力吹气 1～1.5 秒，使胸廓扩张。吹气完毕，抢救者松开捏鼻孔的手，让伤病员的胸廓及肺依靠其弹性自主回缩呼气。

（六）重建循环

进行心外按压能使伤病员重建循环。进行时，抢救者可采用踏脚凳或跪式等不同体位，用靠近伤病员左侧手的食指和中指置于胸骨下切肌上方，用另一手的掌根部紧靠前一手食指，放于胸骨下 1/3（图 8-50），掌根部长轴与胸骨长轴重合，然后将前一手置于另一手背上，两手手指交叉抬起，使其不接触胸壁。按压时双肘伸直，垂直向下用力按压，下压深度 4～5 厘米，按压频率 100 次/分，按压时间与放松时间各占 50%，放松时掌根不能离开胸壁，以免按压点移位。

图 8-50　心外按压部位

（七）心外按压（双人）

双人同时进行人工呼吸及心外按压时，一人先做口对口人工呼吸 2 次，另一人作胸外心脏按压 30 次，以后人工呼吸数与胸外按压数按 2：30，如此反复进行（图 8-51）。

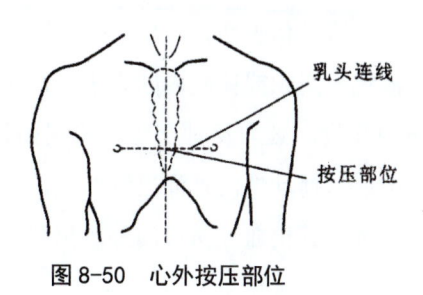

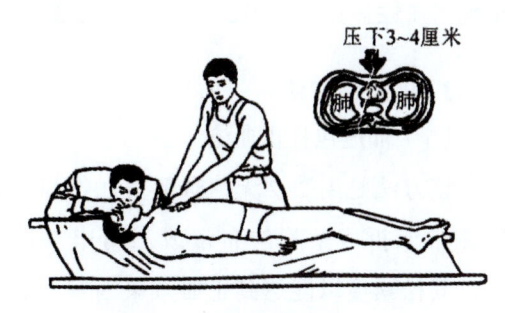

图 8-51　心外按压和人工呼吸

五、战场自救互救

自救和互救是战场救护的两个方面,是保存战斗力的重要工作。救护前,应注意观察伤员的整体情况,不能只观察受伤的部位,而忽视对其他部位的检查。重点检查以下方面:有无昏迷、休克现象;有无呼吸道阻塞、呼吸困难现象;有无颅脑损伤症状,如耳道出血、眼结膜瘀血等;有无脊神经损伤、肢体瘫痪现象;有无肢体畸形、肿胀、疼痛及功能丧失现象。

(一)止血

战伤出血,是导致伤员休克或死亡的重要原因,在救护过程中,必须迅速、准确地进行止血,才能有效地抢救伤员。

1. 出血的种类

血液从体表伤口流出,称为外出血,易为人们发现;而体内深部组织、内脏损伤出血,血液流入组织或体腔内的内出血,不易为人们发现,更为危险。各种出血中,以动脉出血最为危险,必须及时止血。按照损伤血管的不同,可分为:①动脉出血,其特点是伤口呈喷射状搏动性向外涌出鲜红色的血液;②静脉出血,伤口持续向外溢出暗红色的血液;③毛细血管出血,伤口向外渗出鲜红色的血液。

2. 出血的临床表现

成人的血液约占其体重的8%,失血总量达到总血量的20%以上时,伤员会出现脸色苍白、冷汗淋漓、手脚发凉、呼吸急促、心慌气短等症状,脉搏快而细,血压下降,继而出现出血性休克。当出血量达到总血量的40%时,就有生命危险。

3. 止血的方法

(1)加压包扎止血法

该方法是用数层无菌敷料盖住伤口,再用绷带或折成条状的布带或三角巾加压包扎,其松紧度以能达到止血效果为宜。当伤口在肘窝、腋窝、腹股沟时,可在加垫敷料后,屈肢固定在躯干上加压包扎止血(见图8-52)。需要注意的是,有骨折、可疑骨折或关节脱位时,不宜使用此法。

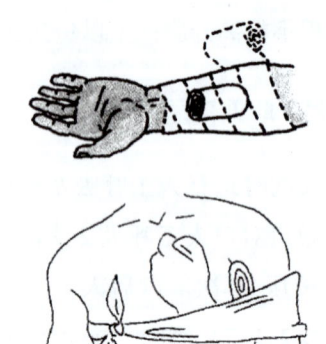

图8-52 加压包扎止血

（2）指压止血法

指压止血法是一种简单有效的临时性止血方法，它是根据动脉的走向，在出血伤口的近心端，用手指压住动脉处，达到临时止血的目的。指压止血法适用于头部、颈部、四肢的动脉出血，依出血部位的不同，可分为：

①顶部出血压迫法：方法是在伤侧耳前，对准下颚关节上方，用拇指压迫颞动脉（图8-53）；

②面部出血压迫法：一侧面部出血，可用食指或拇指压迫同侧下颌骨下缘，下颌角前方约3厘米处，此处可摸到明显的搏动（面动脉），压迫此点可以止血（图8-54）；

③头颈部出血压迫法：用拇指压迫下颌角处的面动脉（图8-55）；

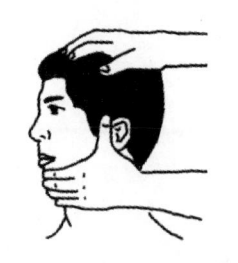

图 8-53　顶部出血压迫法 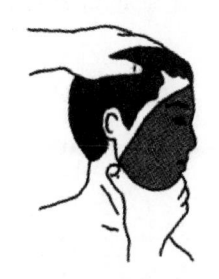　　　图 8-54　面部出血压迫法 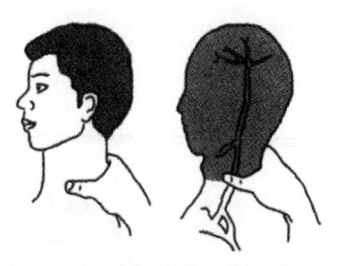　　　图 8-55　头颈部出血压迫法

④头皮出血压迫法：头皮前部出血时，压迫耳前下颌关节上方的颞动脉。头皮后部出血则压迫耳后突起下方稍外侧的耳后动脉；

⑤腋窝和肩部出血压迫法：在锁骨上窝对准第一肋骨用拇指向下压迫锁骨下动脉（图8-56）；

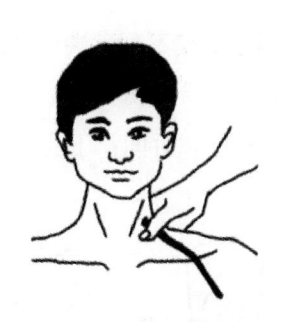

图 8-56　腋窝和肩部出血压迫法 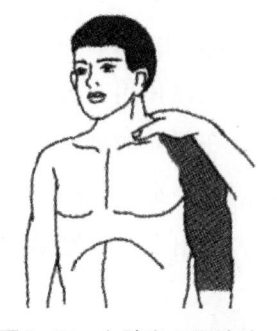　　　图 8-57　上臂出血压迫法 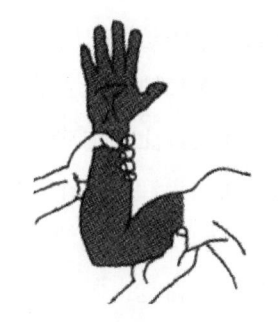　　　图 8-58　前臂出血压迫法

⑥上臂出血压迫法：一手将患肢抬高，另一手用拇指压迫上臂内侧的肱动脉（图8-57）；

⑦前臂出血压迫法：用拇指压迫伤侧肘窝肱二头肌腱内侧的肱动脉末端（图8-58）；

⑧手掌出血压迫法：用两手指分别压迫腕部的尺动脉、桡动脉（图8-59）；

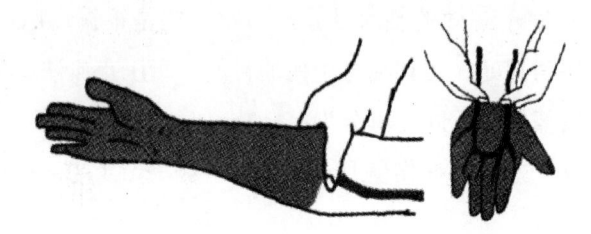

图8-59　手掌出血压迫法

⑨下肢出血压迫法：用两手拇指重叠向后用力压迫腹股沟中点稍下方的股动脉（图8-60）；

⑩足部出血压迫法：用两手拇指分别压迫足背𧿹长肌腱外侧的足背动脉和内踝与跟腱之间的胫后动脉（图8-61）。

图8-60　下肢出血压迫法　　　图8-61　足部出血压迫法

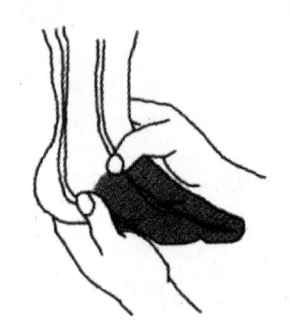

（3）止血带止血法

止血带止血法是快速有效的止血方法，但它只适用于不能用加压止血的四肢大动脉出血。方法是用橡皮管或布条缠绕伤口上方肌肉多的部位，其松紧度以摸不到远端动脉的搏动，伤口刚好止血为宜，过松无止血作用，过紧会影响血液循环，易损伤神经，造成肢体坏死。上止血带的伤员，必须在明显的部位标明上止血带的部位和时间：上止血带的时间如果超过两个小时，要每隔一个小时放松一次，每次8分钟，为避免放松止血带时大量出血，放松期间可改用指压法临时止血。

①橡皮止血带止血法：常用一条长1米的橡皮管，先用绷带或布块垫平上止血带的部位，两手将止血带中段适当拉长，绕出血伤口上端肢体2～3圈后固定，借助橡皮管的弹性压迫血管而达到止血的目的（图8-62）。

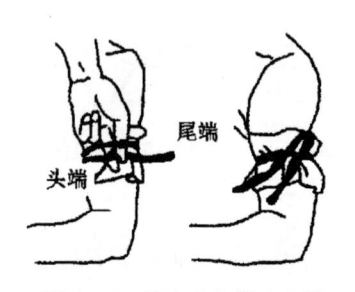

图8-62　橡皮止血带止血法

②布条止血带止血法：常用三角巾、布带、毛巾、衣袖等平整地缠绕在加有布垫的肢体上，拉紧后用"木棒、筷子、笔杆"等拧紧固定（图8-63）。

图8-63 布条止血带止血法　　图8-64 屈曲肢体压垫止血

（4）屈曲肢体压垫止血

只用于没有骨折时，前臂或小腿动脉出血时可以把绷带或布条卷成垫状，衬在肘关节或腘窝（膝关节后侧）处，并尽量便关节屈曲，再用绷带或三角巾固定（图8-64）。

4. 对内出血或可疑内出血的伤员的处理

应让伤员绝对安静不动，垫高下肢，有条件的可先输液，应迅速将伤员送到距离最近的医院进行救治。

（二）通气

呼吸道一旦发生阻塞，伤员在数分钟内就会因窒息、缺氧而死亡，必须分秒必争地除去各种阻塞因素，使气道通畅（图8-65）。

常见的通气术有：

1. 手指掏出术

适用于口腔内气道阻塞，多为面颌部伤。急救者用手指伸入口腔内将碎骨片、碎组织片、血凝块、泥土、分泌物等掏出。

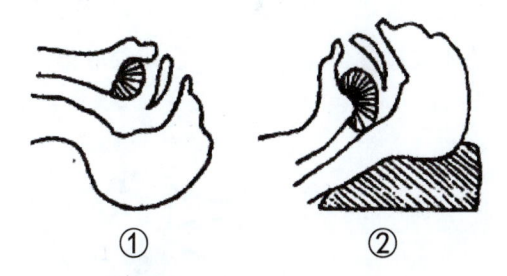

图8-65 ①气道通畅；②气道阻塞

2. 托下颌角术

托下颌角术适用于颅脑损伤或火器伤后舌根后坠、深度昏迷而窒息者。急救时将伤员取仰卧位，急救者用双手托起伤员两侧下颌角，即可解除呼吸道阻塞。呼吸通畅后改俯卧位。

（1）仰头举颏法

抢救者一只手的小鱼际肌放置于患者的前额，用力往下压，使其头后仰，另一只手的食指、中指放在下颌骨下方，将颏部向上抬起。这是一种最常用的开放呼吸道徒手操作法（图8-66）。

但操作时应注意手指不要压迫颌下软组织，以防呼吸道受压；也不要压迫下颌，使口腔闭合；有假牙者不必取出，因举颏可使牙托复位，有利于人工呼吸。

图8-66　仰头举颏法　　　　　图8-67　双手抬颌法

（2）双手抬颌法

抢救者位于患者头侧，双肘支持在患者仰卧平面上，双手紧推双下颌角，下颌上移，拇指牵引下唇，使口微张。此法适用于颈部有外伤者。因此法易使抢救者操作疲劳，也不易与人工呼吸相配合，故在一般情况下不予采用（图8-67）。

（3）仰头抬颈法

抢救者跪于患者头侧，一手置于患者前额使其头后仰，另一手放在颈后，托起颈部。注意不要过度伸展颈椎；有假牙须取出，以防松动的牙托堵塞呼吸道（图8-68）。

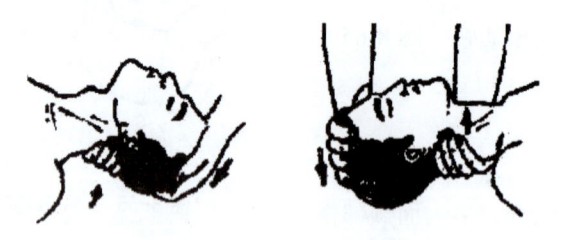

图8-68　仰头抬颈法

（三）包扎

包扎有止血、保护伤口、防止感染、扶托伤肢，以及固定敷料、夹板等作用。

1. 头（面）部包扎法

将三角巾（规格：一平方米对开剪两条）底边折叠约2指宽，放于前额眉上。顶角拉至枕后，左右两底角沿两耳上方往后，拉至枕外隆凸下方交叉，并压紧顶角；然后再绕至前额打结。顶角拉紧，并向上反折，将角塞进两底角交叉处（图8-69）。

图 8-69 头部包扎法

2. 胸（背）部包扎法

三角巾底边横放在胸部，顶角从伤侧越过肩上折向背部；三角巾的中部盖在胸部的伤处，两底角拉向背部打结。顶角结带也和这两底角结打在一起（图8-70）。

3. 腹部包扎法

将三角巾顶角朝下，底边横放于上腹部，两底角拉紧于腰部打结；顶角结一小带，经会阴拉至后面，同两底角的余头打结（图8-71）。

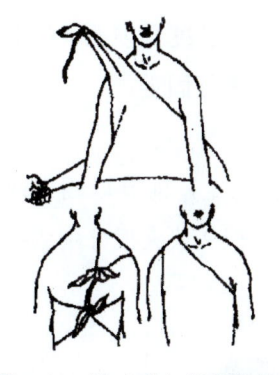

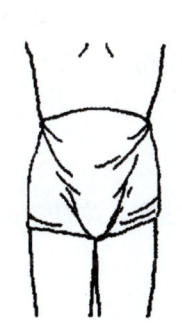

图 8-70 胸（背）部包扎法　　图 8-71 腹部包扎法　　8-72 四肢包扎法

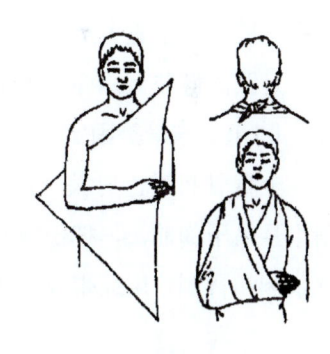

4. 四肢包扎法

将三角巾底边向上横置于腕部或踝部，手掌（足拓）向下，放于三角巾的中央，再将顶角折回盖在手背（足背）上，然后将两底角交叉压住顶角，再于腕部（踝部)缠绕一周打结。打结后，应将顶角再折回打在结内（图8-72）。

（四）骨折的固定

1. 锁骨骨折固定法

在骨折处垫上敷料后，将一块与背部尺寸相当的"T"字夹板放在伤员的肩脚骨上，然后用绷带将左右两肩和腰部固定在夹板上（图8-73）。若无夹板，则可使伤员坐直挺胸、双肩向后，然后在伤员两腋下垫上棉垫，用两条三角巾分别绕左右两肩两圈后在背部中央打结，再将伤员两臂屈曲交叉并用另一条三角巾固定于胸前（图8-74）。

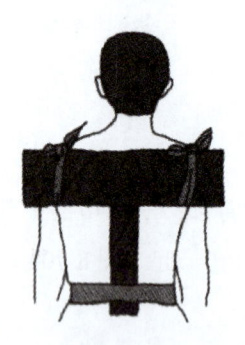

图8-73 锁骨骨折的夹板固定方法 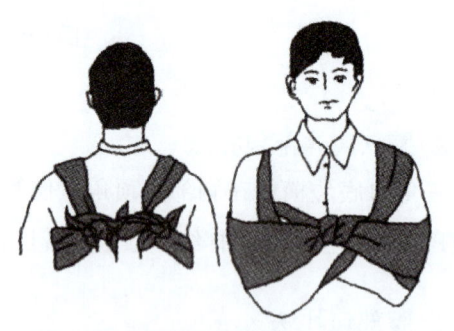　　　图8-74 锁骨骨折的三角巾固定方法

2. 四肢骨折固定法

上肢固定时，肘关节屈曲90°，前臂用腰带或三角巾悬吊于胸前，必要时，再以绷带将上肢固定于躯干上以加强固定；下肢固定时，用一块长木板，其长度必须上至腋下，下至足跟的健肢上，亦可用枪支、木棍等或未受伤的健肢代替夹板进行固定。

（1）上肢骨折固定

上臂骨折时，肘关节屈曲，将夹板放在上臂外侧，然后包扎固定，前臂以绷带或三角巾悬吊于胸前，再把伤臂固定在胸侧（图8-75）。前臂骨折时，把2块夹板分别放在前臂掌侧和背侧，用绷带或三角巾固定（图8-76）。

图8-75 上臂骨折的夹板固定方法 　　　图8-76 前臂骨折的夹板固定方法

（2）下肢骨折

让受伤者仰卧，小腿骨折时（图8-77），取一块长度等于从脚到大腿中部的夹板，放在骨折的小腿外侧，骨突出部位要加垫，然后固定伤口上下两端。如果大腿骨折（图8-78），可取一块长度相当于自腋窝到脚跟的夹板放在伤肢外侧，夹板下加衬垫，用布条分段固定伤肢，在腋窝处和大腿上部，分别用布条围绕胸、腹部将夹板固定。足部骨折时，将木板放于足底，与踝关节绷带缠绕固定。

图8-77 小腿骨折夹板固定法

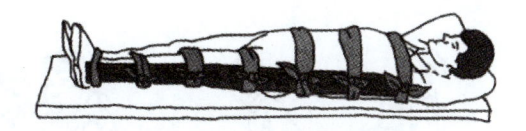

图8-78 大腿骨折夹板固定法

（3）脊椎骨折

千万注意不能把伤员扶坐起来，搬运伤员时也绝对不能一人抬肩一人抬腿，因为这样做可使脊柱弯曲，可能损伤脊髓和神经，造成不可恢复的瘫痪。搬动伤员时只能用硬的帆布担架或门板，柔软的担架不能使用。

（五）搬运伤员

1. 匍匐背驮搬运法

救护者同向侧卧于伤员处并紧靠伤员身体，拉紧伤员上臂后再抓住伤员臀部，合力猛翻将伤员转上身，低姿匍匐向前进。

2. 侧身匍匐搬运法

救护者将伤员腰部垫在大腿上，将伤员两手放于胸前，右手穿过伤员腋下抱胸，左肘撑于地面，蹬足向前（图8-79）。

图8-79 侧身匍匐搬运法

3. 徒手搬运

（1）单人搬运法

适用于伤势比较轻的伤病员，采取背、抱或扶持等方法。

（2）双人搬运法

一人搬托双下肢，一人搬托腰部。在不影响病伤的情况下，还可用椅式、轿式和拉车式。注意对脊柱伤或腹部伤员不宜采用（图8-80）。

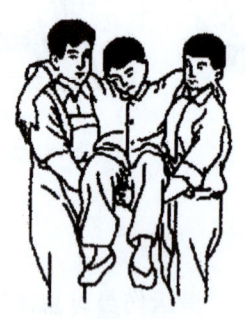

椅式搬运法　　　　　轿式搬运法　　　　　拉车式搬运法

图 8-80　双人搬运法

（3）平卧托运法

对疑有胸、腰椎骨折的伤者，应由多人配合搬运。一人托住肩胛部，一人托住臀部和腰部，另一人托住两下肢，几人同时把伤员轻轻抬放到硬板担架上（图8-81）。

4. 担架搬运

担架搬运法主要适用于伤情较重、路途较远又不适合徒手搬运的情况。该方法常用的搬运工具有帆布担架、被服担架、包裹式担架、充气式担架等。在没有担架的情况下，也可就地取材，用椅子、门板、床板、毯子、衣服、竹竿或梯子等代替。

图 8-81　平卧托运法

★ 第三节　核生化防护

防护可以有效地避免或减轻核武器、化学生物武装对己方的杀伤与破坏，了解防护基本知识，学会利用地形、工事、器材等一切有利条件来进行有效防护，对于适应未来战争的要求，具有重要意义。

一、防护基本知识

作战人员只有熟悉各种常规武器、核生化武器的杀伤破坏途径主要特点，才能够在战场上，灵活地采取各种防护措施，有效地保存自己。

（一）核武器及其杀伤破坏途径

核武器是利用原子核裂变或裂变——聚变反应，瞬时释放巨大能量，造成大规模杀伤破坏效应的武器。包括原子弹、氢弹和特殊性能核弹等。核武器通常可用导弹、火箭、大口径火炮、飞机发射或投掷，也可制成核地雷、核鱼雷使用。其杀伤破坏途径是冲击波、早期核辐射、光辐射、核电磁脉冲和放射性沾染。

冲击波是核爆炸产生的高速高压气浪，能直接或间接造成人员脑震荡、骨折、内脏破裂和皮肤损伤。早期核辐射主要造成人员的放射性损伤。光辐射主要造成眼睛、皮肤、呼吸道烧伤，还可引燃各种物体，形成大范围火灾。核电磁脉冲破坏各种电子设备的特有因素，使电子元器件、电子设备失灵、失效以至损坏，使自动化指挥控制系统发生混乱，产生不可估量的后果。放射性沾染能在较长时间内对人员形成累积性伤害，影响军队作战能力和行动。

上述几种因素不仅杀伤破坏作用不同，而且作用时间长短不一，短的在核爆炸瞬间的分秒时间内，长的可达几天至几十天，甚至更长时间。

（二）化学、生物武器及其杀伤破坏途径

战争中用来毒害人、畜的化学物质，叫军用毒剂。装有毒剂的各种炮弹、炸弹、导

229

弹、毒烟罐、手榴弹等统称化学武器。化学毒剂有神经性毒剂、糜烂性毒剂、失能性毒剂、窒息性毒剂和刺激性毒剂。化学毒剂释放后，可形成气态、气溶胶态、液滴态、微粉态，人员接触或吸入后立即发生中毒，如果不及时防护和抢救就会失去战斗力或在短时间内死亡。战场上敌人最常使用的毒剂主要是神经性毒剂，包括沙林、梭曼、Vx 等毒剂。

在战争中用来伤害人、畜，毁坏农作物的致病微生物和细菌所产生的毒素，叫作生物战剂。装有各种生物战剂的炸弹、炮弹和气溶胶发生器、布洒器等统称生物武器。生物武器是利用生物战剂的致病作用杀伤有生力量和毁伤动植物的武器。按对人员的伤害程度可分为失能性战剂和致死性战剂。

化学毒剂和生物战剂对人员的伤害途径是吸入中毒、误食中毒、接触中毒等。吸入中毒就是战剂污染的空气经呼吸道吸入人体内部引起人员中毒。误食中毒就是人员误食（饮）染毒的食物（水）引起中毒。接触中毒就是人员接触染毒物体，经皮肤、黏膜、伤口或蚊虫叮咬进（侵）入人体引起中毒。化学武器既可以用于战略后方，也可以使用在战场前线，尤其是对一些战役要点使用的可能性更大。

生物武器通常用来作为战略性武器袭击后方城市、军事基地、港口、车站及重要交通枢纽，特别是对人口密度大、文化知识落后、卫生条件差的地区具有明显的伤害效果。

二、防护装备使用

防护装备是用于防止核生化有毒有害物质对单个人员造成伤害的防护装备。可分为呼吸道防护器材、皮肤防护器材和个人急救器材等。

（一）呼吸道防护器材

呼吸道防护器材，是指用于保护人员的呼吸器官、眼睛及面部皮肤免受毒剂、细菌及放射性灰尘直接伤害的个人防护器材，主要是不同类型的防毒面具，其使用方法如下：

1. 面具携带

通常是左肩右胁，面具袋上沿与腰带取齐。运动时，可将面具移至身体的右后方。

2. 气密性检查

戴好面具后，用右手堵住进气口，同时用力吸气，若感到堵塞不透气，则说明面具气密性良好，若感觉漏气，应首先检查佩戴是否正确，然后检查呼气活门有无异物及面具有无损坏，根据情况处理后再重新检查。

3. 面具戴脱的要领

立姿戴脱面具的要领（图 8-82）：当听（看）到"化学警报"信号或"戴面具"的口令时，立即停止呼吸，闭嘴闭眼，迅速将面具袋移至身体右前方，打开袋盖，右手握住面具袋底，左手迅速取出面具，两手分别握住面具两侧的中、下头带，拇指在内撑开面罩；身体微向前倾，下颌微伸出，将面罩套住下颌，用拇指和食指夹住军帽帽檐，两手稍用力向上后方拉头带，迅速戴上面具；两手对称地调整头带，使面具与脸部密合；然后深呼一口气，睁开眼睛，戴好军帽。

图 8-82 立姿戴面具

脱面具： 当听（看）到"解除化学警报"信号或"脱面具"的口令后，左手脱下军帽，右手握住面具下部，向下向前脱下面具，戴上军帽，然后将过滤器朝外装入面具袋内。

戴面具时，停止呼吸和闭嘴是为了防止吸入染毒空气；闭眼是为了防止毒剂伤害眼睛；深呼一口气是为了排除面罩内的染毒气体。

（二）皮肤防护器材

皮肤防护器材，是指保护人员皮肤免受毒剂、生物战剂和放射性灰尘等通过皮肤引起伤害的个人防护器材。目前，我军装备的皮肤防护器材主要包括防毒斗篷（图 8-83）、防毒手套（图 8-84）、防毒靴套（图 8-85）和防毒服等。

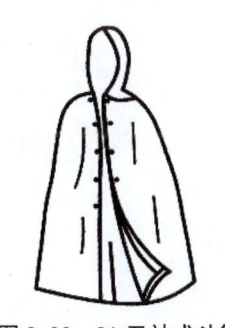

图 8-83　81 无袖式斗篷　　图 8-84　81 型防毒手套　　图 8-85　81 型防毒靴套

为使防护器材最大限度发挥作用，保存部队战斗力，使用皮肤防护器材应做到：良好的气密性，尤其要注意头、颈、袖口的气密性；良好的适应性，尤其适应较强劳动条件下长期工作；良好的毒情观念，尤其要注意脱防护器材时不染毒、不沾染。使用皮肤防护

231

器材时，穿脱通常按照斗篷、靴套、手套的顺序进行。脱下的器材经洗消、保养后装包备用，或统一销毁。

（三）个人急救器材

个人急救器材主要有个人急救包和个人防护盒两种。

个人急救包是个人战场上的急救器材。包内装有神经性毒剂中毒预防片、神经毒剂急救针、抗氰胶囊、抗氰急救自动注射针、军用毒剂消毒手套等。

个人防护盒是一种战场个人急救器材。盒内装有神经性毒剂预防片、经性毒剂急救针、粉剂个人消毒手套、抗氰急救针剂等。

三、对核生化武器的防护

对核生化武器的防护，是指军队对敌人核、生物、化学武器袭击而采取的防护措施。目的是最大限度地减少损伤，保持部队的战斗力和重要目标的生存能力。士兵必须掌握其防护方法，才能减免杀伤，有效保存自己。

（一）对核武器的防护

核武器是禁用的，但随着战争的升级，敌人也有使用的可能性。在战场上，敌人一旦使用核武器，士兵应充分利用地形和防护器材进行防护，尽量减免其伤害。

对核武器的防护主要包括两个方面：一是对核爆炸瞬时效应的防护；二是对放射性沾染的防护。

1. 对核爆炸瞬时效应的防护

核爆炸瞬时效应防护是指对核爆炸产生的冲击波、光辐射、早期核辐射等瞬时杀伤效应采取的防护措施，是核防护的重要内容。采取有效的防护措施，可以减少人员伤亡和装备物资的损失。

（1）在开阔地上的防护

当士兵在开阔地上行动，收到核袭击警报信号或发现核闪光时，应立即背向爆心卧倒。卧倒时，将武器置于身体的一侧，两手交叉压于胸下，两肘前伸，头自然下压夹于两臂之间，闭眼闭嘴（有条件时堵耳），憋气（当感到热空气时），两腿伸直并拢（图8-86）。

图 8-86 在开阔地上防护核袭击

正在行驶的车辆，突然遇到闪光时，驾驶员应立即停车，将身体弯伏或卧伏在驾驶室内，乘车人员应尽量卧倒。

（2）利用地形防护

利用土丘、土坎、坟包等高于地平面的地形防护，可以有效地减少核武器的杀伤。当士兵发现核爆炸闪光时，应就近利用地形背向爆心的一面迅速卧倒（动作要领同开阔地）。如利用较大的土丘、坟包、土坎时，可对向爆心卧倒，重点防护头部。利用土坑、弹坑、沟渠等低于地面的地形防护时，首先携带武器快速跃（滚）入坑内，身体蜷缩，跪或坐于坑内，两肘置于两腿上，两手掩耳，闭眼闭嘴，暂停呼吸。若坑大底宽，也可横向或对向爆心卧倒。利用沟渠时，宜用横向爆心的沟渠卧倒防护，若沟渠的走向对向爆心时，只能利用拐弯处防护（图8-87）。

图 8-87 利用各种地形防护核袭击

坚固的建筑物对瞬时杀伤因素具有一定的防护作用。若在室外应尽量利用墙的拐角或紧靠墙根卧倒；若在室内应在屋角或床、桌下卧倒或蹲下，但注意不要利用不坚固或易倒塌的建筑物，避开门窗处和易燃易爆物，以免受到间接伤害。

山洞、桥洞、涵洞、下水道等都是较好的防护地形；有时单个人员也可利用树木、丛林、青纱帐或潜入水中进行防护。

（3）利用服装装具防护

利用雨衣、防毒斗篷和其他衣物、手套、毛巾等防护，在一定距离上，可减轻或避免热、核辐射的伤害。衣物的防护效果，一般是厚的比薄的好，浅色的比深色的好，密实的比稀疏的好。冲击波在一定范围内能损伤耳膜，可利用炮兵防震耳塞、棉花或其他细软物堵塞耳孔防护；冬天放下帽耳也有一定的防护作用。

（4）利用工事防护

各类工事对核武器都有较好的防护效果，与在开阔地上的人员相比，各种工事可减少 1/2～5/6 伤亡率。横向爆心的堑壕、交通壕和单人掩体对光辐射、冲击波和核辐射都有一定的防护效果。占领阵地的士兵来不及进入掩蔽部时，应迅速在壕内卧倒或采取坐下或蹲下姿势防护。有掩盖的堑壕、交通壕效果会更好。纵向或斜向爆心的堑壕、交通壕防护效果较差。当堑壕对向爆心时,可利用掩体防护,面向爆心跪下或蹲下,用手掩耳,闭眼闭嘴,暂停呼吸。利用崖孔和掩蔽部时,最好是利用拐弯的崖孔和有防护门的掩蔽部防护(图8-88)。

2. 对放射性沾染(污染)的防护

对放射性沾染(污染)的防护是指对核爆炸形成的放射性沾染(污染)采取的防护措施。其目的是避免或减轻放射性物质通过体外照射、体内沾染和皮肤沾染的方式对人体引起伤害。

图8-88 利用崖孔防护核袭击

(1)对放射性烟云沉降的防护

处于爆心下风方向的人员在放射性烟云到达以前要做好防护准备。当发现放射性灰尘落下时,应迅速穿戴防护器材;若无制式器材,应利用就便器材进行防护,如戴口罩,披雨衣(斗篷),扣紧袖口、领口和裤腿,脖子上围毛巾等,进行全身防护,将身体遮盖起来。当沉降完毕,如风速不大,无大量灰尘扬起时,可脱掉雨衣或斗篷(注意风向),但不要摘口罩。

(2)通过沾染区的防护

①应首先检查防护器材是否完好,武器携带是否便于行动和进行防护;

②服用抗辐射药物。如服用硫辛酸二乙胺基乙酯、雌三醇或某些硫氢化合物等,上述药物可使核辐射引起伤害的严重程度降低大约一半;

③利用制式器材或简易器材进行全身防护。其方法与防放射性烟云沉降相同;

④通过沾染区时,应尽量避开辐射水平高的地区,能绕则绕,不能绕过时,人员之间应保持适当距离,加快行进速度,减少灰尘扬起。如有条件乘车通过时,应尽量乘车,以缩短停留时间。

(3)在沾染区内的防护

①利用有防护设施的工事进行防护,尽量减少在工事外活动,以减轻外照射和沾染;

②暴露人员应穿戴防护器材,扎紧"三口"(领口、袖口、裤口),穿(披)雨衣或斗篷,戴手套等;

③在沾染区内,尽量不喝水、不吸烟、不进食,不接触受染物体。情况允许时,应在有防护设施的工事或帐篷内饮食;

④如人员沾染较严重时,可根据情况及时进行局部消除。

（二）对化学武器的防护

为了避免或减少敌化学武器的杀伤，战斗中士兵应充分做好防护准备，使个人防护器材处于良好状态，便于使用和不影响战斗行动。一旦遭化学袭击，应根据不同情况灵活利用器材、工事等进行有效防护。

1. 遭化学袭击时的防护

（1）利用器材防护

①呼吸道和眼睛防护：遭敌化学袭击时，要迅速戴好防毒面具；

②全身防护：敌机布洒毒剂、毒剂炮（炸）弹爆炸后有飞溅的液滴或漂移的气雾时，除进行呼吸道和眼睛防护外，还要迅速披上防毒斗篷或雨衣、塑料布等。同时，应防止毒剂液滴溅落在随身携带的装具和武器上。

（2）利用工事防护

利用有防护设施的工事防护时，应根据指挥员的命令有组织地进入，不得随意进出。进入时应防止将毒剂带入，进入后关闭密闭门或放下防毒门帘，要减少各种活动。人员在没有密闭设施的工事内，要戴面具防护。遭受持久性毒剂袭击时，离开工事前要进行下肢防护。

2. 直接通过染毒地域时的防护

（1）在徒步通过染毒地域前，应充分做好防护准备，到达染毒地域前先利用地形迅速穿戴防护器材，并进行认真检查，其顺序是：

①戴好防毒面具；

②穿好防毒靴套（或利用就便器材包裹腿脚，或扎好裤口）；穿好防毒斗篷或雨衣（为便于持枪，斗篷可扣第一、二两个扣子）；

③戴好防毒手套；

④整理和相互检查防护是否严密确实和便于行动。

（2）直接通过染毒地域时，根据敌情和地形，选择地质坚硬，植物层低、少的道路，尽量避开弹坑、泥泞、松软、高草和有明显液滴的地点。情况允许，可拉开距离，大步快速通过。

（3）通过染毒地域后，应根据指挥员的指示或利用战斗间隙，检查染毒情况，对人员、服装、武器的染毒部位进行消毒，脱去防护器材，顺序是：

①背风而立，将武器装备放置下风2～3步处；

②脱去斗篷或雨衣，将染毒面向内折叠好放在武器一侧；

③先脱去一只手套，取出皮肤消毒液，戴好手套，按次序进行消毒。消毒后的武器、器材放在上风（或侧风）处；

④处理消毒物，对手套消毒；

⑤脱去防毒靴套（或解除包裹腿脚器材）、防毒手套，最后脱去防毒面具。

3. 在染毒地域停留时的防护

在染毒地域停留时，必须按照规定穿戴防护器材，尽量避免与染毒物体接触。利用战斗间隙对接触物体和活动地域进行消毒，严禁在染毒地域随便进食、喝水、大小便。

（三）对生物武器的防护

对生物武器的防护，主要包括对生物战剂气溶胶的防护和对敌投带菌昆虫的防护。

1. 对生物战剂气溶胶的防护

生物战剂气溶胶只有通过呼吸道、消化道、黏膜和皮肤特别是受伤的皮肤进入人体后，才能发挥其杀伤作用。防护的基本目的就是防止生物战剂气溶胶从这些部位进入人体。能对毒剂气溶胶和放射性气溶胶进行有效防护的措施均适用于防生物战剂气溶胶。如各种军用防毒面具、民用防毒面具、防疫口罩、防尘口罩，甚至用布片、手帕等捂住口鼻，也有一定的防护效果。防毒服、防疫服、简易皮肤防护器材等可对身体表面起到较好的防护作用。有防毒设施的掩蔽部集体防护效果更好。缺乏条件时，也可利用地形及气象条件避免和减轻危害。如运动到生物战剂气溶胶云团或污染区的上风方向；黄昏、夜晚、黎明和阴天时，在高处隐蔽；不在易滞留生物战剂气溶胶的植被区域停留等。

2. 对敌投带菌昆虫的防护

主要是保护暴露皮肤，防止昆虫叮咬。其主要方法：

①利用工事、房屋、帐篷防护。对门窗或出入口应安装纱窗、纱门、挂上用防虫药物浸泡过的门帘或关闭孔口、密闭门；

②利用器材防护。可利用防蚊服、防蚊帽等进行防护。为防止敌投带菌昆虫钻入衣服，可将袖口、裤脚扎紧，上衣塞入裤腰（或扎腰带），颈部围毛巾。对于蜱（蜘蛛一类小动物）的防护，应经常检查，将爬在衣服上的蜱及时除去；

③涂驱避剂。为保护人员不受昆虫的叮咬，可使用驱避剂加以防护。常用的驱避剂有避蚊胺、驱蚊灵等。使用时，将药涂在暴露皮肤上，每次用量3～5毫升，避蚊胺涂抹后可维持4～6小时。或将药涂在衣服的裤脚、袖口和领口处。使用驱避剂，切忌全身涂抹，尤其不得抹入眼内，以免引起皮肤中毒。

此外，搞好个人卫生、战场卫生，增强人员体质和基础免疫力，消灭生物战剂生存条件，预防传染病的产生和蔓延也是对生物武器防护的一条重要措施。

思考题：

1. 突发性意外事故急救的基本原则有哪些？
2. 抢救溺水者的基本方法是什么？
3. 进行心肺复苏的基本步骤和方法是什么？
4. 战场救护有哪些主要内容？
5. 急救常用的止血方法有哪几种？
6. 如何利用地形进行核防护？

红色风景线

董存瑞烈士陵园

董存瑞烈士陵园，位于河北省承德市隆化县城西北的苔山脚下伊逊河东岸，是为纪念全国著名战斗英雄董存瑞烈士于1954年在清康熙帝波洛河屯行宫遗址上修建的。经过1957年、1960年、1973年、2008年几次大规模扩建，现占地91600平方米，建筑面积4260平方米，是全国以烈士名字命名的陵园中占地面积最大的。园内有纪念牌楼、烈士纪念碑、董存瑞烈士塑像、烈士墓、纪念馆、碑林等12项主体建筑，并珍藏了老一辈革命家、学者、知名人士题写的诗、词、书画210余件。该陵园1986年被国务院批准为全国重点烈士纪念建筑物保护单位，1997年被中宣部命名为"全国爱国主义教育示范基地"，2003年，被省政府、省军区命名为"国防教育基地"，2004年底入选全国百家红色旅游经典景区。

陵园建筑形式基本为具民族风格和鲜明的新时代特色的仿古建筑。平面布局为中轴对称式。在长369米的中央主轴线上，有大门、牌楼、董存瑞塑像、董存瑞纪念碑和董存瑞墓，从北到南依次坐落其中。大门由中高侧低的4根方柱组成，中间横额上是肖克为陵园题写的园名"董存瑞烈士陵园"。仿古式牌楼两侧后47米处是董存瑞烈士碑亭和革命烈士碑亭。亭后平行延伸50米处为相对的蓝顶白体的董存瑞烈士和革命烈士纪念馆，在董存瑞烈士纪念馆一层正厅高30米的琉璃檐上部，是张爱萍题写的馆名，在亭、馆之间两条对角线交点上，是翠柏簇拥的白色董存瑞烈士塑像。英雄身着军装，昂首挺胸，左手高擎炸药包，右手紧握拉开的导火索，再现了董存瑞在炸药爆炸瞬间视死如归的英雄气概。椭圆形的纪念广场中央矗立着高耸入云的董存瑞烈士纪念碑。碑体正面镶嵌的汉白玉心石上，镌刻着朱德亲笔题词"舍身为国,永垂不朽"8个金色大字,纪念碑正面顶端是一颗光芒四射的五角金星,象征着英雄的革命精神与山河共存,永远照耀着后人。碑座平台四周环绕着双层汉白玉栏杆,洁白的栏杆上雕刻着朴素、美观的浮雕和装饰花纹,使挺拔的碑身更加雄伟、壮观。

纪念碑后是在一片松柏掩映下圆壁隆顶的董存瑞烈士墓,整个建筑群体构成了较为完整的纪念体系。在董存瑞烈士纪念馆内,陈列着英雄事迹图片、油画、遗物,党和国家领导人、知名人士为英雄题写的诗、词、重要文献资料;有关文艺作品及反映在1948年隆化攻坚战的电动沙盘,从而生动展现了董存瑞战斗一生的光辉历程,在陵园外部西南200米董存瑞舍身炸暗堡处,立有"董存瑞烈士牺牲地址"标志牌。

> 战争充满着偶然性和不确定性，不是一厢情愿的事，也不可能等我们完全准备好了再去打。宁可备而不战，不可无备而战。
>
> ——习近平

第九章　战备基础与应用训练

战备是武装力量为及时应对可能发生的战争或突发事件而在平时进行准备和戒备的活动。军人作为部队的主体，担负着作战和应付突发事件的各项任务。在普通高等学校进行战备基础与应用训练，了解战备规定、紧急集合、徒步行军、野外生存的基本要求、方法和注意事项，学会识图用图、电磁频谱监测的基本技能，有助于培养大学生分析判断和应急处置能力，可有效提升大学生综合军事素养。

★ 第一节　战备规定

战备工作是军队全局性、综合性、经常性的工作。做好战备工作，提高战备水平，是有效应对多种安全威胁、完成多样化军事任务的重要保证。战备规定的内容主要有日常战备、等级战备、战场建设等。士兵要重点掌握日常战备和等级战备中的相关内容。

一、日常战备内容及要求

日常战备的内容较多，重点需掌握战备教育、节日战备和"三分四定"等三项内容。

（一）战备教育

部队通常要结合形势和任务对所属人员进行经常性的战备教育。战备教育由政治机关组织，通常每季度进行一次。节日、特殊时期和部队执行任务前一般也要进行针对性战备教育。

战备教育通常包括以下三项内容：

（1）进行马克思主义战争观、军队根本职能和新时代军队使命任务教育。

（2）进行形势、任务教育和反渗透、反心战、反策反、反窃密教育，以及战备工作法规制度教育。

（3）进行爱国主义、革命英雄主义教育。强化战斗精神，培养英勇顽强的战斗意志和战斗作风，坚定敢打必胜的信心。

（二）节日战备

各部队在元旦、春节、国庆节等节日时要组织节日战备。

节日战备前，通常组织战备教育和战备检查，制定战备计划，调整加强值班兵力，完善应急行动方案，及时上报战备安排。

节日战备期间，要按规定保持人员在位率和装备完好率，加强战备值班、执勤、巡逻警戒和对重要目标的防卫。当士兵担负战备值班任务时，要做好随时出动执行任务的准备。

节日战备结束后，要及时向上级上报节日战备情况。

（三）"三分四定"

"三分四定"是陆军地面部队、海军陆战队、空降兵部队对战术储备物资存放与管理的基本要求，按照便于储备和使用的要求进行的存放与管理。

"三分"指战备物资按规定分为携行、运行和后留三类。携行物资就是紧急情况时自己随身带的必备物资；运行物资就是有些物资个人很需要，但自己携带不了，需要上级单位帮助运走的物资；后留物资就是不需要带走的个人物资（自己买的，不是部队配发的东西），留在营房里，由上级统一保管。

"四定"指战备物资在存放、保管和运输中做到定人、定物、定车、定位。定人，就是将携行、运行和后留物资明确到具体的个人并以标签进行标识；定物，就是将个人储备物资按照携行、运行和后留进行区分，明确各自的种类和数量；定车，就是明确个人携行和运行物资放置的具体车辆（几号车）；定位，就是明确个人携行和运行物资设置在车辆上，后留物资放置在库室内的具体位置。

"三分四定"是战备工作的重要内容，每一个士兵平时要严格按规定做好各项工作，保证一旦有紧急情况就可立即出动。

二、等级战备内容及要求

等级战备是部队为准备执行作战任务，或者情况需要时，根据上级命令进入的高度戒备状态。等级战备按照戒备程度由低级到高级分为三级战备、二级战备、一级战备。

三级战备，是部队现有人员、装备、物资等完成行动准备的戒备状态。此时，停止所属人员探亲、休假、疗养、退役，召回在外人员；检修装备和器材；组织战备教育和训练；加强战备值班；展开阵地准备和有关保障等。

二级战备，是部队按照编制达到齐装、满员，完成行动准备的戒备状态。此时，要收拢部队，补齐人员、装备；发放战略物资，落实后勤、装备等各项保障；进行战备动员和临战训练；加强战备值班；完善行动方案；做好进入预定疏散地域或者战时位置的准备。

一级战备，是部队完成一切临战准备的最高戒备状态。此时，要按命令进行应急扩编和临战动员，严密掌握敌情和有关情况，部队进入疏散地域或者战时位置，做好遂行各项作战任务的准备。

部队进入等级战备，通常逐级进入三级战备、二级战备、一级战备；必要时，可以越级直接进入二级战备、一级战备，或者由三级战备越级进入一级战备。

部队一旦进入战备等级状态，要求每一名士兵必须做到：

（1）严格遵守保密规定，不泄露部队行动的秘密。

（2）外出探亲人员，接到上级的通知后要迅速归队。

（3）服从命令，听从指挥，按上级的命令完成各项工作。

（4）提高警惕，坚持在岗在位，保持良好的战备状态。

（5）进一步落实战备计划，随时做好出动准备。

★第二节　紧急集合

紧急集合，就是在紧急情况下迅速进行的集合，是应付突然情况的一种紧急行动。如：发现和遭到敌人的突然袭击；受到火灾、水灾、地展、台风等自然灾害威胁；上级赋予紧急任务或发生重大意外情况时等。

紧急集合分为全副武装紧急集合和轻装紧急集合两种。紧急集合要领和训练程序如下：

一、着装

通常着训练服。白天进行紧急集合时、一般就按当时的训练着装进行。如果上级重新规定着装，应立即换装。夜间实施紧急集合时，应迅速起床，按照帽子（冬季戴皮、棉帽时，披装后再戴）、上衣、裤子、袜子、鞋子（双层床上层的人员打完背包再穿鞋子）的顺序进行穿戴。

二、整理携行生活器材

没有装备生活携行具时，应打背包。背包宽30～35厘米，竖捆两道，横压三道。米袋捆于背包上端或两侧；雨衣、大衣通常捆于背包上端，大衣袖子捆于背包两侧；鞋子横插在背包背面中央或竖插两侧；锹（镐）竖插在背包背面中央，头朝上。

装备有生活携行具时，应按以下顺序进行：

①迅速结合背架。

②按规定将物品分别装入主囊、侧囊和睡袋携行袋。

③组合背架和军需装备携行具。

三、装具携带

全副武装（图9-1）：背挎包，右肩左肋；背水壶，右肩左肋；背防毒面具，左肩右肋；扎腰带；披弹袋；背背囊（背包）；取枪和爆破器材。

图 9-1　全副武装的士兵

轻装：只是不背背囊（背包），将锹（镐）头朝下背于右肩，系绳绕腰间与背绳系紧；米袋，右肩左肋；雨衣（冬季带大衣时，将大衣袖子留在外面卷紧捆好，再将袖口对接扎紧）左肩右肋；其他装具携带同全副武装。

四、集合

人员披装完毕后，迅速跑步到班集合地点，向班长报告，全班到齐后，班长带领全班迅速赶到排集合场，并向排长报告。

人员在紧急集合时要做到：迅速、肃静、确实、完整、安全、便于行动。这就要求每名士兵在平时应按规定放置武器、弹药、装具和衣物，这样在紧急集合时就便于拿取和穿着，行动才不会慌乱。

★ 第三节　行军拉练

一、行军

行军，是指沿指定路线进行的有组织的移动。军队陆上机动的基本方法之一。目的是转移兵力，争取主动，形成有利态势。按方式，分为徒步行军、摩托化行军和履带行军；按强度，分为常行军和强行军。

（一）行军基本要领及方法

信息化条件下的行军，目标暴露，隐蔽困难，组织指挥复杂，对道路依赖性大。其基本要求：

（1）应周密组织计划，正确确定行军部署；

（2）保持充分的战斗准备，预定行军时对各种情况的处置方案；

（3）严密组织侦察、警戒、伪装、对空防御和对敌核生化武器等的防护；

（4）加强道路、工程、技术与后勤保障及警备调整勤务；

（5）遵守规定的行军序列、速度、距离及安全、隐蔽措施；

（6）适时组织大休息、小休息和宿营，保持人员体力，使部队迅速、隐蔽、安全、按时到达指定地域。

（二）徒步行军实践

士兵在行军过程中应按照正确的行军要领，坚决服从班组长的指挥，灵活处置各种情况，确保按时迅速到达目的地。

（1）徒步行军应按照全副武装和轻装的规定携行有关装具；

（2）行军前，应检查所带装具是否齐全，佩带是否牢固，尤其要仔细检查鞋袜是否合适，以避免行军中脚打泡；

（3）行军过程中，应均匀呼吸，全脚掌着地，调整好步幅，保持正常的行军速度；

（4）行军掉队时，应大步跟上，尽量不要跑动，以节省体力，体力好的人员要主动帮助体力差的战友，搞好体力互助；

（5）小休息时，应就地休息，及时调整体力，不要乱走动，并按要求处理脚上打起的血泡；

（6）行军中，要以灯光、旗语、音、响、手势等简易信号通段传递口令，保持通信联络；

（7）遇敌空中火力袭击时，人员应就近利用地形进行防护；接到敌核、化学武器袭击警报时，应迅速穿戴防毒面具和防护衣罩就地隐蔽防护。警报解除后，应迅速抢救伤员，检查武器装备，恢复行军序列；

（8）当道路、桥梁遭敌破坏或者遇到难以通行的地段时，应按命令绕行，无法绕行时，应及时报告上级；

（9）在夜间、山地、水网稻田地、沙漠、雪地等特殊环境和地形条件下徒步行军时，要根据特殊环境和地形的特点及当时的具体情况，按命令进行必要的物资器材准备、特别是一些辅助器材。行军中要注意紧跟队形、不要掉队，无论遇到什么样的情况都要及时报告；要发扬不怕苦、不怕累的精神，坚决走到目的地。

二、宿营

宿营，是指部队离开常驻营房遂行各种任务中的临时住宿。分为舍营、露营以及两者相结合的宿营。目的是使部队得到休息和整顿，为继续行军或战斗做好准备。

（一）基本要求

（1）预先计划，选择良好的宿营地域；

（2）充分利用地形，隐蔽疏散配置兵力；

（3）加强侦察、警戒、防空、工程作业和伪装；

（4）严密组织对敌核生化及燃烧武器袭击的防护；

（5）严密组织警报报知和通信联络，保持经常戒备，随时做好战斗准备。

（二）组织与实施

宿营计划一般在组织部队行军时制定，通常明确：宿营地域及配置；指挥所的位置；进入宿营地域的顺序及时间；宿营警戒及各种保障措施。

宿营地域的选择，根据任务、敌情、地形等条件确定，须便于隐蔽和防护，便于抗击敌人突然袭击，便于行军和进入战斗，有充足的水源和良好的进出道路。宿营配置，须避开明显目标和疫病区，配置样式力求与战斗部署相一致，指挥所配置在隐蔽、便于指挥的位置上。

宿营前先进行周密的侦察，派出设营队勘察和选择具体宿营位置，引导部队进入。

部队进入宿营地域后，立即派出警戒，指定值班分队和火器；组织对空防御和对核生化武器袭击的防护；视情况构筑坦克、火炮、车辆等重装备及人员的掩蔽工事，利用制式和就便器材进行伪装；并按上级统一规定建立警报报知系统，规定紧急集合场；严格禁止无线电通信，加强夜间灯火管制。在特殊地形、气象条件下宿营时，还须采取其他相应的保障措施。

宿营中，遇敌空中侦察时，及时判明敌企图，通报所属部队、分队，采取对抗措施。遇敌空袭时，按预定方案，积极进行抗击。发现敌核生化武器袭击征候时，及时发出警报信号，做好防护准备。遭袭击后，组织力量抢救伤员，抢修武器装备，恢复部队战斗力。

第四节　野外生存

一、识别和采集野生食物

可在野外寻觅的食物种类主要有：野生植物、动物、昆虫、鱼类、藻类等。大部分野生植物、动物、昆虫、鱼类都可食用，只有少量有毒不可食用。我国地域广大，寒、温、热三带气候俱全，而大部分是属于温暖地带，适合于各种植物生长，其中能食用的就有2000种左右。野生植物的营养价值很高，含有多种维生素。

采食野生植物最大的问题是如何鉴别是否有毒。有人习惯于用有无怪味来判断是否能吃，这样很危险。有毒的植物不见得都有怪味，如马桑果，味儿甜，但毒性却很大。有毒植物通常有以下几个特点：

①特殊形态和色彩，如天南星的茎有斑纹；②分泌带色的液体，如毛食、回回蒜和白屈菜在损伤后分泌浓厚黄液体；③具有不良的味觉或嗅觉，如苦参、臭梧桐等。

但上述内容并不能包括所有有毒植物的特点。在鉴别野生植物是否有毒时，可采取如下方法：

首先用手仔细触摸，无毒的植物通常不会使手上皮肤产生发痒、发红、起风疹块等刺激症状。如折断其枝叶也不会有牛奶样汁液流出，闻之亦无腐败及其他使人感到怪异的气味。其次，根据有关部门编绘的可食野生植物的图谱进行认真鉴别。

为了战时或特殊情况下应急食用，特别是执行特种任务的部（分）队，应在平时掌握驻地或预定战区可食野生植物的种类、分布和采食方法。

二、寻找水源和鉴别水质

（一）寻找水源

根据人们的实践经验，寻找水源通常采取观察草木生长位置和动物活动范围的方法来判定。

在许多干旱的沙漠、戈壁地区，生长着怪柳、铃铛刺等灌木丛的地表下 6～7 米深就有地下水；有胡杨生长的地方地下水位距地表面不过 5～10 米；芨芨草指示地下水位只有 2 米左右；生长茂盛的芦苇，地下水只有 1 米左右；如果发现金戴戴、马兰花等植物，便可判定下挖 1 米左右就能找到地下水。

在南方，叶茂的竹丛不仅生长在河流岸边，也常生长在与地下河有关的岩溶大裂隙、落水洞口的地力。在广西许多岩溶谷地、洼地，成串或独立的竹丛地，常常就是有大落水洞的标志。这些落水洞，有的在洞口能直接看到水，有的在洞口看不到水，但只要深入下去往往就能找到地下水。

另外，在地下水埋藏浅的地方，泥土潮湿，蚂蚁、蜗牛、螃蟹等喜欢在此做窝聚居；冬天，青蛙、蛇类动物喜欢在此冬眠；夏天的傍晚，因其潮湿凉爽，蚊虫通常在此成柱状盘旋飞绕。

通常雨水、凝结水和一些植物中取的水可以直接饮用。下雨时，可用雨布、塑料布大量收集雨水，也可用空罐头盒、杯子、钢盔和脸盆等容器收集雨水；在一段树叶浓密的嫩枝上套一只塑料袋，叶面水汽蒸腾时会产生凝结水；竹类等中空植物的节间常存有水，藤本植物往往有可饮用的汁液，棕榈类、仙人掌类植物的果实和茎干都含有丰富的水分。

（二）鉴定水质

在野外没有检验设备时，我们可以根据水的色、味、湿度、水迹概略地鉴别水质的好坏。

1. 通过水的颜色鉴定

纯净的水在水层浅时无色透明，水层深时呈浅蓝色。可以用玻璃杯或白瓷碗盛水观察，通常水越清水质越好，水越浑则所含杂质越多。水色随含污情况不同而变化，如含有腐殖质呈黄色，含低价铁化合物呈淡绿蓝色，含高价铁或锰呈黄棕色，含硫化氢呈浅蓝色。

2. 通过水的味道鉴定

一般清洁的水是无味的，而被污染的水带有一些异味。如含硫化氢的水有臭鸡蛋味，含盐的水则带咸味，含铁较高的水带金属锈味，含硫酸镁的水有苦味，含有机物质的水有腐败、臭、霉、腥、药味。为了准确地辨别水的气味，可以用一只干净的瓶装半瓶水，摇荡数下打开瓶塞后，立即用鼻子闻。也可以把盛水的瓶子放在约60℃的热水中，闻到水里有怪味就不能饮用。

3. 通过水温鉴定

地面水（江河、湖泊）的水温因气温变化而变化，浅层地下水受气温影响较小，深层地下水水温低而恒定。如果水温突然升高，多是有机物污染所致。另外，工业废水污染水源后也会使水温升高。

4. 通过水点斑痕鉴定

用一张白纸，将水滴在上面，晾干后观察水迹。清洁的水是无斑迹的，有斑迹则说明水中杂质多、水质差。

（三）改善水质

对鉴别过的水，通常不能直接饮用，需进行必要的净化处理，如消毒、沉淀、过滤等，饮用水里的悬浮物和胶质物质越少越好。

1. 饮用水的消毒

（1）物理法：主要是将水煮沸消毒，这是一种既容易又简单而且比较可靠的消毒方法；

（2）化学法：利用化学药品氯、碘、高锰酸钾、漂白粉、明矾、"69-1"型饮水消毒片等。

2. 饮用水的净化

（1）沉淀法：将水装入容器，过数小时后水中悬浮物、杂质等会自动下沉，容器中的中上层水则变得清澈；

（2）过滤法：利用柱形容器在其底部钻一小孔，由下依次放入石子、沙子、木灰碎片，然后将水慢慢倒入筒内，即可流出干净水。也可利用布、无烟煤等材料进行过滤（图9-2）；

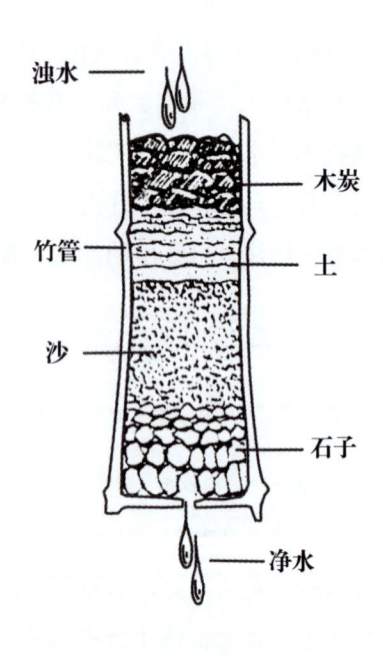

图9-2 用竹节过滤水

（3）药物净化法：使用饮水消毒片、漂白粉精片等药物，按规定用量放入待净化的水中，可起到澄清和杀菌作用，并可直接饮用。此外，还可以使用明矾净化水；

（4）植物净化法：将仙人掌、大蒜、榆树皮等捣烂后放入浊水中，搅拌3分钟后净化10分钟，可起到类似明矾净化水的作用。

三、野炊

（一）野外取火

煮烤食物需要火，取火方法主要有枪弹取火、击石取火、透镜取火、钻木取火等。

1. 枪弹取火

取一枚子弹，将弹丸拔出，倒出三分之二的发射药，撒在干燥易燃的枯草或纸上，把弹壳空出的地方塞上纸和干草，然后推弹壳入膛，用枪口贴近撒了发射药的引火物射击，引火物即可燃烧。

2. 击石取火

取一块坚硬的石头（黄铁矿石最好）做"火石"，用小刀的背或小片钢铁向下敲击"火石"，使火花落到引火物上燃烧。

3. 透镜取火

利用放大镜聚焦照射易燃的引火物（腐木、布中抽出的线、撕成薄片的干树皮、干木屑等），也可取火。不过，利用放大镜取火最为迅速，放大镜照射汽油、酒精和枪弹的发射药或导火索，可在1～2秒内点燃引火物。如果没有放大镜，也可用望远镜、瞄准镜或照相机上的凸透镜代替。冬季还可用透明的冰块磨制成放大镜。

4. 钻木取火

钻木取火是根据摩擦生热的原理产生的。木原料本身较为粗糙，在摩擦时，摩擦力较大会产生热量，加之木材本身就是易燃物，所以就会生出火来（图9-3）。

首先，找到合适的木材做钻板，干燥的白杨、柳树等都是不错的选择，因为它们的质地较软；再找到合适的树枝作钻头，相对

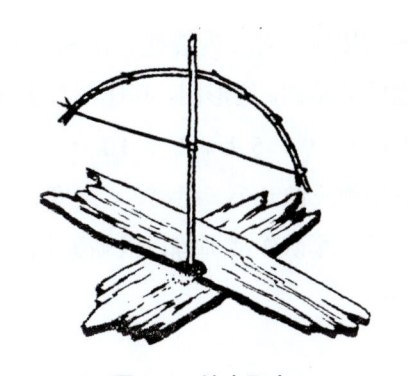

图9-3 钻木取火

较硬一些就可以；接下来把钻板边缘钻出倒"V"形的小槽，在钻板下放入一个易燃的火绒或者枯树叶，然后双手用力钻动，直到钻出火来为止。

（二）野外食物制作

野外生存制作食物的方法一般有烤、石煮两种方法。

1. 烤

就是将可食用的动物肉和根茎类植物块根用木棍等穿挂，放在火焰上或炭火中烤（烧）熟；鱼（不去鳞片）和块根应用泥土包裹后烤熟，然后剥皮食用。贝壳类动物可放在火堆下烤熟，具体方法是：先在地上挖个浅坑，坑的四周衬以树叶或湿布，然后将食物放入坑内，再在食物上面盖土树叶或布，上面再压一层3厘米厚的沙子，最后在该坑的上面生起火堆，待食物烧熟后取出食用。

2. 石煮

就是先在地上挖个坑，将火堆中烤热的石块先放于坑内，再将食物放在石块上，上面再盖上一层湿树叶、草和一层沙土，靠热石块散发的热气将食物煮熟。

第五节 识图用图

一、地形图基本知识

地图按内容可分为普通地图和专题地图。普通地图又分为地形图和地理图，是编绘专题地图的基础。地形图，其比例尺大于1∶100万。我国地形图比例尺系列为1∶1万、1∶2.5万、1∶5万、1∶10万、1∶20万、1∶50万、1∶100万等7种。地形图能较详细地反映长度（距离）、高度、坡度、坐标、水平角度和面积等，是国家经济建设、国防建设、军队作战训练以及研究地形不可缺少的主要地形资料。

军事小百科

世界上现存最早的军用地图，是1973年12月在我国长沙马王堆三号汉墓出土的彩色绢绘驻军图。据考证，这幅图是距今2100年前汉文帝时绘制的。当时南粤王赵伦企图割据一方，破坏国家统一。这幅地图体现了当时的战局形势和双方的兵力部署。用军用地图作为将军的殉葬品，充分反映出古代军事家对军用地图的重视。

（一）地形图比例尺

1. 地形图比例尺的含义

图上某线段长与相应实地水平距离之比，叫地形图比例尺。如图上两点间的长度为1厘米，相应实地两点间的水平距离为5万厘米，这幅地形图比例尺则为1∶5万，也就是说这幅地图是将实地水平距离缩小5万倍绘制的。

比例尺通常用图形结合数字绘制在图廓下方，有三种表现形式：一是数字比例尺，如1∶5万或1/50000；二是文字比例尺，如"二万五千分之一"或"图上一厘米相当于250千米"；三是图解比例尺（图9-4）。

图9-4 图解比例尺

2. 地形图比例尺量读

依照比例尺量读图上距离主要有三种：

一是用直尺量算。用直尺量取所求两点的图上长，然后乘以该图比例尺分母，即得实地水平距离。

二是依直线比例尺比量读。用两脚规（或直尺、纸条、线绳等）准确量取所求两点间的长度，保持量取的长度不变，使两脚规的一端落在尺身大分划上，另一端落在尺头小分划上（如不够一个分划时，应估读），大小分划数相加，即为两点间的实地水平距离（图9-5）。

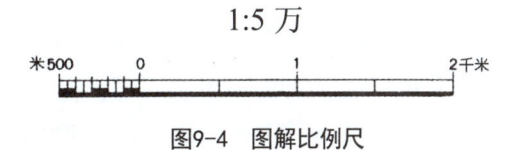

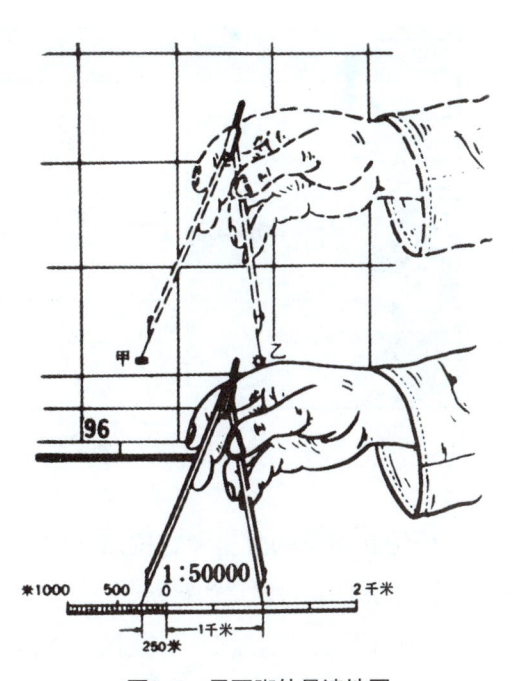

图9-5 用两脚轨量读地图

251

三是用里程表量读。在地形图上量取较长的弯曲距离时，通常用指北针的里程表。量读距离时，先使里程表的指针对准表盘内的零分划，然后右手持指北针，滚轮垂直向下，由起点沿所量线回滚至终点，指针在相应比例尺分划圈上所指的公里数，即为所求实地水平距离（图9-6）。

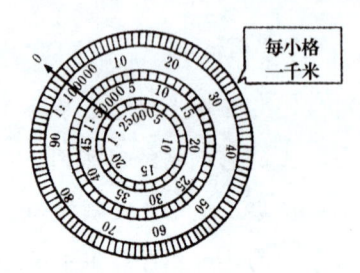

图9-6 用里程表量读

（二）地物符号

在地形图上表示实地地物的特定图形和文字、数字注记叫地物符号。根据地物符号可以在地形图上识别出实地地物的种类、形状、大小和分布情况，判断地物对作战和后勤保障的影响，了解它在军事上的应用价值。

1. 符号的图形特点

地物符号的图形，主要有三个特点（图9-7）：

（1）按地物的平面形状制定的（正形图形），用以表示实地较大的地物，如街区、河流、公路等；

（2）按地物的侧面形状制定的（侧形图形），用以表示实地较小的独立地物，如突出阔叶树、烟囱、水塔等；

（3）按有关意义制定的（象征图形），具有联想的特点，如矿井、变电所、气象台等。

类别	特点	符号及名称		
整形图形	与地物的平面形状相似	街区	河流、苗圃	公路、平行桥
侧形图形	与地物的侧面形状相似	突出阔叶区	烟囱	水塔
象征图形	与地物的有关意义相应	变电所	矿井	气象台

图9-7 地物符号的图形特点

2. 地物符号的分类和定位点（线）

（1）依比例尺表示的符号

实地面积较大的地物，如街区、森林、江河、湖泊等，其外部轮廓是按比例尺缩绘的，在图上可了解其分布、形状和性质，计算出相应实地长、宽和面积。这类符号的轮廓线与实地地物的轮廓相一致，尤其是轮廓的转折点的位置精度较高，可供部队指示目标和判定方位用（图9-8）。

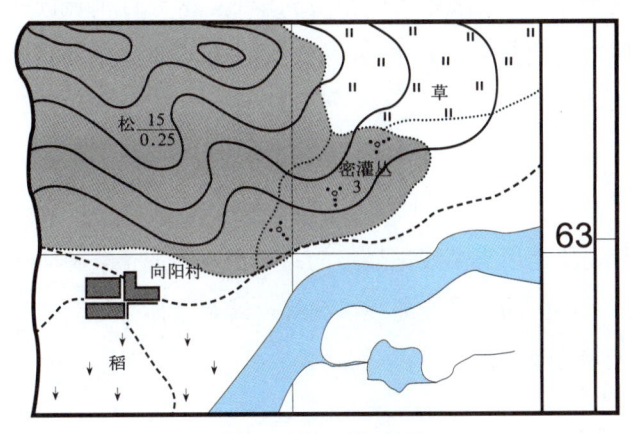

图9-8 依比例尺符号

（2）半依比例尺表示的符号

实地窄长的线状地物，如道路、城墙、土堤、通信线等，其转折点、交叉点位置是按实地精确测定的，其长度是依比例尺缩绘的，而宽度则不是依比例尺缩绘的。这类符号在图上只能量测其位置和相应的实地长，而不能量取宽度和计算面积，地物的转折点、交叉点可作为方位物和明显目标使用（图9-9）。

（3）不依比例尺表示的符号

实地对军队行动有价值的某些独立物体，如独立树、房、亭和水塔等，因其面积较小，在图上不能按比例尺表示，只能按规定的符号表示。在图上可了解地物的性质和位置，不能量取大小。符号的定位点表示实地地物的中心位置（图9-10）。

图9-9 半依比例尺符号的定位线

类别	特点	符号及名称		
有一点的符号	在该点上	三角点	亭	窑
几何图形符号	在图形中心	油库	独立房屋	发电厂
底部宽大符号	在底部中心	水塔	气象站	碑
底部直角符号	在直角顶点	路标	突出阔叶树	突出针叶树
组合图形符号	在主体图形中心	变电所	散热塔	石油井
其他符号	在图形中心	车行桥	水闸	矿井

图9-10 不依比例尺符号的定位点

（4）说明和配置符号

主要用来说明和补充上述三种符号不能表示的内容。说明符号是用来说明某种情况的，不表示实地有这类地物，如表示街区性质的晕线，表示江河流向的箭头等。配置符号是用来表示某些地区的植被及土质分布特征的，不表示实地物的精确位置和数量，如果园、疏林、零星树木等。

（三）地貌判读

在地图上，地貌主要是用等高线来显示的。要在地图上了解和研究地貌的起伏状况，地面点的高程、高差、斜面的坡度及通视情况等，就必须懂得等高线显示地貌的原理和规定，才能掌握判读地貌的要领。

1. 等高线显示地貌

（1）等高线显示地貌的原理

把一个山地模型，从底到顶按照相同的高度，一层一层地水平截开，模型的表面便出现一条一条的截口线，再把这些截口线垂直投影到一个水平面上，便呈现出一圈套一圈的曲线图形。因同一条曲线上各点的高度都相等，所以这种曲线叫等高线。地图就是根据这个原理来显示地貌的（图9-11）。

图9-11 等高线显示地貌的原理

（2）等高线显示地貌的特点

图上每一条等高线都表示实地的一定高程，并各自闭合，同一条等高线上的各点高程相同。同一幅地图上，等高线多的，山较高；等高线少的山较低。在同一幅地图上，等高线的间隔大，坡度较缓；间隔小，坡度较陡。

（3）等高线的种类

等高线按其作用不同分为：首曲线、计曲线、间曲线和助曲线（图9-12）。

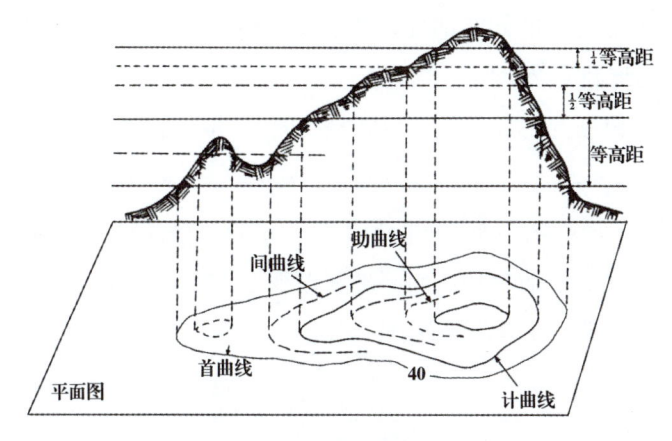

图9-12　等高线的种类

（4）高程起算

为了计算和比较各点的高程，我国的地图是以黄海平均海水面为零，作为高程基准起算面。从这个基准面起算的高程，叫真高（海拔）；不是从这个基准面起算的高程，叫假定高程。起算面相同的两点的高程差距叫高差（图9-13）。

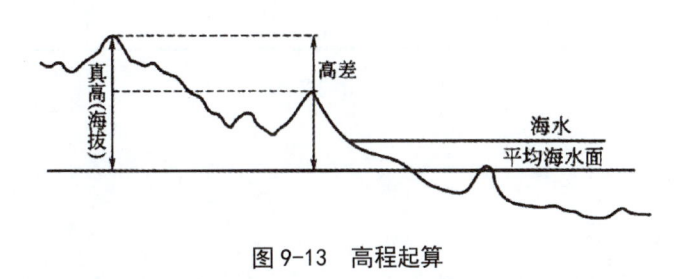

图9-13　高程起算

2. 识别地貌

在地形图上，通过等高线和地貌符号，可以识别地貌的各种形态。

（1）山的各部形态（图9-14）

①山顶，山的最高部位叫山顶。图上以等高线中最小环圈表示，有时环圈外绘有示坡线表示斜坡方向；

②凹地，比周围地势凹陷，但却经常无水的地方叫凹地。图上也以环圈形等高线表示，

在圈内都绘有示坡线或注记深度；

③山背，即从山顶至山脚的凸起部分。图上表示山背的等高线从山顶起逐渐向外凸出。山背凸起部分的连线叫分水线；

④山谷，即两山背之间的低凹部分。图上表示山谷的等高线，逐渐向山顶或鞍部方向凹入。最凹部分的连线叫合水线；

⑤鞍部，是两个山顶间形如马鞍状的部分，图上用一对表示山背和一对表示山谷的等高线显示；

⑥山脊，由若干山顶、鞍部连接的凸棱部分，山脊的最高棱线为功脊线；

⑦变形地，由于自然界的影响，局部地貌改变了原来形态的部分叫变形地，图上不便用等高线显示。如冲沟、陡崖、陡石山、滑坡等。

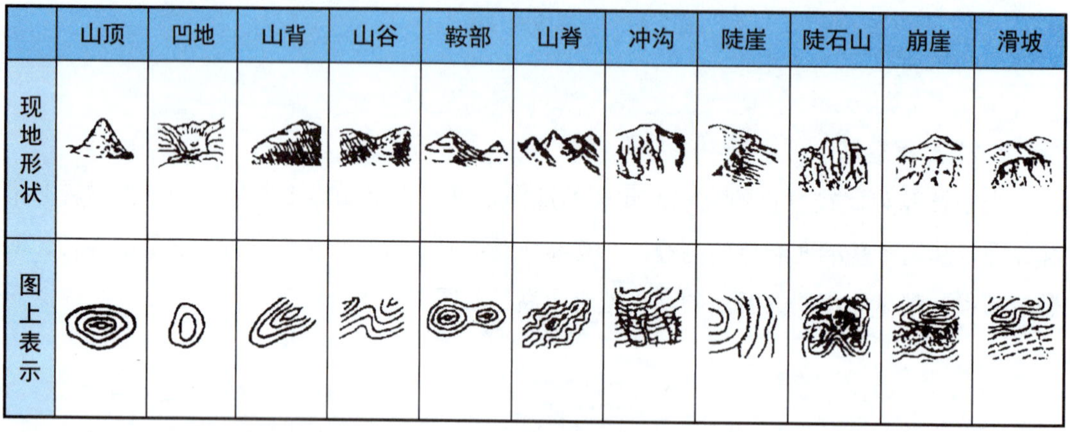

	山顶	凹地	山背	山谷	鞍部	山脊	冲沟	陡崖	陡石山	崩崖	滑坡
现地形状											
图上表示											

图 9-14 山的各部形态

（2）高程、起伏的判定

①高程和高差的判定。首先了解本图等高距，在目标（判读）点附近找一等高线或点的高程注记，然后根据目标点与高程注记的关系位置，向上或向下数等高线，相应加减等高距，即可判定目标点高程；

②地面起伏的判定。判明行动地区和行进方向的起伏，可依等高线的疏密情况、高程注记、河流位置和流向，判明山脊、山背、山谷的分布和地形总的起伏状况；

③判定行军路线的起伏，首先应判明等高线的起伏方向；再按行进路线穿越等高线的多少、疏密和方向等判定；也可在判明山背、山谷及河流位置后，依行军路线的方向来判定路线的上下坡情况；

④坡度的判定。判定地图上某段坡度时，两条或间隔相等，用两脚规量取该段相邻的两条至六条等高线之间隔，然后保持张度不变，到坡度尺上相同的间隔上比量，读出下方相应的坡度。

二、地图使用训练

地形图的使用主要是通过地形图与现地对照，确定自己所处的位置，了解周围地形情况，确定执行任务的方向、路线、距离和作战目标。

（一）现地判定方位

现地判定方位，就是在现地判明东、西、南、北方向。

部队在行军作战中，必须要随时随地辨明方向，明确周围地形和敌我关系位置，才能实施正确的指挥和行动。

1. 利用指北针判定

指北针（又叫指南针）是我国的四大发明之一。携带方便，操作简单，是现地判定方位的基本工具。

判定方位时，将指北针打开放平，待磁针静止后，磁针涂有夜光剂的一端（或刻北的一端）所指的方向，就是现地的磁北方向。

使用指北针以前，应检查磁针是否灵敏。其方法是：用一钢铁物体扰动磁针，拿开钢铁物体后，若磁针能回到原处，则说明磁针灵敏，可以使用；若各次磁针静止后所指分划值不一致，且相差较大，该指北针不能用，应进行检修或充磁。

使用指北针时，应避开钢铁物体。在磁铁矿区和磁力异常地区，不能使用指北针判定方位（图9-15）。

2. 利用北极星判定

北极星是正北天空上的一颗恒星，找到北极星就找到了北方。

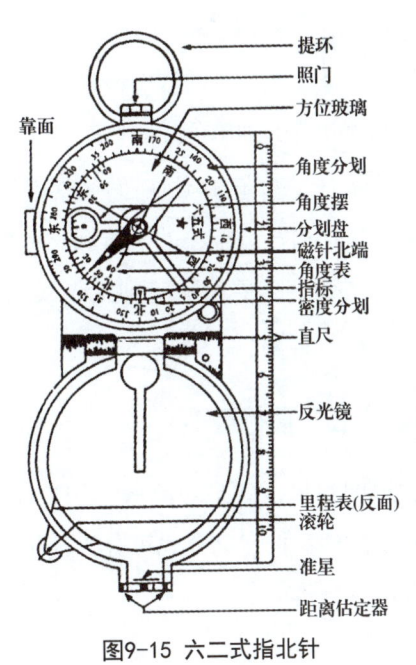

图9-15 六二式指北针

北极星的位置通常根据大熊星座或仙后星座识别。大熊星座（即北斗七星）由七颗明亮的星组成，形状像一把勺子，故俗称勺子星。将勺头甲、乙两星连一直线，向勺口方向延长，在延长线上约为甲、乙两星间隔的 5 倍处，有一颗比北斗星稍暗的星，就是北极星。

仙后星座（即女帝星座）由五颗明亮的星组成，形状像一个"3"，故也称 3 字星或"W"星座。在 3 字缺口方向约为缺口宽度的 2 倍处就是北极星（图 9-16）。

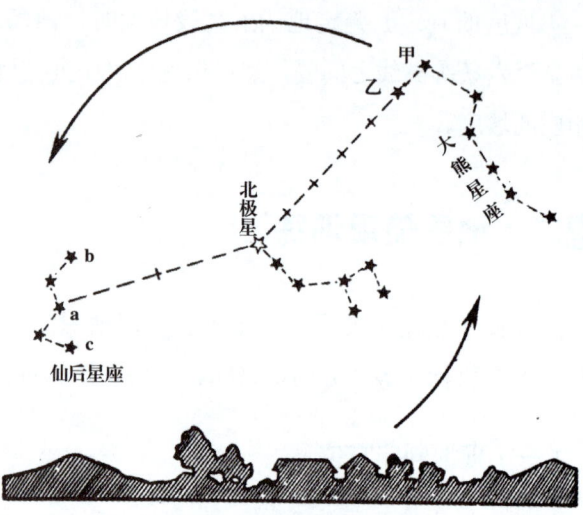

图 9-16 利用北极星判定方位

3. 利用自然特征判定

有些地物、地貌受阳光、气候等自然条件的影响，形成某种特征。利用这些特征也可概略判定方位。

①利用独立大树判定，通常南面枝叶茂盛，树皮光滑，年轮间隔大；北面枝叶稀疏，树皮粗糙，间有苔藓，年轮间隔小（图 9-17）；

图 9-17 树桩的年轮

②利用突出地面的物体判定，如土堆、田埂、独立石、建筑物等，南面通常干燥、青草茂密、积雪融化快；北面潮湿、易生青苔、积雪融化慢；而洼陷下去的土坑和林中空地正好相反；

③利用庙宇和房屋朝向判定，我国农村的住房和较大的庙宇、古塔的正门，一般多数向南开。

（二）按地图行进

按地图行进，就是利用地形图选定行军路线，通过现地对照，保证沿选定的路线按时到达目的地。按运动方式可分为徒步行进和乘车行进；按地形条件不同，可分为沿道路行进和越野行进。

1. 行进前

一选。利用地图行进时，首先应根据任务、敌情、地形等情况在图上选出行进的最佳路线。选择时，应着重考虑和研究沿途与行动有关的地形因素，如地貌起伏、居民地、森林、桥梁等情况。

二标。将选择好的行进路线及方位物用彩笔标绘在图上，并按行进方向顺序编号，以便行进中对照。

三量算。一般用里程表量读里程，再根据行军距离计算行军时间。如果行进路线坡度较大，在计算时间时应充分考虑到难度系数。

四熟记。一般按行进的顺序把每段的里程、行进时间、经过的居民地、两侧方位物和地貌特征，特别是道路的转弯处、岔路口和居民地进出口附近的方位物及地形特征等都熟记在脑子里，力求做到：胸中有图，未到先知。

2. 行进中

行进时要做到三明：方向明、路线明、位置明。

方向明。在出发点上，先标定地图，现地对照，明确行进道路和方向。

路线明。在行进中，要时刻明确已走过路程、时间，现在正通过什么地方，下一步要通过什么地方，还有多少里程和时间。

位置明。在行进中，要边走边对照，随时明确站立点的位置，尤其在通过岔路口、道路转弯点、居民地进出口时，应及时对照地图，明确图上位置，保证正确的行进方向。

当遇到地形与地图不一样时，应采用多种方法，仔细对照，全面分析，做到有疑不走，方向不明不走，待准确判定后再走。

当发现走错路时，应立即停止前进，现地对照，判明从什么地方走错，偏离正确路线多远，视情况回到原来路线或选择返回路。

三、按方位角行进

按方位角行进，就是按照指北针在地图上预先测量的磁方位角行进，是按地图行进的辅助方法。通常在缺少方位物的沙漠、草原、森林等地区和浓雾、风雪等不良天候及夜间视度不良的条件下采用。

按方位角行进前应先在地图上准备行进资料，即选定行进路线；测定各线段的磁方位角；量取各段的实地距离并换算行进时间；绘制按方位角行进要图。行进时，在出发点上，将磁针北端指向第二点的密位数，这时沿照门、准星的方向行进，找到第二点的方位物或辅助方位物，照直前进。以后路程按上述方法逐一实施。行进中，要随时保持行进方向，记清行进时间，直至到达终点。

按方位角行进时应注意（图9-18）：

①方位物要明显，夜间应选高大、透空、发光或反光物体；

②集体行进时，应明确分工，指定专人记时间，掌握方向，数记复步；

③在起伏较大的地段行进时，应注意调整步幅；

④走完预定距离，未找到转折点的方位物时，可在这段距离的十分之一半径范围内寻找；

⑤到达终点后，如按原路线返回，将原方位角换算成反方位角，再按上述要领返回。

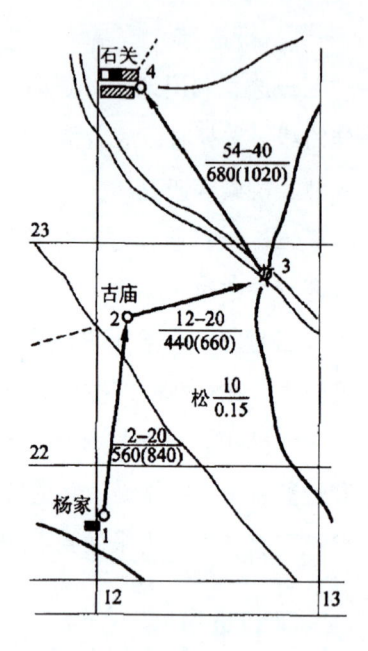

图9-18 按方位角行进路线略图

第六节 电磁频谱监测

电磁频谱监测是对电磁频谱实施科学管理的技术保证，是电磁频谱管理工作中不可缺少的一个重要手段，其目的是从技术上确保国家、军队电磁频谱管理条例的贯彻执行，维护空中电波秩序，防止有害干扰，确保各种用频装备正常运行，使有限的频谱资源得到合理的、科学的、有效的开发利用。按照监测的频段不同，一般可分为短波监测、超短波监测、微波监测、卫星频段监测等；按照监测的任务，可分为常规监测、电磁环境监测和战场频谱监测等。

一、电磁频谱监测基本知识

（一）电磁频谱监测定义

电磁频谱监测是指通过对空中无线电信号进行扫描、搜索以及监视、分析，实现对频谱占用情况的统计、分析和信号的识别及频谱参数（频率、频率误差、射频电平、发射带宽、调制度等）的测量。换言之，电磁频谱监测是指探测、搜索、截获无线电信号，并对信号进行分析、识别、监视并获取其技术参数、工作特征和辐射源位置等技术信息的活动。它是有效实施电磁频谱管理的重要手段和依据，也是电磁频谱管理的重要分支。

（二）电磁频谱监测特点

1. 监测覆盖范围对电波传播等特性依赖性强

电磁频谱监测的距离与被测辐射源的辐射功率、电波传播条件及频谱监测设备的灵敏度等因素有关。在短波、超短波频段采用地面波传播的条件下，监测距离一般在几公里到几十公里。在短波采用天波传播的条件下，频谱监测距离可达几百到几千公里。对卫星通信而言，频谱监测距离可达上万公里。

2. 隐蔽性好

电磁频谱监测设备不辐射电磁波，不易被敌方利用无线电侦察设备发现．

3. 实时性好

监测设备可以长时间不间断地连续工作，只要辐射源发射信号并且在我方监测设备的作用范围（包括地域、空域、频域）之内，就能及时地被发现，所以，这种监测方式是实时的。

另一方面，由于信号处理技术与计算机技术在监测设备中的广泛应用，对信号分析处理的实时性大大提高。

4. 受被监测辐射源的工作条件制约大

被监测辐射源的工作条件包括被监测无线电设备的性能、辐射信号格式、电波传播条件、通信联络时间、应用场合等。如果我方监测设备不具备监测信号所需要的条件，则无法监测。

5. 对搜索速度要求高

频谱监测要在很宽的频段内对大量的无线信号进行搜索测量，而很多无线信号是不断变化的，因此频谱监测必须具有很高的速度，否则监测结果就无法真实反映频谱的使用情况。

二、频谱监测方法训练

（一）频谱监测方法

1. 常规监测

常规监测，通常按频率指配表中已核准的用频台站的有关参数进行监测。监测的所有数据要建档存库。一般应长年持续不断地实施监测。常规监测的内容主要包括：

（1）用频台站发射电波质量的监测，如使用频率、发射带宽、信号场强、频率偏差、杂散发射、调制方式及调制度等。

（2）频谱利用情况的监测，如对某一频率或频段进行长时间的占用度统计监测，对某些电台实际工作时间的统计监测等。

（3）未登记的不明信号的监测、测向和查找，如私用频率、偷用他人频率及其他非法活动等。

（4）通信保密情况的监测，如私自使用明话通信、乱用呼号等。

2. 电磁环境监测

电磁环境监测，也称为电磁环境测试，是对指定区域的电磁环境进行的监测活动。电磁环境监测常用于用频台站（阵地）预选站址的环境监测和有害干扰的查找。电磁环境监测的方法主要有：

（1）由可搬移测试系统完成信号场强、频谱及相关参数测量，依据被测信号确定测量带宽，测量带宽尽量接近或等于信号带宽。在相同测试条件下，开展被测信号场强、干扰信号场强、背景噪声场强测量。依据通信网系组织方式和构建环境方式，完成被测信号频谱、干扰信号频谱、背景噪声频谱及各种比对频谱测量，测量记录指定工作频段内相关信号频谱，尤其是大功率测量信号频谱。

（2）由短波/超短波监测车完成指定频段的频率占有度统计测量。依据通信网系组织方式，合理确定扫描频段、步长和扫描周期，最大限度测量记录指定频段内电磁环境的真实变化情况，并开展相关干扰信号源频谱参数（带宽、调制参数及信号属性）和方位示向度测量。

3. 战场频谱监测

战场频谱监测，是频谱监测分队根据战场电磁频谱管理机构的指示，对参战部队所处的战场环境进行的监测活动。战场频谱监测的任务主要包括：

（1）为战场频谱管理部门提供战场可用频率信息。通过作战准备阶段对战场环境的监测，掌握频率占用情况，摸清大信号出现的规律和特点，找出可用频率，为战场频谱管理部门进行频谱管理决策提供依据。

（2）频率使用情况监测。频率分配指配完毕后，用频装备使用单位应按频管部门规定的频率使用。战场频谱监测可以起到重要的监督作用。发现违规用频的台站，要迅速确定位置及其所属单位，并向频谱管理部门报告，情况允许时也可直接向相关单位提出警告，维护战场电波秩序。

（3）电磁态势监测。在作战地域开设的电磁频谱监测网，实时扫描监测战场各频段各频点的场强和频率占用度，以适当的形式提供给频管中心。频管中心将得到的数据转换成直观可视的图像，形成战场电磁态势，提供给作战指挥人员。作战指挥人员根据战场电磁态势，宏观地了解电磁战场的情况，对电磁斗争的进展、信息化武器装备的作战运用进行决策。

（4）电磁频谱管制监测。战场电磁频谱管制命令发布后，频谱监测是主要的监督实施力量。根据管制命令规定的频段、时间、地域，监测分队要合理部署监测力量，保证不漏掉一个违规发射信号，并能够迅速确定其位置，及时采取应对措施。

（二）频谱监测训练

随着科学技术的迅速发展，现代战争中的军事通信大量采用快速通信技术、加密技术、反侦察抗干扰技术等各种先进通信技术。因此，现代的频谱监测以监测无线电信号为主。

1. 对无线电信号的搜索与截获

搜索截获无线电信号必须具备三个条件：①频率对准，即监测设备的工作频率与被测无线电信号频率要一致；②方位对准，即监测天线的最大接收方向要对准被测无线电信号的来波方向（全向天线例外）；③被测无线电信号电平不小于监测设备的接收灵敏度。由于被测无线电信号的频率和来波方向是未知的，所以，在寻找被测无线电信号时，需进行频率搜索和方位搜索。

实际监测中，对于不同的信号体制，以及不同类型的信号要区别对待。对于短波和超短波常规无线电信号的监测，由于这两个频段的电磁辐射，一般都采用弱方向性或无方向性天线，监测设备一般也都采用弱方向性或无方向性天线，因此，一般只进行频率搜索，而不进行方位搜索。对于接力通信、卫星通信、对流层散射通信和雷达信号的监测，由于这四种通信体制都采用强方向性天线，要求监测设备不仅具有频率搜索功能，也必须具有方位搜索功能。总之，截获不同类型的无线电信号，需要满足的条件往往是不同的。

2. 测量无线电信号的技术参数

无线电信号有许多技术参数。有些是各种无线电信号共有的参数，有些是不同无线电信号特有的参数。

各种无线电信号共有的技术参数主要有：①信号载频，或者信号的中心频率；②信号电平，通常用相对电平表示；③信号的频带宽度，可根据信号的频谱结构测量信号的频带宽度；④信号的调制方式，根据信号的波形和频谱结构一般可分析得到信号的调制方式；⑤电波极化方式（必要时测量）。

不同的无线电信号一般具有自身特有的技术参数，例如，调幅信号的调幅度，调频信号的调制指数，数字信号的码元速率或码元宽度，移频键控信号的频移间隔，跳频信号的跳频速率，等等。

以上技术参数的测量对于无线电信号的识别分类是十分重要的。除了测量技术参数外，记录信号的出现时间、频繁程度以及工作时间的长度等，也是很有意义的技术信息资料。

对无线电信号技术参数做到实时测量是十分需要的，这对于频谱监测尤为重要。当不能实时测量时，可进行记录，利用音频录音、视频录像、射频信号存储等手段，详细记录或存储截获的无线电信号，以便事后做进一步分析和处理。

3. 测向定位

利用无线电测向设备测定信号来波的方位，并确定目标电台的地理位置。测向定位可以为判定无线电设备属性、通信网组成、实施电磁频谱管理提供重要依据。

4. 对信号特征进行分析、识别

信号特征包括通联特征和技术特征。技术特征是指信号的波形特点、频谱结构、技术参数以及无线电辐射源的位置参数等。分析信号特征可以识别信号的调制方式，判断无线电辐射源的工作体制和无线电装备的性能，判断无线电通信网的数量、地理分布以及各通信网的组成、属性及其应用性质等。

5. 控守监视

控守监视是指对已截获的无线电辐射源信号进行严密监视，及时掌握其变化及活动规律。实施电磁频谱管理时，控守监视尤为重要，必要时可以及时转入即时式管理。

频谱监测中，需要对获取的技术资料建立电磁频谱管理技术信息数据库，并根据技术资料的变化及时更新数据库的内容。

思考题：

1. 行军基本要领的内容有哪些？
2. 徒步行军时注意什么问题？
3. 宿营地域的选择与配置要求是什么？
4. 野外取火的方法有哪些？
5. 如何鉴定水质的好与坏？

红色风景线

山海关长城博物馆

山海关长城博物馆是中国三家最有影响的长城主题博物馆之一，是以展示世界文化遗产万里长城、传播长城文化为主要内容的专题性博物馆，坐落在国家著名风景旅游区、历史文化名城山海关古城内。1991年建馆，李先念亲题馆名。2003年进行改陈，其主题陈列《华夏脊梁》在2005年被评为"第六届全国博物馆十大陈列展览精品"，是我省唯一获此殊荣的博物馆。

博物馆陈列内容集中展示了我国"上下两千多年，纵横十万余里"的长城历史渊源、形式建制、人文风物、军事烽烟，特别是万里长城精华地段——山海关的古代军事作用和宏伟壮观的建筑艺术。其大量珍贵的长城文物和精美的模型、雕塑、图片及大型声光电为一体的"山海关文物沙盘"，全面而生动地展示了万里长城山海关的历史魅力和现代风采，是我国以长城为主题的博物馆中较具规模者，在国内外具有较高的影响力和知名度。

经过改陈扩建后的山海关长城博物馆，突出"万里长城"文脉，共分长城历史、长城建筑、长城经济文化、今日长城、龙首春秋、雄关军事、名关人文、龙珠异彩8个部分，建筑面积6230平方米，展陈面积4600平方米，展线1500延长米，展出各类图片、图表623幅、文物1100余件（套），雕塑艺术品36件，模型景观18组，多媒体9组、立体电动图表9组。2009年被中宣部命名为"全国爱国主义教育示范基地"，并且是国家级重点博物馆、国家级科普教育示范基地、国家首批国防教育示范基地。

　　博物馆坚持丰富展陈资源，彰显人文魅力。《长城修复主题展》《天开海岳秦皇岛》《魅力古城山海关》《非物质文化展》《百年回望长城摄影展》等，把长城元素同展示秦皇岛、山海关改革开放以来的崭新风貌相结合，充实到展陈和讲解内容中，使人们在领略长城雄伟壮美的同时，感受秦皇岛的巨大变化，实现了长城文脉同秦皇岛、山海关历史文化和当代文化的完美交融。